法天下学术文库

# 大数据时代

## 我国个人信息法律保护研究

D

ASHUJUSHIDAI

WOGUOGERENXINXIFALÜBAOHUYANJIU

高 悦 著

中国政法大学出版社

2025·北京

**图书在版编目（ＣＩＰ）数据**

大数据时代我国个人信息法律保护研究 / 高悦著.

北京 ： 中国政法大学出版社，2025. 3. ‐‐ ISBN 978-7
-5764-2027-2

Ⅰ. D923.74

中国国家版本馆 CIP 数据核字第 2025WB2403 号

-----------------------------------------------------------------------------------------------

| | |
|---|---|
| 出 版 者 | 中国政法大学出版社 |
| 地　　址 | 北京市海淀区西土城路 25 号 |
| 邮寄地址 | 北京 100088 信箱 8034 分箱　邮编 100088 |
| 网　　址 | http://www.cuplpress.com (网络实名：中国政法大学出版社) |
| 电　　话 | 010-58908586(编辑部) 58908334(邮购部) |
| 编辑邮箱 | zhengfadch@126.com |
| 承　　印 | 固安华明印业有限公司 |
| 开　　本 | 720mm×960mm　　1/16 |
| 印　　张 | 15.5 |
| 字　　数 | 260 千字 |
| 版　　次 | 2025 年 3 月第 1 版 |
| 印　　次 | 2025 年 3 月第 1 次印刷 |
| 定　　价 | 79.00 元 |

# 智能革命：机遇与挑战

　　高悦同志是最高人民法院中国应用法学研究所博士后科研工作站2023级博士后研究人员。在这里，先向大家介绍一下中国应用法学研究所（以下简称法研所）。法研所于1991年设立，34年来，法研所充分发挥作为最高人民法院事业单位、背靠全国四级法院、能够密切联系司法实践、掌握大量实务案例的突出优势，坚持理论联系实际，持续做好应用法学研究，形成一大批高质量研究成果，为推进司法审判工作和法治建设事业提供了有益的决策参考。同时，充分发挥设在法研所的博士后科研工作站职能，为有关高校、科研院所、党政机关培养输送了高素质博士后法治人才130多人。

　　高悦同志进站以来，能够紧紧围绕党和国家工作大局和最高人民法院党组决策部署开展理论和实务研究，特别是善于结合司法审判工作实践，对一些重大、疑难、前沿问题提出参考建议，在服务党和国家工作大局、服务审判执行工作、服务领导决策等方面发挥了积极作用。

　　高悦同志对社会生产生活和司法实践中的前沿问题具有较强的敏锐性，针对大数据时代个人信息保护遇到的相关法律问题，深入研究信息技术的发展可能对经济社会发展和个人信息保护带来的新挑战、新考验，同时结合人民法院工作实际，就如何应对这些新挑战、新考验，提出了自己独到的见解。在站期间，高悦同志与同事合作完成的《关于人工智能生成物若干法律问题的建议》，受到最高人民法院主要领导的批示肯定，充分显示了该同志较强的大局意识、问题导向和研究能力。

　　高悦同志在深入研究大数据时代个人信息保护发展变化历程、阅读大量文献资料、调查司法审判实践的基础上，对大数据时代我国个人信息法律保护存在的突出问题进行了认真梳理，对产生这些突出问题的原因进行了深入分析，对大数据时代个人信息法律保护的理论基础进行了论述，进而对大数据时代我国个人信息保护的法律制度进行了分析，基于以上内容，就完善大数据时代我国个人信息法律保护提出了对策建议，形成了此本专著。我作为高悦同志的导师，十分欣喜，也深知她为此付出了大量心血和汗水，遂应邀作序，以示支持和鼓励。

在这里，我想谈谈智能革命时代人工智能的发展与个人信息保护的关系。党的二十届三中全会对发展人工智能作出了明确规定，相关部委也及时出台了支持和鼓励政策，一些头部企业进行了大胆探索，这标志着我国发展人工智能正在从"被动应对"转向"争取引领"，力求通过技术突破和政策创新，为全球人工智能治理贡献中国智慧、提出中国方案。特别是2025 年春节前后横空出世的 deepseek 震动了全世界，这也充分说明，人工智能的发展变化，往往是指数级的、跳跃式的，它会在短时间内带来巨大的变革，催生大量的新产品、新服务、新业态、新模式，从而深刻改变经济社会结构和人们的生产生活方式。因此，这对全世界来讲都是一个难得的发展机遇。试想，如果若干年后多数家庭都拥有了人形机器人负责家务，人类的生产生活将会发生重大变化！

但同时不可否认，人工智能的突飞猛进，也是我们面临的一大挑战。最突出的问题是与此相关的法律法规还不够健全完善，司法实践中经常遇到法律适用方面的难题，应当说，大数据时代，个人信息法律保护与人工智能之间呈现既相互依存、又相互制约的复杂关系。人工智能技术的快速发展依赖于海量个人数据的"喂养"，而个人信息的合法收集、处理与保护又需要法律制度的规范与约束。人工智能与个人信息法律保护的关系，本质上是技术进步与权利保障之间的动态博弈。法律需在保护隐私与促进创新之间寻求平衡，而技术的健康发展也需要法律的规范与引导。面向未来，迫切需要通过立法完善、技术赋能与国际协作，构建适应智能时代的个人信息保护体系。

如果从上述这个角度看，这方面的研究还只是刚刚起步。希望高悦同志的这本专著，对从事相关研究和实践的法律工作者能够有所启发，对有兴趣了解相关领域的读者也能有所裨益。也希望高悦同志进一步深化相关研究，为智能时代信息技术的蓬勃发展，为智能时代个人信息的法律保护，也为智能时代司法实践的不断进步，持续贡献智慧和力量。

　　是为序。

陈志远

2025 年 2 月 25 日

于法研所

# 目　录

智能革命：机遇与挑战 ……………………………………… 001

引　言 …………………………………………………………… 001

**第一章　大数据时代我国个人信息法律保护存在的突出问题** ……… 024

　　第一节　个人信息的不当收集 ……………………………… 024

　　第二节　个人信息的泄露 …………………………………… 034

　　第三节　个人信息的滥用 …………………………………… 040

　　第四节　数字化记忆的威胁 ………………………………… 045

**第二章　大数据时代我国个人信息法律保护框架面临的挑战** ……… 051

　　第一节　现代信息处理技术对个人信息法律保护的影响 …… 051

　　第二节　大数据时代我国信息主体的弱势化倾向 ………… 066

　　第三节　大数据时代个人信息的嬗变及多元价值冲突 …… 081

**第三章　大数据时代我国个人信息法律保护的理论基础** ………… 097

　　第一节　隐私权理论作为个人信息法律保护的理论基础 …… 097

　　第二节　一般人格权理论作为个人信息法律保护的理论基础 ……… 104

　　第三节　财产权理论作为个人信息法律保护的理论基础 …… 112

　　第四节　关于对个人信息进行区分保护的思考 …………… 117

**第四章　大数据时代我国个人信息保护的法律制度分析** ·············· 127

　　第一节　我国个人信息保护的立法现状 ·············· 127

　　第二节　我国个人信息保护立法的《民法典》路径 ·············· 143

　　第三节　我国个人信息法律保护的司法现状 ·············· 152

**第五章　大数据时代我国个人信息法律保护的完善** ·············· 164

　　第一节　个人信息法律保护的制度理念重述 ·············· 164

　　第二节　个人信息法律保护的制度基础：确立个人信息权 ·············· 186

　　第三节　个人信息法律保护的关键环节：完善知情同意原则 ·············· 197

　　第四节　个人信息法律保护的最后环节：救济性规则的重构 ·············· 206

**结　语** ·············· 218

**参考文献** ·············· 221

# 引　言

## 一、研究背景

20 世纪六七十年代以前，由于信息技术处于起步阶段，所以个人信息的使用并未出现过多的问题，仅需要简单的规制手段就可以保护信息主体的合法权益。随着计算机的出现，经济、政治以及信息技术的发展，人类迈入信息时代，信息设备的发明创造和相关信息产品为人类社会带来了新的文明。随着互联网的普及和社会信息化程度的不断加深，世界逐步实现了"万物互联"，以个人信息为基础的服务和应用也越来越多。从政府进行社会管理角度，政府需要收集信息主体的个人信息进行社会治理和国家管理；从企业经营角度，企业需要收集用户的个人信息进行市场分析或开展相关的商业活动，从而创造经济利润；从信息主体日常社交角度，信息主体需要用自己的个人信息与他人进行日常的社交活动，个人信息正是其用于标识自己，与他人区别开来的工具。由此，个人信息已经与知识一样成了推动经济发展、增强国家竞争力以及社会生产力的基础动力。

进入 21 世纪，互联网的普及使得大数据的应用渗透到了人们生活的各个方面，对个人信息的收集和利用日渐频繁化，从而使个人信息被列为了大数据时代的重要社会资源。与此同时，如何保护信息主体的个人信息成了人们关注的问题，许多国家和地区对个人信息的法律保护制度亦逐步兴起。根据德国和美国个人信息法律保护的发展历程，调整个人信息的信息自决权和信息隐私权的出现并非偶然，这与其当时社会的需求有着紧密联系。现今，我们正处在一个传统与前沿交替、正在发生变革的时代。在此时代背景下，我们生活、学习、工作等诸多领域都面临改革，这对人类的生活方式、思维方式和知识体系等都有影响，对信息主体个人信息的保护也成了我国亟须解决的问题。移动通信设备、智能穿戴设备的广泛应用使个人产生的个人信息随时随地被收集、传输并保存在远离信息主体控制的网络空间或企业的数据存储设备中。这些都为人们的生活、工作、学习等提供了诸多便利，人们已经难以适应没有互联网的生活。大数据技术的飞速发展和互联网应用的普及，使得几乎每个人都在互联网空间上留有"数据足迹"，并且个人随时都在产生各种不同种类的个人信息。这些单个的个人信息积少成多，最终形成了数量庞大的大数据。

虽然现在大数据几乎已经被应用到人类生活的各个领域，正在改变人类生活社会的方方面面，从日常生活、工作领域到社会管理，都受到大数据的强烈冲击，但它仍没有一个确切的概念。目前，关于大数据的认识主要集中在数据处理和数据量的积累方面。有学者认为，大数据是数据集和信息分析技术的结合体。[1]还有学者认为，大数据是一种规模大到在收集、存储、处理、分析等方面都大大超出常规数据库软件工具能力范围的数据集合，具有数据容量大、数据种类繁多、数据流转速度快以及单个数据的价值密度低四大特征。[2]随着人类进入第三次浪潮文明，[3]信息成了改变人类传统生产模式的重要原材料。随着大数据时代的到来，我们对大数据的认识已经不是简单的海量数据叠加，而是将大数据视为海量数据、数据处理技术以及与之相关的应用等因素的综合体，更多地关注大数据的应用和思维方式。

大数据虽然给我们的工作、生活和学习等方面带来了诸多便利，但也给个人信息保护带来了新的问题和挑战。从生活方面而言，大数据时代信息主体的个人信息被形式多样的微处理器、移动终端和传感器等收集，这让信息主体的活动轨迹、兴趣爱好、行为倾向等暴露无遗。信息主体会产生其生活时刻被"看不见的耳朵"倾听、被"看不见的眼睛"注视的感觉，

---

〔1〕 张玉洁、胡振吉：《我国大数据法律定位的学说论争、司法立场与立法规范》，载《政治与法律》2018年第10期，第142页。

〔2〕 *Big Data：The Next Frontier for Innovation，Competition，and Productivity*，Mc Kin Sey Global Institute Report.

〔3〕 阿尔文·托夫勒认为，人类已经历了两次文明浪潮：第一次是"农业时代"，人类完成了从原始野蛮时代步入文明时代的华丽转身，历时数千年；第二次是"工业时代"，短短几百年，却摧毁了数千年的农业文明，人类进入能源社会；现在人类正在进入第三次浪潮"信息化时代"，信息开始成为生产力，人类正逐步迈向比特世界。参见［美］阿尔文·托夫勒：《第三次浪潮》，黄明坚译，中信出版社2006年版，第20页。

仿佛"半透明人"或"透明人"一般，精神上会产生极大的不安宁感。从人格自由发展而言，大数据时代收集的海量个人信息，涉及范围广、种类多、内容精细，几乎达到了重塑信息主体人格的程度，由此产生了"虚拟人格"，其是信息主体在现实生活中未表现出来的人格。[1]"虚拟人格"既有可能不为个人意志左右而产生，亦有可能因个人主动为之而产生。然而，"虚拟人格"具有不稳定性，极易被"弱化"或者"强化"。同时，"虚拟人格"还有可能与信息主体真实的人格相对立，对信息主体的"真我"造成伤害。[2]基于此，对信息主体人格的自由发展造成影响。从保护信息主体的个人隐私而言，在收集的海量个人信息基础之上，个人信息的处理与利用向着深层次、多维度的方向发展，个人信息的内涵、外延不断扩展，其内涵也更加丰富。以往无需保护即得安全的隐私信息也因为大数据技术的存在和发展而无处遁形。同时，个人信息背后蕴含的公共管理价值、经济价值和商机使得个人信息成了公共服务机构和商业机构争相获取的对象。在此背景下，个人隐私被披露和不当利用的风险加大，从而使得个人信息保护被上升到了隐私保护的高度。

大数据时代，人的存在已经与传统的可被感知肉体的呈现方式不同，个人可以通过互联网平台发布与之相关的个人信息，进而与他人开展社交活动。基于此，人与人之间或许从未谋面，但彼此间亦可通过互联网进行密切交往。加之个人对互联网的依赖，各种智能化设备、移动 APP 软件极大地丰富和便利了人们的生活，同时人们也在这些设备、软件中不断产生新的信息。这些信息通过互联网这一媒介被记录下来。企业通过收集、存储、处理、加工这些个人信息描绘出该信息主体的兴趣爱好、消费倾向、性格特征等，进而形成该信息主体在互联网空间的"数字人格"。大数据时代个人信息的价值在其流动中得以实现。由于个人信息流动的环节众多，涉及主体多样，所以个人信息被侵害的风险也较高。个人信息流动的过程包括个人信息的收集、存储、处理、利用等环节，涉及信息主体、信息处

---

〔1〕 邓泽球、张桂群：《论网络虚拟人格》，载《常德师范学院学报（社会科学版）》2002年第 2 期，第 33 页。

〔2〕 [美] 马克·波斯特：《信息方式——后结构主义与社会语境》，范静晔译，商务印书馆2014 年版，第 26 页。

理者、信息接收者等主体，与之相关的社会关系复杂，个人信息一旦被侵害便可能给信息主体造成难以弥补的损失，而且还可能引发一系列侵犯个人信息的不良连锁反应。因此，除了道德层面的约束外，信息主体的个人信息还需要法律对其进行保护，为市民社会提供明确的行为指引，从而理顺与个人信息相关的复杂社会关系、使各方间的利益达到均衡。

在个人信息收集环节，未经信息主体同意就擅自收集信息主体个人信息的行为经常发生，这无疑是对个人信息主体自主决定权的侵害。个人信息的"收集"就是"取得"的意思，但并不是所有取得信息主体个人信息的行为都属于收集个人信息的行为。收集行为需要满足两个条件：一方面，收集个人信息的主体需要具有利用所收集的个人信息的目的，在此基础上而实施收集个人信息的行为；另一方面，信息收集者在客观上实施了收集信息主体个人信息的行为。在收集信息主体的个人信息时，收集行为者应当告知信息主体其收集行为、目的，使信息主体可基于其真实意思自由决定是否同意收集行为者收集其个人信息。值得注意的是，信息收集者在收集个人信息时，会在确定的使用目的之外使用"其他目的"的表达来模糊告知信息主体，其被收集的个人信息可能被用于其他用途。"其他目的"的告知条款亦会成为信息收集者或处理者滥用个人信息的借口，需要加以禁止。

在个人信息处理环节，信息处理者或控制者会对其掌握的个人信息进行存储、加工、利用等。如果信息处理者或控制者没有采取必要的、足够程度的管理性和技术性措施，个人信息就有可能被泄露、不当利用、遗失、毁损等。这些对信息主体个人信息的不利行为一旦发生，便将会对信息主体造成难以估量的直接或间接侵害。因此，信息处理者或控制者需要采取必要的措施和技术，保障其掌握的个人信息的安全。例如，某单位在招聘员工时会收到大量求职者的个人简历。经过层层筛选后，最终确定被录用的求职者名单。然而，其收到的这些求职者的个人简历在招聘活动结束之后会被像垃圾一样随意丢弃。这可能会导致投送简历的应聘者的个人信息被泄露或不当利用。在处理个人信息的过程中，信息处理者通过数据挖掘和分析技术对收集到的个人信息进行聚合、比对和分析，从而得出有价值的数据分析结果。在这些海量的个人信息中，一般单个的个人信息的价值较低，不能反映信息主体太多的问题。然而，随着收集到的信息主体个人信息数量的增加，经过大数据技术的汇总、整理、挖掘，这些单个的个人信息间会产生连接，进而产生意想不到的分析结果，丰富已有的信息资源。

在个人信息利用环节，个人信息被加工成信息产品或者被转移给第三人。其中，个人信息的转移是通过无偿或有偿的方式将收集的个人信息转移给第三人，即信息接收者。在实践中，个人信息在流转过程中被盗窃、泄露、违规使用等情形时有发生。最常见的是，通信运营商在未经用户同意的情形下将其电话号码、通信习惯以及通信消费等信息披露给第三方商业机构，或者不同平台的网络服务提供者在未经用户同意的情形下将其用户的个人信息与第三方平台共享，试图以此提升企业的竞争力。第三方机构或平台借此通过短信、电话或电子邮件的方式与用户联系，推销其产品或者服务，对用户的生活安宁造成影响。倒卖个人信息也成了大数据时代最为突出的个人信息侵权行为之一。此外，在个人信息利用环节，个人信息的利用行为会出现与最初收集时的目的不一致的情形，这也可能会造成个人信息滥用的情形，对此也应当严格禁止。

个人信息流转过程涉及多方主体，且各方分工明确、专业性高。在该过程中，信息主体的个人信息随时都有被侵犯的风险，一旦侵权行为发生，便可能会给信息主体的利益造成难以弥补的损失。法律制度相对健全和完善的西方发达国家也在不断出台相应的法律和政策，以应对该时代背景下日益凸显的个人信息保护与利用问题。

## 二、研究意义

### （一）实践意义

本书的研究关注大数据时代互联网的普及以及信息技术的应用给个人信息的法律保护带来的影响。个人信息作为大数据时代促进经济发展的重要资源，个人信息挖掘、滥用以及黑市交易日渐猖獗，保护个人信息的需求日益强烈。按照个人信息处理的流程对个人信息法律保护存在的突出问题进行梳理，并分析导致这些问题的原因是非常必要的。面对大数据时代个人信息保护与利用间的冲突以及不能满足现实需求的现状，被侵权的信息主体无法及时、有效地得到救济的原因在于，目前我国对个人信息通过保护信息主体的隐私权、名誉权进行救济，只有在实际发生损害结果时才予以保护。此外，信息主体与信息处理者间信息的不对称使得信息主体无法参与个人信息流转，这也是个人信息侵权案件增多的原因之一。本书在坚持知情同意原则的前提下，旨在完善应对大数据时代个人信息保护特征的知情同意原则，并在确立个人信息权的基础上重构个人信息的救济性规则，从而实现大数据时代个人信息的保护与合理利用，平衡个人信息处理中的收益和风险，完善我国个人信息法律保护制度。

（二）理论意义

不同的社会发展阶段、经济发展水平以及政治文化背景等都会导致个人信息保护的价值目标、制度理念以及诉求存在差异。故而，个人信息保护的价值目标、理念与法律制度都受制于社会物质条件。在大数据时代，对个人信息的利用已经无法避免，如何实现个人信息保护与合理利用间的平衡成了大数据时代个人信息的重要问题。明确大数据时代以识别性为特征的个人信息的内涵和外延，有助于明确受保护个人信息的范围。在对个人信息进行区分保护的基础上对敏感个人信息进行加强保护，对一般个人信息强化其商业利用，进而化解大数据时代我国个人信息保护与利用间的冲突，理顺围绕个人信息的多方利益关系。这不仅有利于保护我国信息主体的基本权利，还能够促进我国的政治文明和法治社会建设，完善我国的法律体系。

三、研究现状

国外关于个人信息保护的研究较早，对通过立法保护信息主体个人信息较为重视、相关立法也比较成熟。其中，欧盟、德国、美国等国家或地区都对个人信息保护作出了规定，其保护体系较为成熟且各具特色。

欧盟作为个人信息保护立法的先驱和典范，最先关注信息通信技术对信息主体个人生活的影响。立法上，欧盟通过加强法律监管的方式，对信息主体的个人信息进行严格保护。欧盟于 1995 年颁布的《有关个人数据处理中的个人保护和所涉数据自由流通的第 95/46/EC/号指令》（简称《数据保护指令》）〔1〕对信息主体的权利、信息的跨国流通、监督机关和登记程序和管理者的义务等都作出了规定，促使欧盟各成员国将国际规则法律化。其目的在于保障个人信息处理中信息主体的基本权利和自由，推动个人信息的自由流通。该指令为欧盟成员国制定和实施个人信息保护提供了基本规范，适用于非自动处理和自动化处理模式下的个人信息。2018 年的欧盟《一般数据保护条例》（以下简称 GDPR）采取了统一立法的模式对个人信息进行保护，其在欧盟境内具有直接的法律效力。欧盟对个人信息的定义有明确的规定，将个人信息定义为已识别或者可识别的与自然人（数据主体）相关的任何信息。在权利保护方面，GDPR 规定了信息控制者和处理者的义务，赋予了信息主体被遗忘权、访问权、更正权、限制处理权等，并设立了专门的监督机构对个人信息进行严格保护。在个人信息的侵权责任归责原则方面，欧洲有多元归责原则和严格归责原则两种。其中，德国采用的是多元归责原则，将个人信息侵权行为分为民事侵权行为和行政侵权行为，并采取不同的归责原则。过错责任原则适用于平等主体间的民事侵权行为，而公务机关的行政侵权行为则适用无过错责任原则。GDPR 规定的个人信息侵权归责原则是严格归责原则。当造成侵害的信息控制者是多数时，除非能证明其不存在侵权责任，否则将承担共同连带责任。欧盟对信息主体个人信息的保护从个人信息的定义到个人信息的侵权都有明确的规定，为信息主体个人信息的安全提供了全面的保护，这些都值得我国借鉴。

美国没有专门的个人信息保护法，对个人信息的保护主要通过行业自律结合分散立法的方式进行。美国将个人信息纳入隐私权保护的范畴，这与我国隐私权的内容和特征都存在很大差异。随着美国信息产业的日渐发达、个人信息商品化利用的盛行，美国在司法实践中通过公开权对个人信息的财产利益进行调整，通过隐私权对具有人格利益的个人信息进行调整。1977 年美国联邦最高法院在判决中明确了公开权和隐私权的界限，并提出公开权主要用于保护个人信息的财产利益，可以部分让与、继承并且有存续期间，属于信息主体控制其个人信息进行商业利用的固有权利；隐私权

---

〔1〕 Directive 95/46/EC of the European Parliament and of the Council of 24 October 1995 on the protection of individuals with regard to the processing of personal data and on the free movement of such data, Official journal L 281, 23/11/1995, pp. 31~51.

则主要用于保护信息主体个人信息中的人格利益，不可以让与、继承，当其受到侵害时可以通过精神损害赔偿或禁令的方式获得救济。在个人信息的侵权责任归责原则方面，美国倾向于无过错的归责原则。此外，美国也有专门的监管机构保障个人信息的安全。美国的互联网行业和电信行业中个人信息的监管机构主要是联邦贸易委员会和联邦通信委员会。

我国长期以来受儒家文化的影响，以团体本位的模式构建个人与国家、个人与家庭、个人与社会间的关系。由此，对信息主体个人信息保护的重视程度不够，进而使得我国关于信息主体个人信息保护的研究起步较晚。我国关于个人信息法律保护的文献在近十多年才逐渐增多。除却论文，在个人信息保护领域著述颇丰的是齐爱民，其主要著作有《个人资料保护原理及其跨国流通法律问题研究》(2004年)、《拯救信息社会中的人格：个人信息保护法总论》(2009年)、《大数据时代个人信息开发利用法律制度研究》(2015年)、《大数据时代个人信息保护法国际比较研究》(2015年)等。此外，关于个人信息研究的专著还有：许文义所著《个人资料保护法论》(2001年)，周汉华主编的《个人信息保护前沿问题研究》(2006年)，蒋坡主编的《个人数据信息的法律保护》(2008年)，郎庆斌、孙毅、杨莉合著的《个人信息保护概论》(2008年)，刘德良所著《论个人信息的财产权保护》(2008年)，孔令杰所著《个人资料隐私的法律保护》(2009年)，洪海林所著《个人信息的民法保护研究》(2010年)，郭瑜所著《个人数据保护法研究》(2012年)，郭明龙所著《个人信息权利的侵权法保护》(2012年)，刁胜先所著《个人信息网络侵权问题研究》(2013年)，谢永志所著《个人数据保护法立法研究》(2013年)，陈海帆、赵国强主编的《个人资料的法律保护》(2014年)，王忠所著《大数据时代个人数据隐私规制》(2014年)，崔聪聪等所著《个人信息保护法研究》(2015年)，杨芳所著《隐私权保护与个人信息保护法——对个人信息保护立法潮流的反思》(2016年)，谢远扬所著《个人信息的私法保护》(2016年)，京东法律研究院所著《欧盟数据宪章〈一般数据保护条例〉GDPR评述及实务指引》(2018年)，王秀秀所著《大数据背景下个人数据保护立法理论》(2018年)，徐丽枝所著《政府信息公开中的个人隐私保护问题研究》(2019年)等。

虽然关于个人信息保护的研究不少，但与大数据时代个人信息应当受到保护的重要性与个人信息处理的普遍程度相比，如何结合大数据时代的特征对信息主体的个人信息进行法律保护的问题更有研究的价值。故而，有必要对个人信息的法律保护理论重新进行梳理，并在此基础上构建适合我国基本国情的个人信息私法保护制度。

## 四、研究思路

本书共分为五章，在文章结构上，按照提出问题、分析问题、解决问题的思路依次展开，力图逻辑严密、语言精简。

首先，对大数据时代我国个人信息法律保护存在的突出问题进行梳理、归纳。以个人信息的处理流程——收集、储存、处理、利用以及删除等活动——为本章的逻辑主线。通过对大数据时代下个人信息法律保护存在的突出问题进行梳理，发现存在个人信息的不当收集、泄露、滥用以及数字化记忆威胁等问题。

其次，对大数据时代我国个人信息法律保护存在上述突出问题的原因进行分析。本书主要从法律制度、现行信息处理技术、信息主体以及个人信息本身四个维度进行分析。就个人信息保护法律制度而言，主要存在现行立法保护力量不足、利用规范缺失以及侵权救济滞后等缺陷。就现行信息处理技术而言，导致大数据时代我国个人信息法律保护存在上述突出问题的原因在于快速发展的信息处理技术对个人信息法律保护的挑战，因而个人信息处理是该时代背景下法律调整的核心。本书主要论述信息处理技术与个人信息法律保护间的关系，并针对信息处理技术中对个人信息法律保护有重要影响的自动化处理和匿名化技术进行分析。就信息主体的弱势化倾向而言，主要从信息主体安全意识淡薄、知情同意的适用陷入困境以及信息主体对其个人信息的控制能力变弱三个方面展开论述。最后，就个人信息本身而言，则从大数据时代个人信息边界的扩张，性质由个人性向公共性、社会性的转向，个人信息的场景化、动态化等新特征以及个人信息的多元价值冲突展开论述。

再次，对大数据时代个人信息法律保护的理论基础进行分析。通过对个人信息法律保护的主要理论——隐私权理论、一般人格权理论、财产权理论等——进行梳理并加以客观评析。在此基础之上，笔者提出单独适用以上任一理论都不能满足大数据时代我国个人信息保护与利用并重的需求。基于此，笔者提出对个人信息进行区分保护的思考。在论证个人信息区分保护的必要性和可行性之后，明确个人信息区分保护的内涵——将个人信息区分为敏感个人信息和一般个人信息，并通过隐私权路径加强对敏感个人信息的保护，从而保护信息主体个人信息的人格利益；通过财产权路径强化对一般个人信息的合理利用，从而保护信息主体个人信息的财产利益。

复次，对大数据时代我国个人信息保护的法律制度进行分析。该部分主要从立法现状、我国个人信息保护的《民法典》[1]路径以及司法现状三个维度进行分析。在立法现状方面，分别对现行有效的涉及个人信息保护的法律、行政法规、地方性法规和规章、部委规章进行归纳、分析。之后，对已经公布的《民法典》"总则编"和"人格权编"关于个人信息保护的规定进行分析。对我国的涉个人信息司法裁判进行梳理，并通过对我国个人信息法律保护影响重大的"徐某玉被电信诈骗案""中国 Cookie 隐私第一案"以及"郭某某侵犯公民个人信息案"（服务行业工作人员凭借在提供服务过程中掌握的公民个人信息牟利的典型案例）的分析，更加全面地了解我国个人信息法律保护的司法现状。

最后，基于以上内容，完善大数据时代我国的个人信息法律保护。根据大数据时代的特征，对个人信息法律保护的理念进行重述。在具体内容上，通过确立个人信息权的方式将个人信息上升到权利层面进行保护。在坚持知情同意原则的基础上，以分层同意和动态同意为中心完善知情同意原则。在重构个人信息侵权救济性规则方面，将过错推定责任作为个人信息侵权的归责原则，并将自身可诉性损害作为判定个人信息侵权的损害事实判定标准。另外，将惩罚性赔偿引入个人信息的侵权责任承担，从而弥补侵权责任法上单一的损害赔偿责任对信息主体救济的不足。

## 五、研究方法及创新点

### （一）研究方法

本书综合运用实证分析、价值分析、比较研究、利益均衡等方法，通

---

[1] 《民法典》，即《中华人民共和国民法典》。为表述方便，本书中涉及我国法律文件直接使用简称，省去"中华人民共和国"字样，全书统一，后不赘述。

过法律逻辑系统对大数据时代我国的个人信息法律保护进行分析，并在既有个人信息保护的理论基础之上寻求突破，试图寻求找到适合我国现阶段国情的个人信息私法保护制度。

（1）实证分析方法。大数据时代数据技术的飞速发展使得个人信息的侵权纠纷频繁发生，但个人信息保护立法的缺位使得信息主体在被侵权后其合法权益难以得到及时救济。通过对大量大数据时代个人信息侵权案件及行为进行实证分析，不仅可以厘清大数据时代背景下个人信息的特征以及个人信息侵权行为的特征，还能发现我国关于个人信息法律保护存在的问题，为我国个人信息法律保护的研究提供可参考的样本。

（2）价值分析方法。信息主体的个人信息承载着自主价值、商业价值和公共管理价值。个人信息作为能够识别信息主体身份之存在，关乎信息主体的基本权利，应当受到法律保护。然而，大数据技术使个人信息成了推动经济发展的重要资源，其有序流动和合理配置对于社会进步和经济发展而言意义重大。为应对大数据时代个人信息利用与保护的挑战，需要根据特定场景对个人信息的自主价值、商业价值和公共管理价值进行分析，基于个案作出相应的价值选择。因此，价值分析法对于解决这些问题而言是必需的。

（3）比较研究方法。欧盟和美国在个人信息保护方面的立法和理论研究都起步较早，司法实践经验也较为丰富，由此在个人信息保护方面取得了一定的成果。欧盟、美国对个人信息立法理念的差异使得其基于不同的价值取向制定个人信息保护相关法律。通过比较、分析、总结这些法律以及相关经验，并结合我国的具体国情，进而为我国的个人信息的法律保护提供有价值的参考。

（4）利益衡量方法。个人信息上存在信息主体的人格利益和财产利益。利益衡量不仅体现在立法过程中对人格利益、财产利益和公共利益间的衡量上，还体现在法律运行过程中对信息主体的个人信息保护与鼓励个人信息合理利用间的利益衡量上。在充分权衡相关利益的基础上构建符合理论和实践的我国个人信息法律保护制度。

（二）创新点

第一，与以往单个列举个人信息法律保护存在的问题不同，本书基于大数据时代个人信息处理活动的整个流程，对个人信息法律保护存在的突出问题进行系统化归纳，即不当收集、泄露、滥用、数字化记忆的威胁（其实质就是关于"删除"的问题）。

第二，通过对个人信息法律保护的既有理论进行梳理、分析，发现单独依靠隐私权、一般人格权、财产权中的某一个权利来实现对信息主体个人信息进行保护的路径已经难以应对大数据时代个人信息保护与合理利用间的冲突，从而提出对个人信息区分保护的思考，在将个人信息区分为敏感个人信息与一般个人信息的基础之上，通过隐私权路径加强对敏感个人信息的保护，保护信息主体个人信息的人格利益；通过财产权路径强化对一般个人信息的合理利用，保护信息主体个人信息的财产利益。

第三，在对我国个人信息保护的立法、司法现状进行全面梳理、分析的基础之上，结合大数据时代个人信息场景化、动态化的特征，个人信息利用已经无法避免的事实以及我国的国情，对大数据时代我国个人信息法律保护的制度理念进行重述。大数据时代我国个人信息法律保护的理念应当以个人信息保护与合理利用的激励相容为制度设计的核心、合理引入场景风险规则、以加强信息主体对个人信息的控制权为制度设计的理念以及实现立法与完善行业自律相结合。

第四，在个人信息法律保护的救济性规则中，根据大数据时代侵权行为多样化、侵害结果难以认定、被侵权人举证困难等特征，将自身可诉性损害作为认定损害事实的标准。

（三）需要说明的问题：术语界定

（1）本书中的"个人信息"与"个人数据"是同一个意思，在没有特别指出时，不做区分理解，都表示的是信息主体直接产生的各种信息。有时为了上下文语意的连贯，会根据当下的语境使用"个人信息"或"个人数据"。书中只在概述部分"立法关于个人信息概念称谓的争论与选择"中才对"个人信息"和"个人数据"进行区分。

（2）本书的"信息处理"与"数据处理"亦是同一个意思，不做区分理解。

（四）概述

1. 个人信息界定的理论分析

个人信息界定的理论主要有隐私说理论、关联说理论和识别说理论三种。其中，识别说是现有理论的主流。

隐私说理论是美国个人信息界定的主流学说，该学说主要通过借助隐私权的概念对个人信息进行界定，即这些信息一般都与隐私相关，是信息主体不愿为人所知且与公共利益无关的信息。美国的帕伦特教授认为："个人信息是个人极其敏感而不愿让他人知道的信息或者在社会观念中一般不愿让他人知道的信息。"[1]用隐私说理论界定个人信息时，除了关注信息的隐私性外，该信息还需与信息主体相关才有可能被界定为个人信息。隐私说理论主要适用于英美法系国家，如美国、加拿大、新西兰等。以隐私作为个人信息的标准在判断信息是否属于个人信息时，难免会有所偏差。因为信息主体间的差异，某些信息对个人而言不被当作隐私，但同类信息对他人有可能就被当作隐私。随着信息技术的发展，与隐私关联度不大的间接个人信息，在经过信息积累和大数据的技术处理后有可能暴露出信息主体不愿为他人所知的私密信息。因此，单独以隐私性作为界定个人信息的标准，不具科学性和合理性，并且隐私权理论已经不能满足大数据时代个人信息保护的需求。

关联说理论是以该信息与信息主体间是否相关作为判断个人信息的标准的。有学者认为："所谓个人信息，并不局限于私生活或人格有关而是包括从社会性之地位到生物性之身体，以及外界评价、个人活动等与信息主体相关的一切信息。"依照关联说理论，与信息主体相关联的信息都可被认定为信息主体的个人信息。互联网的普及和广泛应用使信息主体每天都在产生大量信息。如果基于关联说理论，个人信息的范围便会过于宽泛。如果法律对这些信息都进行保护，显然与大数据时代对个人信息开发、利用的现实需求不相符。因此，大数据时代用关联说理论界定个人信息的标准已不适用。

识别说理论是以识别性作为标准的。识别说理论下的识别是通过个人

---

〔1〕　齐爱民：《大数据时代个人信息保护法国际比较研究》，法律出版社 2015 年版，第 128 页。

信息将信息主体与他人进行区分，包括直接识别和间接识别。直接识别是指无需结合其他信息即可直接判断出信息主体的身份。间接识别是指单凭某个信息无法直接判断出信息主体的身份，还需要与其他信息相结合才能判断出信息主体的身份。目前，识别说理论是个人信息界定的通说，我国也是采用该学说对个人信息进行定义。因此，在下文关于大数据时代个人信息的论述中，本书采用识别说理论展开。

2. 个人信息概念的立法比较

（1）立法关于概念称谓的争论与选择。

最早的国内个人信息保护立法是《德国黑森州个人资料保护法》（1970年），而最早的国家级个人信息保护立法则是《瑞典资料法》（1973年）。[1]关于"个人信息"的称谓，世界各国未能达成一致，主要有"个人信息""个人隐私""个人资料""个人数据"等。个人信息的概念滥觞于1968年联合国"国际人权会议"中提出的"资料保护"（data protection），这一年被称为"资料革命年"。其中，称谓上采用"个人隐私"一词的国家有美国、加拿大、澳大利亚等，例如《美国1974年隐私法》；采用"个人资料"的国家和地区有法国、日本等；采用"个人数据"的国家和地区有欧盟、新加坡、德国、英国等，例如欧盟的GDPR。

我国的学者对此主要采用"个人信息""个人隐私""个人资料""个人数据"等表述。在语言学角度，"个人信息"与"个人资料"包括的内容完全相同，所以两者是完全相同的概念。因此，当前主要有"个人信息""个人隐私"和"个人数据"三种称谓。本书主要采用"个人信息"一词展开对人数据时代个人信息的私法保护研究，但书中在涉及欧盟的法律、司法实践时也会选择使用"个人数据"一词。

（2）国外立法例的分歧与评判。

通读这些国家和地区对个人信息的定义，我们可主要将之分为两种：概括型和概括加列举型。概括型采用直接定义个人信息的方式，未明确将某些特定信息排除在个人信息的范围之外。例如，经济合作与发展组织（OECD）在其《隐私保护与个人数据跨境流通指南》中指出，个人数据是指任何与

---

〔1〕 齐爱民：《大数据时代个人信息保护法国际比较研究》，法律出版社2015年版，第127页。

一个已识别或可识别的与个人（数据主体）相关的信息。[1]亚太经济合作组织（APEC）发布的《APEC 隐私框架》[2]以及《德国联邦个人资料保护法》[3]都采用概括的方式定义个人信息的概念。概括加列举型则是在给出个人信息的一般定义时还列举一些典型的个人信息类型或者排除的类型。该种方式比较常见。例如，GDPR 第 4 条第 1 款对个人数据的定义就采取概括加列举型。[4]我国《个人信息保护法》[5]、《网络安全法》[6]、部门规章和技术性规范对其都有所规定。例如《信息安全技术　公共及商用服务信息系统个人信息保护指南》、[7]《健康信息学　推动个人健康信息跨国流动的数据保护指南》、[8]《规范互联网信息服务市场秩序若干规定》[9]第 11 条等。基于此，我国可参照国外及国内目前关于个人信息的定义，对其予以完善，以便能够更加契合大数据时代对个人信息保护的需求。本书认为，对个人信息的定义可采取概括加列举的方式，这样不仅可以突出要保护的个人信息的种类，符合明确化的要求，又能兼顾大数据时代个人信息边界的不断扩张，使得个人信息的定义更加科学、合理。

---

〔1〕　Organisation for Economic Cooperation and Development, Guidelines governing the Protection of Privacy and Transborder Flows of Personal Data（2013）, Part one.

〔2〕　Asia-Pacific Economic Cooperation. APEC Privacy Framework. Part ii. Scope. 9. Personal information.

〔3〕　1990 年《德国联邦个人资料保护法》第 2 条规定，个人资料是指"凡涉及特定或可得特定的自然人的所有属人或属事的个人资料"。参见齐爱民：《大数据时代个人信息保护法国际比较研究》，法律出版社 2015 年版，第 137 页。

〔4〕　GDPR 第 4 条第 1 款除了将个人数据定义为"一切被识别或可识别的自然人（'数据主体'）的任何信息"外，还列举"姓名、身份证号码、位置数据、在线身份识别码这类标识"作为个人数据的典型代表。参见京东法律研究院：《欧盟数据宪章〈一般数据保护条例〉GDPR 评述及实务指引》，法律出版社 2018 年版，第 227 页。

〔5〕　《个人信息保护法》第 4 条第 1 款规定："个人信息是以电子或者其他方式记录的与已识别或可识别的自然人有关的各种信息，不包括匿名化处理后的信息。"

〔6〕　《网络安全法》第 76 条第 5 项规定："个人信息，是指以电子或者其他方式记录的能够单独或者与其他信息结合识别自然人个人身份的各种信息，包括但不限于自然人的姓名、出生日期、身份证件号码、个人生物识别信息、住址、电话号码等。"

〔7〕　《信息安全技术　公共及商用服务信息系统个人信息保护指南》3.2 规定："个人信息（personalinformation）可为信息系统所处理、与特定自然人相关，能够单独或通过与其他信息结合识别该特定自然人的计算机数据。……"

〔8〕　《健康信息学　推动个人健康信息跨国流动的数据保护指南》2.9 规定："个人数据：任何涉及已标识或可标识自然人的信息。"

〔9〕　《规范互联网信息服务市场秩序若干规定》第 11 条规定的个人信息："与用户相关、能够单独或者与其他信息结合识别用户的信息。"

3. 与个人信息相关的概念分析

(1) 个人信息与隐私。

实践中,人们常将个人信息与隐私混用。个人信息与个人隐私有部分内容存在交叉。两者都涉及个人在生活过程中发生的事实,都体现了信息主体的人格利益。信息主体的个人信息与隐私两者间虽存在联系,但也有诸多不同。

首先,二者的内容不完全相同。个人隐私不仅包括信息主体不愿让他人知悉的私密信息,还包括信息主体的个人活动、个人空间。同时,个人隐私不仅存在于信息主体的个人信息中,还可以存在于私人空间、个人行为以及私人事务等特殊领域或空间。如果通过视频、照片的形式将个人的私密空间和私密行为保存下来,那么这些视频、照片都将成为个人的信息隐私。隐私具有不可逆性,有些个人隐私信息一旦被公开,将不再属于隐私。虽然这些已经公开的隐私信息不再属于隐私,但仍然是个人信息。与隐私相比,个人信息包括的内容更加丰富。个人信息不仅包括与信息主体隐私密切相关的敏感个人信息,还包括信息主体的一般个人信息。隐私与个人信息交叉的部分就是个人敏感信息或者私密信息。[1]

其次,二者的特性不同。隐私的特性是私密性和非公开性。隐私是个人不希望他人知悉的秘密。如果个人的隐私受到侵害,会给个人带来情感、心理方面的伤害。由于个人之间的差异,个人对隐私的界定亦有所不同,具有一定的主观性。个人信息是客观存在、与信息主体相关、单独或与其他信息相结合能够识别个人身份的信息。在一般情况下,个人信息被以电子或其他方式记录下来。因此,个人信息的特性是可被识别性、相关性、客观性。

最后,二者的价值不同。个人信息具有自主价值、商业价值和公共管理价值。由于个人信息经过匿名化处理后可以被用于商业领域进行流通或再利用,其商业价值在不断加工、利用过程中得以被发掘。加之个人信息在社会治理中的作用,使其还具有公共价值。隐私权的价值体现为人格价

---

〔1〕 张新宝:《个人信息收集:告知同意原则适用的限制》,载《比较法研究》2019年第6期,第6页。

值，主要是一种精神利益，最终目标是保障人的尊严和自由。

（2）个人信息与数据。

个人信息与数据的区分较为混乱，有时甚至将个人信息与数据混同使用。在将两者进行区分的情况下，一种观点主张，数据处于符号层面，个人信息是内容层面的信息，两者应当进行分别讨论。[1]另一种观点则认为个人数据之所以涉及人格尊严或者具有经济价值，在于其在内容上包含个人信息，因此个人数据和个人信息实际上是同一事物。[2]

本书较为认同前一种观点。根据计算机科学的理解，"数据是信息的载体"。[3]那么，数据便是个人信息的电子载体。而现有文献中使用的"个人数据"则应该是"负载个人信息的数据"。[4]由于个人信息具有识别性特征，因此经过匿名化处理的个人信息不再能够识别信息主体，不再属于个人信息。从存在状态来讲，数据在计算机网络语境下以二进制信息单元 0 和 1 的形式存在，个人信息有以数据形式存在的信息，还有以非数据形式存在的信息。前者是通过计算机语言以 0 和 1 的形式对其内容进行编码，要得到个人信息的完整内容则需要对这些编码进行解读。承载着信息的图像、文本都可以被转换为数据，而数据以计算机可以处理和分析的比特形式存在。[5]例如，姓名、手机号码都属于个人信息，它们可以以文字的形式被记录在纸张上，也可以以数据的形式被储存在计算机里。无论其具体的储存形式如何，它们都是个人信息。当记录该个人信息的纸张被烧毁或储存该信息的计算机丢失时都不会导致该个人信息的灭失，但在储存该个人数据的计算机被烧毁且没有寻求其他途径再次找回时，该个人数据会丢失。

数据在计算机语境下以 0 和 1 的形式存在。数据不仅包括与个人毫无关系的数据，还包括具备个人信息的数据。个人信息则是与信息主体有关的、能够将信息主体与他人区别开来的信息，包括直接个人信息和间接个人信

---

〔1〕 纪海龙：《数据的私法定位与保护》，载《法学研究》2018 年第 6 期，第 16 页。

〔2〕 程啸：《论大数据时代的个人数据权利》，载《中国社会科学》2018 年第 3 期，第 21 页。

〔3〕 胡元义主编：《数据结构教程》，西安电子科技大学出版社 2012 年版，第 2 页。

〔4〕 吕炳斌：《个人信息权作为民事权利之证成：以知识产权为参照》，载《中国法学》2019 年第 4 期，第 48 页。

〔5〕 ［英］维克托·迈尔-舍恩伯格、肯尼思·库克耶：《大数据时代：生活、工作与思维的大变革》，盛杨燕、周涛译，浙江人民出版社 2013 年版，第 110 页。

息。个人信息涉及信息主体的尊严、自由和安全。有学者认为，经过匿名化处理的个人信息已经不再具有识别性，所以立法应当允许这些信息自由流通以及相关的利用行为。[1]《民法典》第 127 条的立法目的是应对大数据技术的发展，所以该条中的"数据"是符号意义上的电子数据。[2]

在制定法上，我国对"数据"和"个人信息"进行了区分，未使用"个人数据"的概念。"数据"和"个人信息"的差异主要体现在以下三个方面：第一，立法规划不同。2018 年 9 月 10 日，《数据安全法》和《个人信息保护法》作为相互独立的法律草案都被列入了第十三届全国人民代表大会常务委员会公布的第一类立法规划项目。第二，体系地位不同。虽然《民法典》第 127 条规定了"数据"，但其保护依赖于其他法律的规定。"个人信息"被规定在《民法典》第 111 条中，其位于"民事权利"章的人身权部分。第三，立法界定不同。《网络安全法》第 76 条第 5 项以识别性为特征对个人信息的概念进行界定。然而，"数据"在法律上没有准确的定义。

基于以上分析，数据不等同于个人信息。后者更关注内容，与信息主体相关并且需要具备可识别性；前者更加关注形式，不具备主体意义和可识别性。二者隶属于不同的权利束。[3]

4. 个人信息的特征

（1）个人信息的主体是自然人。

个人信息中的"个人"包括自然人，即信息的本人。[4]这在大多数国家以及国际组织关于个人信息保护的法律规定中都有所体现。问题在于法人、死者和胎儿、外国人等能否被作为受法律保护的信息主体？

关于法人能否作为受法律保护的信息主体，有观点认为法人也有一般人格权，其可以作为受法律保护的信息主体。并且，如果法律将法人作为受保护的信息主体将能够有效防止竞争对手掌握法人的营业信息。然而，本书不赞同该观点，认为个人信息的主体应当以"自然人"为限。其一，

〔1〕 王利明：《数据共享与个人信息保护》，载《现代法学》2019 年第 1 期，第 78 页。

〔2〕 吕炳斌：《论网络用户对"数据"的权利——兼论网络法中的产业政策和利益衡量》，载《法律科学（西北政法大学学报）》2018 年第 6 期，第 32 页。

〔3〕 冯源：《〈民法总则〉中新兴权利客体"个人信息"与"数据"的区分》，载《华中科技大学学报》2018 年第 3 期，第 12 页。

〔4〕 郭明龙：《个人信息权利的侵权法保护》，中国法制出版社 2012 年版，第 25 页。

自然人的个人信息与法人信息的价值不同，所以两者应当由不同的法律进行保护。自然人的个人信息可基于对自然人人格利益和财产利益的保护，通过侵权法或合同法对其进行保护。法人的信息则主要基于对法人商业信誉或商业秘密的保护，主要通过反不正当竞争法和民法对其进行保护。其二，法人的人格是通过法律技术拟制的人格，因此一般认为法人不存在一般人格权。其三，如果法人的信息成了《个人信息保护法》的对象，那么法人信息（包括商业秘密）将被制作成档案并提交给主管机关。这不利于对法人商业秘密的保护。

关于死者、胎儿和外国人，本书认为这些不属于《个人信息保护法》规定的信息主体。《个人信息保护法》保护的是自然人的一般人格权，但死者在死亡之时已经不再具有主体资格，死者的人格权已经不存在。从我国的司法实践来看，若恶意使用逝者的个人信息，导致逝者近亲属人格贬损或精神痛苦的不良后果，通常是以名誉权予以救济。因此，死者不属于《个人信息保护法》规定的信息主体。对于胎儿而言，胎儿出生之前的诊断信息一般应该是该胎儿母亲的个人信息，而不是胎儿的个人信息。《个人信息保护法》是国内法，不能将外国人纳入信息主体的范畴。外国人的个人信息也受到法律的平等保护主要是通过涉外条款来实现的。

（2）个人信息具有人格和财产双重属性。

个人信息由信息主体产生，与信息主体的人格尊严和人格自由密切相关。对于一般人而言，单个个人信息的价值不大，但当个人信息的数量积累到一定程度时通过对其进行处理、挖掘才能产生经济价值。同时，个人信息的经济价值也是在信息主体进行社会交往的过程中得以体现的。倘若信息主体是独居荒岛的一个人，那么该信息主体的个人信息对他人而言可能经济价值不大。正是因为个人信息指向具体的信息主体，所以他人对该信息主体的个人信息感兴趣，从而愿意支付相应的金钱进行交换。个人信息反映了信息主体的私生活、言行举止以及身份信息等，所以个人信息对信息主体的名誉和外在形象有着重要影响。从这个意义上可以认为，个人信息的财产属性是依附于人格属性的，并且是以人格属性为基础的。因此，个人信息具有人格属性和财产属性，但两者中人格属性是居于主导地位的。[1]

（3）个人信息具有可识别性。

从上述个人信息的定义可以看出，"可识别性"成了界定个人信息的关键因素。虽然许多国家以及国际组织都采取"可以识别个人身份"来定义个人信息，但如何界定"可以识别个人身份"却是一个难题，没有统一的标准。从通俗意义上来看，可识别性就是基于个人信息中的具体内容，可以定位到特定自然人的可能性。[2]

欧盟的 GDPR 则指的是已经识别出的，以及还未识别出，但可以直接识别出特定个人身份，也可以与其他信息相结合，从而识别出信息主体的身份。其中，这些信息可以是直接能够识别到具体某个信息主体的，如身份证号码、病历、肖像等；也可以是单独的该信息不能直接识别某个信息主体，但该信息与其他信息结合后能够识别出某个信息主体的，例如手机号码、家庭住址、工作信息等。GDPR 指出，在判断一个人是否可以被识别的时候，要将所有可能的用于识别某个人的方法都考虑在内。在科技日新月异的今天，这一识别性判断要求难以操作和落实。《数据保护指令》的这一规定极为宽泛，把大量与人相关的数据都纳入了个人数据的范围。根据欧盟第 29 条工作组《关于个人数据概念的意见》的内容，动态的 IP 地址也属于个人数据。由此可见，可识别性作为区分个人的关键因素，在判断个人信息的"可识别性"时，既需要考虑具体的情境，也需要考虑科技发展带来的变化。

（4）个人信息具有可处理性。

个人信息的可处理性主要指代两个方面：一方面，个人信息被保存在一定的载体之上；信息只有被保存在一定载体上，才有可能被他人所探知。无法被他人知悉的个人信息没有被保护的价值和意义。[3]此处的个人信息载体只要是对信息主体的个人信息进行保存并能够让他人感知即可，具有多样性。例如，照片、视频、声音记录、文字记录以及计算机数据等。另

---

〔1〕 齐爱民：《捍卫信息社会中的财产》，北京大学出版社 2009 年版，第 49 页。

〔2〕 苏今：《〈民法总则〉中个人信息的"可识别性"特征及其规范路径》，载《大连理工大学学报（社会科学版）》2020 年第 1 期，第 83 页。

〔3〕 谢远扬：《个人信息的私法保护》，中国法制出版社 2016 年版，第 17 页。

一方面，被存储的个人信息能够接受形式处理。个人信息被固定在一定载体上只是手段，对其进行处理才是个人信息处理的目的。个人信息以一定的形式被固定在载体上后，就具有被处理的可能性。因此，对于这些被固定在载体之上并且可以被处理的个人信息，需要法律对其进行保护。

5. 个人信息的分类

（1）直接个人信息和间接个人信息。根据信息的可识别性，可将个人信息分为直接个人信息和间接个人信息。直接个人信息是指无需结合其他信息单凭该信息即可识别出信息主体身份的个人信息。间接个人信息是指需要和其他信息相结合才可以识别出信息主体身份的个人信息。〔1〕这种分类决定了个人信息受保护的种类、范围、程度及方式等问题，对个人信息保护而言意义重大。目前，GDPR 第 4 条以及我国《民法典》第 1034 条都采用了此种分类。

（2）敏感个人信息和一般个人信息。根据信息的敏感程度不同，将个人信息划分为敏感个人信息和一般个人信息。大多数国家（地区）均是通过立法对敏感个人信息的类型以列举的方式进行保护的。由于地域和时代不同，各国（地区）列举的敏感个人信息的类型也存在差异。总体而言，大多数国家（地区）均通过立法禁止对敏感个人信息实施个人信息处理，彰显了对敏感个人信息的特殊保护。虽然各国（地区）均通过立法将受保护的敏感个人信息类型化，但对于何为敏感个人信息却并未给出明确的界定。由我国国家标准化管理委员会和国家质量监督检验检疫总局颁布的《信息安全技术　公共及商用服务信息系统个人信息保护指南》（以下简称《指南》）3.7 与 3.8 将个人信息区分为个人一般信息（personal general information）〔2〕和个人敏感信息（personal sensitive information）。〔3〕有学者认为，由于《指南》不是法律规范而是行业自律规约，所以在对个人信息进

---

〔1〕　齐爱民：《大数据时代个人信息保护法国际比较研究》，法律出版社 2015 年版，第 138 页。

〔2〕　《指南》3.8 规定："个人一般信息（personal general information）除个人敏感信息以外的个人信息。"

〔3〕　《指南》3.7 规定："个人敏感信息（personal sensitive information）一旦遭到泄露或修改，会对标识的个人信息主体造成不良影响的个人信息。各行业个人敏感信息的具体内容根据接受服务的个人信息主体意愿和各自业务特点确定。例如个人敏感信息可以包括身份证号码、手机号码、种族、政治观点、宗教信仰、基因、指纹等。"

行分类时未考虑隐私。故而，一些在《指南》中被列举的"敏感信息"在民法中可能并不等同于"隐私性信息"。[1]然而，《个人信息保护法》第28条对敏感个人信息的概念进行了规定。[2]

（3）人格紧密型个人信息和人格疏远型个人信息。此种分类是基于信息与信息主体的密切程度。这种分类方式是为了兼顾对个人信息的保护与利用。在判断人格紧密型个人信息时，个体性强、直接识别性、敏感性都是标准，只要符合其中一条即可认定该信息属于人格紧密型个人信息。例如，电话号码、身份证号码、地理位置等都属于人格紧密型个人信息。在判断人格疏远型个人信息时，个体性弱、间接识别性、非敏感性需同时满足才可判定该个人信息属于人格疏远型个人信息。否则，就不属于人格疏远型个人信息，例如宗教信仰、血型、家庭住址等。[3]

（4）自动化处理的个人信息和非自动化处理的个人信息。此种分类主要是基于是否经过计算机的处理。在个人信息自决权的经典案例德国"人口普查案"中，德国联邦宪法法院明确表示"在自动化信息处理技术面前，不再有'不重要的'信息"。[4]《德国1977年个人信息保护法》也没有把适用范围扩至非自动化个人信息处理领域。然而，"没有不重要的信息"论断的成立需要基于特定的前提条件。该特定的前提条件主要指大数据时代，信息处理者凭借计算机技术对收集到的海量个人信息进行自动化处理。在此前提条件下，即便是琐碎的非重要个人信息，经过海量数据的聚合也能够形成信息主体的数字人格。故而，对于自动化处理的个人信息，信息处理者、收集者在信息收集之时就须明确其目的，并在该目的范围内从事相应的信息处理行为，即必须满足目的限制性原则。故而，基于以个人信息自决权理论为基础的《个人信息保护法》，信息主体对其个人信息都享有权

---

〔1〕 李永军：《论〈民法总则〉中个人隐私与信息的"二元制"保护及请求权基础》，载《浙江工商大学学报》2017年第3期，第16页。

〔2〕《个人信息保护法》第28条第1款规定："敏感个人信息是一旦泄露或者非法使用，容易导致自然人的人格尊严受到侵害或者人身、财产安全受到危害的个人信息，包括生物识别、宗教信仰、特定身份、医疗健康、金融账户、行踪轨迹等信息，以及不满十四周岁未成年人的个人信息。"

〔3〕 项定宜、申建平：《个人信息商业利用同意要件研究——以个人信息类型化为视角》，载《北方法学》2017年第5期，第36~37页。

〔4〕 杨芳：《隐私权保护与个人信息保护法——对个人信息保护立法潮流的反思》，法律出版社2016年版，第80页。

利；没有属于公共领域的个人信息，也没有他人可以随意使用的个人信息。所有的个人信息处理行为都应当与收集时的目的保持一致。

就自动化处理而言，计算机程序中个人信息处理的各个步骤都是可以被明确划分的，而且每一个步骤都有明确的处理目的，因此法律能够进行干预。但传统的个人信息处理与自动化处理不同，其处理过程是在处理者的大脑中进行的，他人无法知悉这一过程，法律无法对人类的脑部活动进行规制。《个人信息保护法》所要求的目的性限制或者个人信息自决权不能被适用于传统的个人信息处理领域。若将信息隐私扩大到非自动化处理，势必要对非自动化处理的处理者的脑部活动进行监管，这种做法显然无法实现。人作为社会性动物，无法避免他人对自己的审视和讨论。因此，以没有不重要的个人信息为逻辑出发点的，法律保护的个人信息范围仅限于自动化处理的个人信息。

## 第一章

# 大数据时代我国个人信息法律 保护存在的突出问题

大数据时代，网络世界与现实世界被紧密地连接在一起，数据技术的发展改变了人们原来的生产方式、行为模式、社会秩序以及社会关系。网络用户利用自己每天零碎的时间，以"打卡""签到""实时分享"等方式生产自己和有关他人的各种信息，这些也吸引了更多的用户依此产生个人信息，通过网络效应提升网站的价值。[1]大数据最核心的技术特征就是超强的收集、存储、处理数据能力以及精准的预测能力，这些特征对隐私存在天然的侵袭性。[2]因此，大数据在给人类各项活动带来便利的同时，还使个人信息法律保护面临不当收集、泄露、滥用和数字化记忆的威胁。

## 第一节　个人信息的不当收集

网络服务提供者作为大数据时代最为重要的信息收集者和利用者，不仅会收集个人在网络交易中的姓名、地址、联系电话、消费情况等信息，甚至连网络用户在某个网页多停留儿秒的信息都会被记录下来。[3]以算法为核心、以信息为资源、以网络为基础平台的全新经济形态正在改变人们对经济发展的固有观念，同时也改写了人类社会的发展历史，促使经济的爆发式增长。对于个人而言，网络空间中的个人信息记录从出生至死亡，其

---

〔1〕　胡凌：《网络法的政治经济起源》，上海财经大学出版社 2016 年版，第 35 页。

〔2〕　徐明：《大数据时代的隐私危机及其侵权法应对》，载《中国法学》2017 年第 1 期，第 56 页。

〔3〕　Joel R. Reidenberg, "Resolving Conflicting International Data Privacy Rules in Cyberspace", Stan. L. Rev, Vol. 52, 2000, pp. 1315, 1320.

间的各项个人信息逐渐拼凑成网络空间中的一个"人"。[1]网络服务提供者通过收集用户的网上搜索记录、支付记录、观影记录、交通记录、借阅记录等信息并对这些信息进行挖掘和分析，从而为用户提供个性化推荐服务。虽然个性化推荐开辟了互联网经济发展的新路径，但这亦会在未直接侵犯用户个人隐私的情形下，致使用户的隐私利益间接被威胁。在大数据时代，数据技术的发展使网络服务提供者收集个人信息的行为防不胜防，从而给个人信息的法律保护带来了新的问题。

## 一、网站过度收集

根据是否需要用户登录，将网站分为闭环型和非闭环型。闭环型网站主要凭借用户的联系电话或电子邮箱进行注册，每个用户都会获得一个用户名和自己设置的登录密码，并通过用户的注册、登录等信息创建用户数据库。大多数软件在用户下载安装完成之后、初次使用前都会要求用户进行注册。网站会在每个用户注册后生成一个唯一对应于该用户名的标识符，通过该标识符收集该用户的所有行为信息，并通过算法使这些信息间产生关联，从而分析用户的性格、喜好，形成用户在网络空间的画像，以便网站提供个性化推荐服务。用户不需要注册和登录也能使用的网站（例如百度、有道词典、天气预报网站等）就属于非闭环型网站。由于即使用户在这些网站上不注册亦能实现查询、浏览功能，所以此类网站很难通过用户的注册、登录对用户信息进行收集。然而，在日常生活中，即使没有注册或登录某个网站，用户在该网站浏览信息时也会收到与自身相关的个性化推荐。例如，用户在未注册淘宝网账号而打开淘宝网时，在网站的首页就有"猜你喜欢"的个性化购物推荐。这主要是淘宝网基于以往用户在该网站上搜索的关键词对其进行精准营销、开展个性化推荐。本书认为，揭示网络服务提供者收集用户信息的技术内幕有助于明晰不当收集对个人信息保护的影响，从而对大数据时代我国个人信息的法律保护形成全新的认识。

（一）典型追踪技术分析

在技术层面上，网站通过 Cookie 技术对非注册用户进行追踪与管理。

---

[1]　[英] 约翰·帕克:《全民监控——大数据时代的安全与隐私困境》，关立深译，金城出版社 2015 年版，第 14 页。

Cookie 是用户在相应网站的唯一身份标识，网站的服务器为了能够辨别用户身份并保存用户信息而储存在用户本地电脑上的经过加密的一种客户端技术。[1] Cookie 的主要功能是帮助网站记录用户在该网站上的所有个人信息。[2] Cookie 文件的形成过程是：网站的服务器会通过用户的浏览器在用户本地电脑上生成只能被该网站读取的 Cookie 文件，该文件被用于储存用户在该网站上的各种数据和操作记录，当用户再次浏览该网站时，该网站的服务器通过查探用户电脑上的 Cookie 文件识别用户身份，从而输出特定的网页内容。[3] Cookie 最基本的应用是保存用户在某一网站的登录名和密码，当用户在电脑上访问某网站时，该网站的 Cookie 文件会被浏览器发送至该网站的服务器，同时该文件会根据服务器的指令进行相应修改。[4]

目前，常见的 Cookie 技术主要有四种：

第一，HTTP Cookie。HTTP Cookie 或 Cookie 技术是网站跟踪和收集用户信息的最常用方式，其被广泛应用最主要的原因是网站的服务器可以通过 Cookie 知悉用户在该网站的行为信息，进而完善网站的相关应用功能。[5] Cookie 技术通过在计算机中设置文件的方式维持用户与网站的对话，网站由此追踪并收集用户信息。网站凭借数据分析技术对收集到的用户信息进行归类、整理、分析，形成用户在网络空间的数字化画像。然而，Cookie 在计算机中是一个存储在浏览器目录中的文本文件，并借此实现对用户的追踪和信息收集，有存续期间，它会在存续期间届满后自动消失。

第二，Flash Cookie。Flash Cookie 是由 Flash Player 控制的客户端共享存

---

〔1〕 张晓阳：《基于 cookie 的精准广告投放技术及其法律边界刍议——以朱烨诉百度公司隐私权纠纷为视角》，载《电子知识产权》2015 年第 9 期，第 82 页。

〔2〕 胡忠望、刘卫东：《Cookie 应用与个人信息安全研究》，载《计算机应用与软件》2007 年第 3 期，第 50~51 页。

〔3〕 张晓阳：《基于 cookie 的精准广告投放技术及其法律边界刍议——以朱烨诉百度公司隐私权纠纷为视角》，载《电子知识产权》2015 年第 9 期，第 82 页。

〔4〕 当用户第一次登录某网站时，服务器发送了包含登录凭据（用户名加密码的某种加密形式）的 Cookie 到用户的硬盘上。当用户再次登录该网站时，（若该 Cookie 尚未到期）浏览器会发送该 Cookie 服务器验证凭据，于是不必输入用户名和密码就让用户登录。因此，用户在首次登录某网站时若点击"记住登录名和密码"，在再次访问该网站时，只需点击"登录"按钮就可直接进入登录状态。

〔5〕 《Cookie 简介》，载 https://blog.csdn.net/ZZY1078689276/article/details/79201768，2024 年 5 月 6 日访问。

储技术，用于记录用户在访问 Flash 网页时保留的信息。网站的开发人员指出，传统的 HTTP 下的 Cookie 并不稳定，浏览器中的 HTTP Cookie 会被用户手动设置为禁用模式或者随时清除掉。相比于普通 Cookie 技术，Flash Cookie 技术的存储空间更大、储存时间更长、储存位置更有隐蔽性。[1]这些使得其在追踪与收集用户信息方面较有优势。在此情形下，即使用户改用其他浏览器访问该网站或浏览器上存储的浏览记录被删除，被访问的网站将仍然可以追踪和收集个人信息。[2]

第三，Ever Cookie。与 HTTP Cookie 与 Flash Cookie 相比，该技术可以实现对 Cookie 文件的多途径存储。即使网络用户删除其 Cookie，网站也仍可对用户进行追踪和收集信息。Ever Cookie 将相同的数据存储在客户端可以访问的多个位置，若用户删除一处或多处 Cookie，其仍可从其他 Cookie 源获取 User ID，并进行数据恢复，继续追踪用户。[3]此外，其强大之处还在于可以实现跨浏览器进行用户追踪和信息收集，Ever Cookie 可以传播到任何在本机上使用的浏览器，所以有人将其称为"Cookie 僵尸"。[4]

第四，Fingerprinting。Fingerprinting 的本意是指纹采集，在 Web 浏览器的语境下指代的是通过交叉比对关键信息验证来识别计算机。在生物学上，指纹、虹膜、DNA 等都可被视为特定人的唯一识别符。在技术层面，如果我们把 Cookie 比喻成身份证，那么 User Agent 就是姓名，Fingerprinting 则是在计算机网络中唯一标识的一个浏览器。它包括但不限于 IP 地址、字体、Flash 与 Java 插件等技术操作，通过对这些技术收集的信息进行交叉配对，以达到对某一浏览器进行特定识别的目的。[5]例如，Fingerprinting 通过对用

---

〔1〕　不同于 HTTP Cookie 仅允许存储 4KB，Flash Cookie 的默认储存空间为 100KB，还可以调整大小。如果不主动删除 Flash Cookie，它将永远保留在电脑中。此外，Flash Cookie 的本地共享对象不是基于浏览器的，所以其存储位置不易被发现，被存储在不同的地点。

〔2〕　M. Ayenson et al.，"Flash Cookies and Privacy Ⅱ：Now with HTML5 and ETag Respawning"，available at SSRN：https：//ssrn. com/abstract = 1898390，2024-5-6.

〔3〕　《Ever Cookie 原理及使用方法示例》，载 https：//blog. csdn. net/zhanglihua1195520094/article/details/89298605，2024 年 5 月 6 日访问。

〔4〕　《Cookie 僵尸——Ever Cookie 分析（一）》，载 https：//www. cnblogs. com/hunter007/articles/2252992. html，2024 年 5 月 6 日访问。

〔5〕　《WWDC 中提到的浏览器 Fingerprinting 有多可怕？》，载 https：//blog. csdn. net/weixin_34419321/article/details/87978991，2024 年 5 月 6 日访问。

户的 IP 地址、使用的字体、安装的插件以及浏览的图片等进行收集、分析从而对计算机进行标识，计算机原本就是用户用于了解世界、进行社交的工具，其反映的是背后的用户。Fingerprinting 技术通过对计算机的标识，从而达到对用户进行标识并完成用户画像的目的。从形式层面而言，Fingerprinting 通过搜集用户操作计算机的各种行为信息以达到对计算机进行特定识别的目的，这种行为与网站通过大数据技术收集、汇总、分析用户信息，从而固定特定个人的行为具有相似性。

技术本身具有中立性，关键在于使用技术的人。大量的实证研究揭示：网络服务提供者不断尝试开发新的、更隐蔽的网络追踪技术，追踪、收集用户的各种网络行为信息。用户在互联网空间对自己个人信息的控制存在严重的技术障碍，即便是具有专业计算机知识的用户也可以通过拒绝或删除 Cookie 文件的方式阻断个人信息被收集，但当网络服务提供者使用 Ever Cookie 或 Fingerprinting 这种与本地共享对象关联的追踪技术时，他们也会显得吃力，无法控制个人信息是否被收集，更何况对专业计算机技术所知甚少的普通人。追踪技术的飞速发展已对用户的网络信息隐私保护构成严重威胁，用户的各种个人信息在不知不觉中被收集、储存、分析和利用。

（二）"禁止追踪"隐私协议及其局限性

"禁止追踪"（Do Not Track）最初是由一个民间隐私保护团体在 2007年向美国联邦贸易委员会提出，希望委员会能为网络广告商列一份"禁止跟踪"列表，并指出他们利用 Cookies 跟踪互联网用户网上行为的范围。[1]2009 年第一个支持"禁止追踪"的浏览器插件问世，它是由斯塔姆和索霍安在火狐浏览器中开发出来的，但这只是一个测试，没有任何迹象表明火狐浏览器以后会包含这个插件。为维护用户在互联网空间的信息隐私，美国联邦贸易委员会主席乔恩·莱博维茨在 2010 年一次关于隐私保护的听证会上呼吁开发一套能够维护用户信息隐私的系统。[2]

---

〔1〕《隐私之争：关于 Do Not Track 你所应该知道的》，载 http://www.guokr.com/article/396923/? page=1，2024 年 5 月 6 日访问。

〔2〕 C. Kenneth, "FTC Mulls Browser‐Based Block for Online Ads", http://www.internetnews.com/ecnews/article.php/3895496/FTC+Mulls+Browser Based+Block+for+Online+Ads.htm，2024‐5‐6。

　　随后，微软公司随即宣布 IE9 会支持跟踪保护列表，它将通过由第三方提供的黑名单来阻止对用户的跟踪。微软希望借此彻底打败 Mozilla，但是在 2011 年 1 月，Mozilla 宣布火狐浏览器也将提供一个拒绝跟踪的选项，实际上这一更新在 IE9 正式推出之前就已经被加到了火狐浏览器中。同年，Opera、Chrome 以及苹果的 Safari 浏览器都支持并添加了"禁止追踪"。[1] 然而，2015 年 4 月，微软在官方博客中表示，随着行业标准的发展，为满足万维网联盟（W3C）制定的全新隐私标准，微软将改变"禁止跟踪"功能的实施方式，微软 Windows 快速设置与浏览器不再默认开启"请勿跟踪"的功能，但微软会为客户提供如何打开此功能的引导。[2]

　　"禁止追踪"协议实际上是一个用户与网站之间涉及隐私保护的君子协议。遵守"禁止追踪"协议的浏览器在被用户启用后，网站的服务器在与浏览器进行数据传输的过程中会收到该用户浏览器发出地禁止被追踪的信号，那么该用户的个人信息将不会被收集。然而，"禁止追踪"并非用户开启该功能用户的网络行为就真的能够不被追踪，这还要取决于网站对该协议真实的执行情况。据悉，美国广告商受到微软 IE 10 默认开启"禁止追踪"协议功能的巨大影响，使他们无法从美国 43% 的浏览器上收集数据，从而影响了作为广告商主要利润来源的精准广告投放。[3] 不过，即便 IE10 浏览器默认开启"禁止追踪"功能，没有网站和网页的配合，它也将独木难支，用户并没有真正的选择权。[4]

　　欧盟的《电子隐私指令》（E-Privacy Directive）要求，只有在网站使用追踪的技术是商家提供服务必需依赖与绝对必要时（如在线购物车功能）网站使用追踪技术才不需要得到用户授权，其他都需要被用户授权。[5] 然而，该指令在欧盟境内并未得到统一执行。考虑到大数据时代信息的价值

---

〔1〕　"IE9 and Privacy: Introducing Tracking Protection"，https://blogs.msdn.microsoft.com/ie/2010/12/07/ie9-and-privacy-introducing-tracking-protection，2024-5-6.

〔2〕　《是妥协吗？微软宣布新版操作系统和浏览器均默认关闭"DNT 请勿追踪"》，载 http://www.landiannews.com/archives/16065.html，2024 年 5 月 6 日访问。

〔3〕　《"禁止追踪"是悬在广告主和用户头上的双刃剑》，载 http://www.newseasilk.cn/xinwen-dongtai/4268.html，2024 年 5 月 6 日访问。

〔4〕　《E10"禁止追踪"独木难支，需网站和 Web 配合》，载 http://www.fanpusoft.com/chongqing/wzjs/43561.html，2024 年 5 月 6 日访问。

〔5〕　李媛：《大数据时代个人信息保护研究》，西南政法大学 2016 年博士学位论文，第 31 页。

以及网络服务提供者的利益，许多欧盟成员国提出网站在利用 Cookies 获得用户的个人信息时需要得到用户的一次性明确同意，但评论者认为这一要求实际上没有给用户真正的选择权。网络服务提供者运用各种新兴的数据追踪技术将用户在网络空间中产生的基本数据、交易数据、观察数据和动态数据等海量数据，从而推断这些数据背后隐藏的个人或群体的行为目的和趋势。[1]"禁止追踪"协议作为保护用户网络隐私权的一个技术性倡议，虽然在功能上并未实现真正的禁止追踪，但其在网络用户个人信息保护方面的意义重大。

（三）APP 过度收集

APP 超权限过度收集用户的个人信息会增加用户个人信息安全的风险。APP 作为网站的衍生产物，存在过度收集的情形。根据全国消费者协会受理的消费者投诉情况统计，手机 APP 过度收集消费者个人信息已成为投诉的新热点。消费者协会发布的《100 款 App 个人信息收集与隐私政策测评报告》显示，在参与测评的 100 款手机 APP 中（APP 种类涉及通信社交、影音播放、网上购物、交易支付、出行导航、金融理财、旅游住宿、新闻阅读、邮箱云盘和拍摄美化等 10 类），多达 91 款软件存在过度收集用户个人信息的问题。测评结果显示，APP 过度搜集个人信息主要体现在三个方面：手机号码、通讯录信息和位置信息。其中，22% 的被测 APP 存在过度收集手机号码的情形；23% 的被测 APP 存在过度收集通讯录信息的情形；28% 的被测 APP 存在过度收集位置信息的情形。另外，用户的短信信息、工作信息、教育信息、车辆信息、个人相册等个人信息也都存在被过度收集的情形。[2]电信诈骗、敲诈勒索、恶意注册账号等违法犯罪行为的开展往往基于收集到的受害者的个人信息，甚至对受害者的姓名、年龄、电话号码、兴趣爱好以及家庭住址等了如指掌。因此，用户的个人信息被收集得越多个人信息面临的安全风险越大。

Cookie 作为实现用户和网站间对话的必要技术，HTTP Cookie 或 Cookie

---

〔1〕［德］罗纳德·巴赫曼、吉多·肯珀、托马斯·格尔策：《大数据时代下半场——数据治理、驱动与变现》，刘志则、刘源译，北京联合出版公司 2017 年版，第 9 页。

〔2〕中国消费者协会：《100 款 App 个人信息收集与隐私政策测评报告》，载 http://www.sohu.com/a/278492840_ 100150040，2024 年 5 月 6 日访问。

的收集行为是合法的。[1]然而，Flash Cookie、Ever Cookie 与 Fingerprinting 收集用户的匿名信息行为以及 APP 过度收集用户信息的行为是否合法则存在争议。前者收集用户匿名信息是否合法其实质上就是讨论匿名信息是否属于个人信息的问题。APP 过度收集用户信息的行为是否应被法律所规制其实质上就是法律在个人信息的保护与利用间抉择的问题。这些看似是技术问题，实则是由技术的进步给现今法律带来的新挑战。

## 二、非法手段收集

互联网的普及在给人们的工作和生活带来便利的同时也使得人们的个人信息有被非法收集的可能。有些人为占小便宜"蹭网"甚至会连一些来源不明、不需要密码的免费 WI-FI，这些极有可能是为窃取个人信息布下的"陷阱"。这类 WI-FI 往往是黑客重点攻击的对象，有些甚至是黑客故意搭建的。黑客通过攻击或搭建这类 WI-FI 发现接入该 WI-FI 的手机或电脑设备中有漏洞的应用软件，并对这些软件植入木马病毒，使用户在打开这个软件时会提示用户下载更新。"中招"后的手机或电脑实际上已经被黑客远程控制，可以在用户毫不知情的情况下完成拍照、录音、录像，传输手机、电脑上存储的各种信息等。此外，还有一些钓鱼网站、不明短信通过植入恶意程序的方式收集用户个人信息。

以揭露信息所有人的违纪、违法行为为目的，网络黑客利用病毒、钓鱼网站或者普通公民利用隐秘、非法的方式收集他人的个人信息，这些行为背后的安全风险仍不容小觑。根据《关于办理刑事案件严格排除非法证据若干问题的规定》第 14 条[2]和《网络安全法》第 44 条[3]的规定以违反法律规定或非法手段获取的物证、书证都不得作为认定案件事实的证据。《网络安全法》在第四章网络安全一章列明收集、使用公民数据信息应遵循合

---

[1]　丁晓东：《用户画像、个性化推荐与个人信息保护》，载《环球法律评论》2019 年第 5 期，第 85 页。

[2]　《关于办理刑事案件严格排除非法证据若干问题的规定》第 14 条规定："物证、书证的取得明显违反法律规定，可能影响公正审判的，应当予以补正或者作出合理解释，否则，该物证、书证不能作为定案的根据。"

[3]　《网络安全法》第 44 条规定："任何个人和组织不得窃取或者以其他非法方式获取个人信息，不得非法出售或者非法向他人提供个人信息。"

法、正当，必要、目的明确、知情同意等原则以及网络运营者应当承担的义务。[1]《个人信息保护法》第 10 条亦对个人信息的收集行为作出了相应规定。[2]个人信息直接关涉公民的人身权利和自由，公民的人身权利和自由的限制只能由法律进行规定。因此，为了公共利益用非法手段揭发他人违法、违纪的行为，仍然属于不被法律所容许的范畴，是侵犯信息所有人利益的违法行为。

## 三、视频监控收集

"视频监控"是影像采集端通过传输介质将视频图像传输至控制端后，由控制主机将视频信号分配至各监视端和记录端的安防系统。通常而言，视频监控系统不仅包括视频的录制存储功能，亦包括声音的采集传输功能。当前，世界各国广泛采用的第三代视频监控则是以网络摄像机和视频服务器为基础的智能化系统，主要运用视频分析技术和大规模视频存储技术，借助预设的安全算法对监控系统进行实时分析、事前预警和事后查询。[3]就视频监控技术的社会运用而言，英国率先将视频监控作为维护公共区域秩序的安全治理手段。统计数据显示：每 11 个英国人就至少配置有 1 个视频监控摄像头。[4]随后，美国和日本等国家相继在公共区域使用视频监控技术。譬如，美国就以监控摄像头协助鉴别了"波士顿马拉松爆炸案"的嫌疑人。我国公共区域视频监控的覆盖进程虽起步较晚，但目前我国已建成世界上最大的公共区域视频监控体系。视频监控对安全防范的实时性和实用性使其被广泛应用到保障私人生活安全领域。

毋庸讳言，作为社会治理方式的公共区域视频监控以及为个人利益而安装的视频监控都能维护个人的生命财产安全。但与此同时，这些视频监控无时无刻不在收集覆盖范围内的个人信息，这使得在日益发达的大数据

---

[1]《网络安全法》第 40 条、第 41 条、第 42 条、第 43 条。

[2]《个人信息保护法》第 10 条规定："任何组织、个人不得非法收集、使用、加工、传输他人个人信息，不得非法买卖、提供或者公开他人个人信息；不得从事危害国家安全、公共利益的个人信息处理活动。"

[3] 黄凯奇等：《智能视频监控技术综述》，载《计算机学报》2015 年第 6 期，第 1094 页。

[4] ［美］埃里克·托普：《未来医疗——智能时代的个体医疗革命》，郑杰译，浙江人民出版社 2016 年版，第 242 页。

社会中的个人似乎将难觅容身之所。大数据时代，作为数字化主体存在的人们已然置身于由大数据精心构筑的"数字化圆形监狱"中，处在数据收集、挖掘技术即时的、持续的跟踪、记录和监视之下，无处遁逃。"当我们的各种个人信息被转化为数字形式的信息后，经由算法，这些在网络空间的数字化信息对应于现实中的个人，我们散落在网络空间的各种碎片化信息都在数字空间被'凝视'。"〔1〕此时，作为数字化主体的我们已然毫无隐私可言。通过互联网空间中的账户信息和长期积累的网络行为信息将其与现实世界中的个人关联起来，并对个人的场景化行为以视频的形式实时记录并评价，这些将成为未来约束个人行为的重要力量。〔2〕我们就如同被置于该"圆形监狱"之中，关涉个人的各种行为信息也被悄无声息地收集。

除了以上个人信息的不当收集行为，信息合并亦会引发个人信息的不当收集。数字技术增强了人们对信息的获取能力。大数据时代技术的进步是呈几何叠加的爆发式增长，在此过程中人类的各种能力也在不断提升，人与人的连接方式亦不断迭代更新，数据的合并和混合也成为可能。各种信息被以数字化的形式录入计算机系统，计算机用户在浏览器中输入关键词可以获得多条搜索结果。此外，这些原本看似毫无关联的信息间由于某个或某些关键词产生连接，进而从中发现规律，产生信息合并的效果，提升人们获取信息的能力。在大数据时代以前，人们通过逐个查阅每个记录文本，以获取信息。其获取信息的能力与运用数字技术是无法比较的。

各个电脑中的信息还可以进行积累、合并、转化、删除和修改，形成用户的个人信息档案。例如，匹配各汽车零售商的电脑销售记录就可以迅速将某个地区所有新车购买者的姓名和地址汇总成一个名单。由于信息被简化成算术意义上的数据字节，一段段信息就可以被加以整理，并且可以进行分类、转化、修改或者与相匹配的电脑中整理出的信息合并，从而得出该区域人员的汽车品牌、型号、车牌号、地址等个人信息。此外，零售、教育、不动产权和税务记录中的信息都可加以整理、合并和定制，从而创建个人的信息档案。目前，这种多渠道获取个人信息并进行信息合并从

---

〔1〕　张恩典：《大数据时代的被遗忘权之争》，载《学习与探索》2016年第4期，第68页。

〔2〕　胡凌：《超越代码：从赛博空间到物理世界的控制/生产机制》，载《华东政法大学学报》2018年第1期，第6页。

而造成个人隐私利益受侵害的行为并未引起法律的足够重视。

## 第二节　个人信息的泄露

移动互联网的普及、数据技术的飞速发展以及商业模式的创新使得传统的实体经济模式受到冲击，新兴的互联网经济模式日益繁荣，消费者仅凭一部智能手机就可享受各种线上线下服务。在互联网经济模式下，消费者在享受互联网带来的诸多便利时，也遭受了由个人信息泄露带来的私生活被侵扰。

### 一、公共服务管理性机构泄露公民个人信息

随着云计算、移动互联网和物联网等网络新技术的应用、发展和普及，人类社会进入大数据时代，个人作为个人信息的生产者，每天都在产生海量各种类型的个人信息。各类社会主体通过收集网络上的各种信息，凭借大数据技术对这些海量信息进行数据分析，从而得出对其有用的分析结果。加之，数据信息的经济价值和社会价值日益被人们重视，这也成了推动数据经济、社会管理的内在动力。公共服务管理性机构〔1〕在履行其公共事务职能的过程中收集、掌握大量的公民个人信息。这些机构掌握的公共性数据信息是由不特定的多数公民个人信息组成的。

在法律没有明确限制披露标准的情形下，公共服务管理性机构为了国家利益、公共利益或特定利益需要公布部分或全部数据信息时，可能会泄

---

〔1〕　公共服务管理性机构主要涉及公共服务、经济调节、市场监督、社会管理等四项职能。公共服务管理性机构开展的公共服务可以根据其内容和形式分为基础公共服务、经济公共服务、社会公共服务、公共安全服务。基础公共服务是指那些通过国家权力介入或公共资源投入，为公民及其组织提供从事生产、生活、发展和娱乐等活动都需要的基础性服务，如提供水、电、气，交通与通信基础设施、邮电与气象服务等。经济公共服务是指通过国家权力介入或公共资源投入为公民及其组织即企业从事经济发展活动所提供的各种服务，如科技推广、咨询服务以及政策性信贷等。公共安全服务是指通过国家权力介入或公共资源投入为公民提供的安全服务，如军队、警察和消防等方面的服务。社会公共服务则是指通过国家权力介入或公共资源投入为满足公民的社会发展活动的直接需要所提供的服务。社会发展领域包括教育、科学普及、医疗卫生、社会保障以及环境保护等领域。社会公共服务是为满足公民的生存、生活、发展等社会性直接需求，如公办教育、公办医疗、公办社会福利等。

露公民的个人信息，对公民的隐私利益造成侵犯。在全国应对新型冠状病毒肺炎的同时，各地人民政府、医疗机构、卫生监督机构以及疾病预防控制机构等都采取应急措施应对这一重大突发公共卫生事件。其中，返乡人员、疑似病例人员的"信息登记"成了此次疫情防控的手段之一，其收集的关于武汉返乡人员及患者个人隐私信息被大肆泄露一事也引发了社会各界的广泛关注。许多从武汉返乡的工作人员、大学生们积极配合社区、乡镇的防疫排查工作，如实登记了姓名、性别、年龄、身份证号码、联系方式、具体到门牌号的家庭住址等个人信息，但不久这些详尽的个人信息便在未被匿名化的情形下被许多微信群、QQ 群以图片形式的短视频大肆传播。湖南益阳市赫山区卫生健康局一副局长和另外三人因将涉及新冠病毒患者及其亲属隐私的调查报告转给无关人员，导致在当地微信群中迅速转发传播，该副局长被予以党纪立案调查，另有两人被诫勉谈话、一人被通报批评。[1]

据悉，目前泄露武汉返乡人员个人信息的源头是地方登记武汉返乡人员的途径，主要有三种：一是地方教育部门统计 2016 年到 2019 年高中毕业，并在武汉就读大学的学生名单；二是公安部门掌握的公共交通大数据（铁路、航空实名信息）；三是政府安排村委会、街道办事处、社区的基层工作人员进行逐户排查上报的信息。[2]这些机构在最初统计武汉返乡人员信息时是基于防疫、排查之目的，但由于随后疫情在全国快速蔓延，加之这种新型冠状病毒的治疗未有突破性进展，防止疫情进一步扩张最有效的方式就是隔离从武汉返乡的人员。这才有了上述武汉返乡人员的个人信息被直接泄露的一幕。

公共服务机构在管理社会工作时，亦有直接泄露公民个人信息的可能。现在大街上随处可见的电子监控设备，全天 24 小时都对公共空间中我们的一举一动予以记录。这些电子监控设备收集了大量不特定公民的行为信息，当需调看或公开监控设备的录像资料来查明涉及公共治理的某事件真相时，

---

〔1〕《泄露新冠病毒患者及家属个人隐私，湖南一卫生局副局长被查》，载 https://mp. weixin. qq. com/s/uJkqWlLaE4u7z0tZsh6Eow，2024 年 5 月 7 日访问。

〔2〕《超 7000 武汉公民信息泄露，知情权和隐私权应如何平衡？》，载 https://mp. weixin. qq. com/s/R-vcNjwFuznAhF4MXvhGtw，2024 年 5 月 7 日访问。

该录像资料中涉及的不特定对象的相关行为信息便会被泄露，其保护个人生活安宁不被打扰的权利和行为自由可能会受到侵犯。针对这些情形，公共服务管理性机构在披露公共信息时，应采取必要的保护措施对可能涉及侵犯他人隐私利益的信息进行匿名化或去识别化的技术处理。

公共服务管理性机构在披露公共信息时，有时难免会披露部分公民零散的个人信息。但在大数据下，这些零散的个人信息经过整合、处理后会形成关于特定人的数据信息链，从而侵扰公民私生活的安宁，亦会给公民权利和自由带来潜在的风险和侵权可能性。比如，"狗仔队"根据公共服务管理性机构披露的某明星家用电、用水以及天然气等数据信息，通过分析这些数据信息的变化情况，判定该明星大概在何时间区间内生了小孩。在该案例中，公共服务管理性机构是基于正当理由以户为单位公布每户的用电、用水和天然气的使用数据信息，但"狗仔队"可以基于这些零散的信息进行整合、分析，从而推测出某明星何时生子的隐私信息。

公共服务管理性机构或其授权的私人机构因技术原因或不当管理导致其掌握的公民个人信息有泄露的风险。当今，计算机办公因其效率高、传输速度快、成本低等特点而取代了传统的纸质化办公，这也使得公共服务管理性机构成了掌握公民个人信息最多的机构。例如，2016 年徐某玉以 568 分被南京邮电大学录取，但由于个人升学信息泄露而被电信诈骗 9900 元后猝死。在该案件中，徐某玉的个人信息就是由被告人杜某禹通过植入木马等方式非法侵入山东省 2016 年普通高等学校招生考试信息平台网站而窃取，随后转卖给被告人陈某辉团伙，以发放助学金的名义实施电信诈骗的。[1] 2015 年 10 月 15 日《南方周末》报道，"教育技术服务平台"以填表的形式收集中小学生每人近 40 项的数据信息，其中包括采集血样的信息。[2] 这些被采集血样的中小学生是祖国未来发展的年轻一代，随着未来生物基因技术发展的快速化和深入化，如果这些有关基因的个人信息被泄露、利用，将会给我国甚至整个人类带来无法估量的潜在风险。

当前，我国公民数据信息被泄露、被非法利用的侵权现象已普遍化，

---

〔1〕 参见山东省临沂市罗庄区人民法院［2017］鲁 1311 刑初 332 号。

〔2〕《全国上亿中小学的信息都在他们手上》，载 http://blog. sina. com. cn/s/blog_ b51dbf95 0102w27o. html，2024 年 5 月 7 日访问。

被泄露的公民数据信息涉及通信、银行、医疗、教育、交通、住房及日常生活消费等领域。根据我国《网络安全法》第 10 条的规定，凡是通过网络获得公民数据信息的社会主体都有保证公民数据信息安全的义务。[1]掌控公民数据信息的各类主体如果不能保证数据信息的安全，就应持谨慎采集和少采集数据信息的态度。泄露公民数据信息除侵害公民的隐私权外，还侵犯公民的人身权、财产权、发展权等，引发竞合侵权，同时还可能破坏整体社会秩序、经济秩序和公共安全秩序。特别是基于行政管理之需要，由政府基于其行政权加以推行，建立政府数据库的风险防控体系，依法确立防控标准。[2]

## 二、企业泄露用户个人信息

个人信息一旦被收集，就存在被泄露的风险。[3]随着人类改造世界能力的不断增强，人类的身体也成了被技术改造的客体。[4]得益于科学技术的发展，人们通过可穿戴设备[5]不断测量和记录身体的行为和状态，这些电子设备通过数据的方式不断量化、记录我们的身体状况信息。同时，互联网的普及及应用使得网络社交日益普遍，当下的 QQ、微信、抖音等 APP 都是网络社交的产物。社交媒体在为用户搭建社交平台的同时，通过用户个人信息的收集、汇总实现信息资源的积累，为之后的数据发掘、创造新的经济价值奠定基础。用户在网络社交活动中不断产生的实时数据被以用户难以察觉的方式全面、快速地记录下来。数据急剧聚合所形成的规模化数据平台或中心让这些企业得以掌握数量庞大的用户信息。个人信息带来

---

〔1〕《网络安全法》第 10 条规定："建设、运营网络或者通过网络提供服务，应当依照法律、行政法规的规定和国家标准的强制性要求，采取技术措施和其他必要措施，保障网络安全……维护网络数据的完整性、保密性和可用性。"以实现保护公民数据信息安全的目的。

〔2〕 李素华：《大数据时代的公民数据信息安全规制问题研究》，载《法治研究》2018 年第 6 期，第 59 页。

〔3〕 闫海、韩旭：《互联网定向广告中个人信息安全风险及其法律防范》，载《科技与法律》2019 年第 1 期，第 57 页。

〔4〕 宋庆宇、张树沁：《身体的数据化：可穿戴设备与身体管理》，载《中国青年研究》2019 年第 12 期，第 14 页。

〔5〕 可穿戴设备即直接穿在身上，或是整合到用户的衣服或配件的一种便携式设备。可穿戴设备不仅是一种硬件设备，还是通过软件支持以及数据交互、云端交互来实现强大的功能。

的经济效益亦催生了数据交易，为深度发掘其所掌握的用户信息的商业价值，这些用户的个人信息会被交予第三方开发利用。其巨大的经济诱惑甚至催生了完整的互联网信息地下产业链。[1]人们日常生活对社交媒体的依赖使得这些媒体平台收集的用户信息日益庞大，这也会使不法分子觊觎这些海量个人信息中的经济价值，对其采取不法行为，导致个人信息遭到泄露。

个人信息泄露的原因主要包括两个方面：①网络服务提供者的数据保护技术不够严谨和成熟，数据库在被恶意攻击后会泄露用户的个人信息。[2]研究显示，黑客入侵是用户个人信息泄露最主要的原因，占比为39%；由个人信息控制者、处理者措施不当等管理疏漏或故意泄露造成的个人信息泄露，占比为26.3%，排名第二。[3]2016年，黑客窃取了全球最大的职业社交网站领英（Linked In）超过1.67亿个用户的登录数据（如电子邮件、用户密码等）并在黑市公开售卖；美国时代华纳公司（Time Warner Inc.）旗下近32万用户的邮件和密码数据也被黑客窃取。[4]2020年，化妆巨头雅诗兰黛的官方服务器被黑客入侵，导致其未加密保护的云数据库发生数据泄露，4.4亿个用户的敏感信息被泄露。[5]②由企业内部员工的不恰当行为导致的用户个人信息泄露。[6]近日，震惊全国的"中国电信用户信息被卖案"二审：数量超2亿，获利2000万元新闻一出，全国上下一片哗然。在这宗震惊全国的个人信息泄露案件中，电信公司内部员工陈某华从号百信息服务有限公司（以下简称"号百公司"，其为中国电信股份有限公司的全资子

---

〔1〕 陈瑞华、郑洁萍：《在利益与人格之间：社交网站个人信息保护研究——基于10家社交网站的分析》，载《新闻界》2018年第5期，第51页。

〔2〕 程明、赵静宜：《论大数据时代的定向广告与个人信息保护——兼论美国、欧盟、日本的国家广告监管模式》，载《浙江传媒学院学报》2017年第2期，第98页。

〔3〕 刁胜先、何琪：《论我国个人信息泄露的法律对策——兼与GDPR的比较分析》，载《科技与法律》2019年第3期，第50页。

〔4〕《2016年十大数据泄露事件：社交网络成泄露重灾区》，载http://www.raincent.com/content-10-8087-2.html，2024年5月7日访问。

〔5〕《雅诗兰黛泄露4.4亿用户敏感信息，包括邮件地址和网络数据》，载https://mp.weixin.qq.com/s/1EIgeoAh7SZu2LTqA4iDfw，2024年5月7日访问。

〔6〕 企业员工不恰当的行为包括不当操作和不法行为两种。员工的不当操作行为主要包括由未能尽到合理的安全义务、注意义务等引发的个人信息泄露行为。不法行为主要是指企业员工利用工作便利，故意买卖、泄露用户个人信息的行为。

公司）数据库获取用户个人信息，以电子邮件的方式发送给被告陈某武，陈某武则以人民币 0.01 元/条至 0.2 元/条不等的价格在网络上出售，获利金额累计达人民币 2000 余万元，涉及公民个人信息 2 亿余条。陈某武将陈某华提供的公民个人信息出售获得的赃款部分分给了陈某华。[1]

　　面对存储的海量用户个人信息及所蕴含的无限潜在价值，我国的个人信息泄露情况令人担忧。数据显示：2019 年我国网民因个人信息泄露、垃圾信息、诈骗信息等原因，导致网民总体损失约 805 亿元。70%左右的网络用户的个人网上活动信息和个人身份信息同时被泄露。其中，63.4%的用户个人网上活动信息（IP 地址、网站浏览痕迹、网购记录、通话记录、软件使用痕迹及地理位置等）被泄露；78.2%的用户身份信息（姓名、身份证号、学历、家庭住址及工作单位等）被泄露。50%用户的个人通信信息（即时通信记录、手机短信等）被泄露。[2]三大电信运营商的员工非法获取用户个人信息以出售牟利的案件时有发生。[3]无论是何种形式的个人信息泄露，都不仅会对用户个人产生人身或财产损害，还会对整个社会产生极大的负面效应，影响个人的人身财产安全和社会的稳定。

　　数据处理技术的升级会引发个人信息泄露。个人信息的泄露不仅发生在用户个人信息的收集、存储阶段，随着数据处理技术的进一步智能化、深度化，个人信息的泄露还会发生在信息处理阶段。[4]随着数据库收集的个人信息的逐渐增多，数据处理模型会不断得到改进和完善，这意味着之前未向网络平台披露过的个人信息有可能经过数据处理技术的深度挖掘，用户部分不愿被他人所知的隐私信息会被推断、披露出来，引发个人信息泄露。例如，根据《纽约时报》的报道，零售巨头 Target 根据数据分析向限制民事行为能力人邮寄婴儿用品手册，而法定监护人却不知悉其已怀孕。[5]美国研究者利用 58 000 名 "Facebook Likes" 志愿者提供的准确率高达 80%~

---

[1]　参见浙江省台州市中级人民法院［2019］浙 10 刑终 692 号刑事裁定书。

[2]　中国互联网协会：《中国网民权益保护调查报告（2019）》，载 https://max.book118.com/html/2019/0630/8135132117002032.shtm.2024 年 5 月 7 日访问。

[3]　参见湖南省株洲市石峰区人民法院［2019］湘 0204 刑初 82 号刑事判决书。

[4]　Katherine Drabiak, "Caveat Emptor: How the Intersection of Big Data and Consumer Genomics Exponentially Increases Informational Privacy Risks", *Health Matrix*, Vol. 27, 2017, pp. 143.

[5]　Charles Duhig, "How Companies Learn Your Secrets", *New York Times*, Feb. 16, 2012.

90% 的个人信息进行数学建模，其中涉及年龄、性别、种族、宗教及政治观点、性格特征等基本信息，在经过数据技术处理、分析后，能够较为准确地预测出该 Facebook 用户是否为同性恋者。[1]数据技术处理已经远远超越当前人类个体对自我信息的认知范围而对个人信息的隐私保护形成强烈冲击。

## 第三节　个人信息的滥用

### 一、垃圾短信与骚扰电话

在用户个人信息被滥用的多种情形中，最广为人知的就是垃圾短信、邮件和骚扰电话。许多人都有在与房地产开发商签订完购房合同后不久就被多家装修公司、家具公司电话营销的经历。我们至今仍可以收到几年前购买过商品的淘宝店打折、促销活动短信，甚至因为用户的电话号码大多都与微信号码绑定，有些商家直接通过电话号码搜索客户的微信号码并发送好友请求。若注册的 APP 是与电子邮箱绑定的，还会收到"您收藏的商品已降价""庆双十一全场商品满 100 减 20""特别的礼物，给独一无二的他"等商品营销邮件。根据 360 互联网安全中心发布的《2012 年度中国垃圾短信、骚扰电话治理报告》：2012 年 360 手机卫士累计为 2.2 亿用户拦截骚扰电话超过 352 亿次，每日拦截近 2 亿条垃圾短信。[2]这些垃圾短信和骚扰电话不仅会浪费个人的时间和精力，还会让个人产生个人信息被滥用的不安和恐慌，对个人平静的生活造成不必要的侵扰。

各行业商家利用其收集的用户个人信息，以短信、电话或电子邮件的方式，开展业务推销行为。很多人对这些垃圾短信、骚扰电话不堪其扰，但又无可奈何。这些垃圾短信、骚扰电话还涉及电信诈骗、引诱犯罪（出售假发票、假香烟、假名酒）、敲诈勒索等内容。如"我是房东，本人近期出差，请将房租直接汇款到卡号为×××的银行账号上""恭喜您中奖了!"

---

〔1〕 Zeynep Tufekci, "Algorithmic Harms beyond Facebook and Google: Emergent Challenges of Computational Agency", Colo Tech. L. J. , Vol. 13, 2015, pp. 203.

〔2〕 360 互联网安全中心：《2012 年度中国垃圾短信、骚扰电话治理报告》，载 https://bbs. 360. cn/forum. php? mod=viewthread&tid=543423&archive_ src=bbs_ safe，2024 年 5 月 7 日访问。

"海关查获您的包裹藏毒请配合调查""退款退货，请点击如下链接进行相关操作……"等。曾有一位不幸流产的母亲还未能从失去孩子的伤痛中走出便不断收到介绍婴儿用品的电子邮件，以致始终无法摆脱丧子之痛，精神濒临崩溃。

## 二、人肉搜索

另外一种由于个人信息被滥用而引发舆论广泛关注的就是"人肉搜索"[1]。"人肉搜索"大多起因于某事件，该事件中当事人的行为可能是违法行为，或虽然该行为不违法但不被主流道德观所接受。在事件发生后，相关人或对事情真相好奇者往往会在网上发表帖子，列出已掌握的当事人的个人信息，号召广大网友帮助查出该人其他更为详细的个人信息。2007年12月，北京女白领姜某因婚姻问题写下"死亡博客"后跳楼自杀。在其死亡后的12小时，她的博客被打开，博客中以日记的形式记录了她死亡前2个月的心路历程，其中还显示有死者丈夫王某的具体姓名、工作单位、家庭地址等信息以及死者丈夫王某与一名女性东某的合影，并认为二人存在不正当的两性关系。事后，死者姐姐将该博客曝光在网络上，由此引发了一场"人肉搜索"活动。许多网友基于博客中曝光的王某的姓名、工作单位、家庭地址等信息展开了更详细的人肉搜索，还有一些网友在网站上对王某进行人身攻击，甚至有些网友到王某家门口刷写、张贴"逼死贤妻""血债血偿"等标语。[2]虽然王某的婚外情是导致姜某自杀的主要原因，但王某的个人情感生活（包括婚外情感关系）仍然属于个人隐私的范畴。姜某的姐姐以及姜某的同学张某基于为死者姜某伸张正义的目的而使王某的个人信息在网络上被披露并遭受人肉搜索的行为侵犯了王某的隐私权。

在"张某镯、孙某诉张某臣、范某怡网络侵权责任纠纷案"中，被告

---

〔1〕 "人肉搜索"简称人肉，是区别于机器搜索（即我们中国网民经常用的如百度、谷歌之类的搜索引擎）的另一种搜索信息方式。它主要是指通过集中许多网民的力量去搜索信息和资源的一种方式，它包括利用互联网的机器搜索引擎（如百度、谷歌之类的搜索引擎）及利用各网民在日常生活中所能掌握的信息来进行收集信息的一种方式。

〔2〕《王某与张某、北京凌云互动信息技术有限公司、海南天涯在线网络科技有限公司侵犯名誉权纠纷系列案——2014年最高人民法院公布八起利用信息网络侵害人身权益典型案例之案例六》，载《最高人民法院公报》2015年第9期，第17页。

张某臣、范某怡聘请原告张某镯作为照顾自己小孩张某某的保姆。原告在被告家中工作了 10 天，在双方交接孩子时，因双方疏忽导致孩子被摔在地上，造成张某某右顶骨线样骨折，右顶部头皮软组织肿胀。当时被告及其家人对原告张某镯进行了谩骂和侮辱，并将其赶走。后双方在天津市河东区人民法院的调解下达成协议，各负一半责任。但之后，二被告未能联系上该案原告履行小孩摔伤时的治疗费用，而在百度贴吧、大港油田吧上对二原告大肆攻击，将原告张某镯的照片贴上网页，谩骂其为黑保姆、故意摔孩子等，给原告的身心造成了极大伤害，并导致不断有人打来电话问讯，只能关机。原告孙某系原告张某镯之女，与此事件毫无关联，也被暴露个人隐私，公开了电话，导致不断有人打来电话询问其在哪里，对此事有什么看法等，致使孙某无法工作。[1]在该案中，二被告答辩称在网上发帖系为寻找张某镯。法院认为，二被告虽为寻找张某镯而在网站上发帖，但是网帖对原告张某镯使用了侮辱性语言，并公布了张某镯、孙某的电话、住址以及孙某父母离婚等信息，已经超出其抗辩的为寻找张某镯而发帖的必要限度，并且因其在网上公布的张某镯、孙某的个人信息使其平静的生活被打扰。二被告的行为存在过错，致使原告张某镯、孙某的隐私利益受损。

“人肉搜索”的可怕之处在于能够发动当事人周围的人公布其个人信息。“人肉搜索”的响应者会通过互联网、人际关系等手段寻找更多的信息，并将汇总后的信息发布在网上。部分人肉搜索行为并不局限于网络行为，一些网友会利用“人肉搜索”到的个人信息对当事人进行攻击，对其造成物质、精神上的伤害，这已与传统暴力事件行为的性质相似，从而发展成了网络暴力，成了法律调整的对象。“人肉搜索”的出现可能会弥补舆论监督的不足，使某些不法势力和不法行为无以遁形，对维护社会公共道德起到一定的作用。若运用不当则可能造成网络暴力，侵害他人的合法权益。近日，由于新型冠状病毒感染疫情肆虐，各地政府建议民众戴口罩、少出门、勤洗手，做好自我防护。然而，哈尔滨一男子拒绝戴口罩，威胁谩骂社区劝阻者并谎称系为市公安局工作人员，被行政拘留 10 日。随后，该男子的姓名、身份证号、家庭住址、文化程度、工作状况等个人信息被曝光在互

---

[1] 参见天津市滨海新区人民法院 [2013] 滨港民初字第 1511 号民事判决书。

联网上。[1]尽管该男子因违法行为而被行政拘留，但该曝光个人信息的方式也涉嫌违法。大数据时代先进的数据技术使"人肉搜索"的障碍较之以往变少，这也给生活在大数据时代的我们带来了越来越透明的弊端。[2]

### 三、身份盗窃

"身份盗窃"与"身份信息"盗窃有所不同，"身份盗窃"必然会导致"身份信息"被窃取，而"身份信息"被盗窃则并不必然导致"身份盗窃"。身份盗窃，是指未经合法授权，利用窃取的他人身份所实施的危害他人人身、财产安全的行为。在一般情况下，"身份信息"盗窃只是"盗窃身份"的前行为，犯罪分子在盗窃个人的身份信息后往往还会实施诈骗、非法买卖个人信息等行为。目前，身份盗窃主要有两种形式：身份信息盗窃和身份克隆。身份信息盗窃主要可以被分为财务身份盗窃和犯罪身份盗窃。常见的财务身份盗窃有盗用受害者的身份信息在银行开户、补办银行卡、办理贷款，在通信公司申请电话服务等。犯罪身份盗窃则是罪犯因实施不法行为被法律制裁而冒用他人真实有效的身份信息的行为。身份克隆的典型案例是宪法学上非常重要的"齐玉苓案"和之后发生的"罗彩霞案"。这两个案例都是冒用他人身份信息上大学，侵害他人的姓名权和受教育权。这类案件的特点就是行为人在生活中直接、完全冒用被窃人的身份从事各种活动，给被窃人带来财产和人身的双重伤害。

大数据时代，身份盗窃不仅会影响被害人的正常生活，甚至还可能改写许多被害人的命运。在大数据时代之前，由于互联网不普及，信息传播速度慢，如果发生身份盗窃的案件可以要求行政机关出具相应的证明，表明其身份被盗窃，对其影响相对较小。然而，在大数据时代，信息传播速度快、传播渠道众多，在发生身份盗窃案件后，即便行政机关为被害人出具相关证明，但身份盗窃案件对其产生的人身、财产的侵扰不能立即停止，有些甚至需要数年才能恢复。

---

[1] 尤一炜：《哈市一未戴口罩男子恐吓社工被人肉》，载 https://mp.weixin.qq.com/s/S3-LHnmdMizfOmSpsICA2Q，2024 年 5 月 7 日访问。

[2] 齐爱民：《论大数据时代数据安全法律综合保护的完善——以〈网络安全法〉为视角》，载《东北师大学报（哲学社会科学版）》2017 年第 4 期，第 109 页。

## 四、信用记录

当今，各种评级机构就是以通过数据处理技术完成对收集到的个人信息进行评价为主要业务的机构，但数据处理技术本身存在缺陷，难免会对个人信用进行错误记录和评价。在大数据时代，数据经济的迅速发展使得个人信息既是交易的基础，又是一种交易客体。基于经济利益的驱使和防范风险之目的，个人和机构都企图通过各种渠道获得更多的个人信息，以降低各项决策的风险。各种数据库和用户数量庞大的网络社交平台所掌握的数万亿个人信息记录成了大数据时代创造经济价值的原材料，需要等待时机开发、利用。[1]与此相关的各种信息技术的飞速发展使以大数据为基础构建社会信用系统的实现具备了现实可能性。商业机构和国家机关利用这些数据信息，通过算法形成"评分"机制，这最初被应用于公示失范行为人身份信息的传统名誉机制中，之后过渡到了评分惩戒机制，"一处失信、处处受限"，从而影响相对人。[2]在此时代背景下，社会、个人对他人的评价方式已从以往的了解、长期交往从而得出对他人的评价结论转变为借助大数据技术对掌握的个人数据信息进行分析。

个人信用记录的经济价值和社会价值使得该类个人信息面临被滥用的危险。中国人民银行征信系统中个人的信用记录被作为各个银行审核个人贷款、出国资格认定、就业，以及升职等的主要依据。然而，这种信用记录可能给人带来的麻烦正在被逐渐认知。[3]数据统计表明：中国人民征信系统收录的信息量逐年增加。截至2019年底，中国人民银行征信系统已收录2834.1万企业、10.2亿自然人和其他组织的信息，规模已位居世界前列。[4]由于一些公司本身经营的产品不合规或基于某些原因无法、不愿进入中国人民银行征信系统，无法从正规渠道取得个人信用报告，便只能转向地下市场。

---

〔1〕［美］迈克尔·费蒂克、戴维·C.汤普森：《信誉经济：大数据时代的个人信息价值与商业变革》，王臻译，中信出版社2016年版，第5页。

〔2〕胡凌：《数字社会权力的来源：评分、算法与规范的再生产》，载《交大法学》2019年第1期，第22页。

〔3〕郭瑜：《个人数据保护法研究》，北京大学出版社2012年版，第9页。

〔4〕《2019年央行征信系统收录10.2亿自然人，互联网征信系统开始蓬勃发展》，载 https://www.huaon.com/story/508520，2024年5月7日访问。

中国的多款 APP 曾为手机用户提供查询个人征信服务，有些 APP 的下载次数高达百万次。[1]互联网金融、消费的盛行提升了个人信用信息的需求量。2016 年 5 月，厦门一当地 QQ 群发布代查房产信息、优质公务员名单、个人征信记录等信息的广告被厦门公安局特勤大队民警发现并截获近 40 万份个人信用报告、百万条个人信息，每份报告售价 2 元~5 元。[2]据了解，金融公司的业务人员会将购买的个人信用报告进行"筛选"，给对方打电话推销金融产品，进而极大地提高电话推销的成功率。虽然非法销售个人征信记录的案件已被司法机关严厉打击，但类似案件仍时有发生。

## 第四节　数字化记忆的威胁

大数据时代，或许人类发生的最根本变化就是记忆与遗忘原有平衡的反转。数字技术已经让社会丧失了遗忘的能力，取而代之的则是完善的记忆。[3]大数据技术正在打造人类的数字化生活环境，为人类和社会的生产、生活、科研教学以及社会管理等活动带来诸多便利。即使我们从未去过某地，但我们也可以通过"高德地图"搜索目的地位置。大数据技术强有力的支持也给各领域的变革带来了契机。政府机构通过对收集的城市、交通、医疗、民生等方面的信息运用数据进行技术分析，可以制定更符合当前社会形势的公共政策，提高政府效能。企业也可以通过数据技术对互联网上存在的数据进行收集、处理，从而对用户开展精准营销，这不仅能够为用户提供更为便捷、智能化的服务，还有可能大幅提高企业的利润。然而，几乎所有的技术变革都是"双刃剑"，它可以给人类社会带来美好的未来，也会由此引发新的危机。无所不在的数字收集工具、精准的地理定位系统、

---

〔1〕　吴旭莉：《大数据时代的个人信用信息保护——以个人征信制度的完善为契机》，载《厦门大学学报（哲学社会科学版）》2019 年第 1 期，第 164 页。

〔2〕　陈小斌：《厦门警方抓获 6 名嫌疑人 缴获近百万条个人信息》，载《海西晨报》2016 年 6 月 6 日。

〔3〕　［英］维克托·迈尔-舍恩伯格：《删除：大数据取舍之道》，袁杰译，浙江人民出版社 2013 年版，第 9 页。

随时监测身体各项指标的移动智能设备等将个人置于透明时空。[1]智能移动设备、社交网络平台、线上交易平台等逐渐成了人们日常生活的一部分，互联网上到处印刻着个人日常生活的痕迹，形成数字化记忆，这些都是个人信息法律保护需要面临的突出问题。

## 一、被遗忘权的丧失

大数据时代，互联网让社会失去了遗忘的能力。那些本该随着时间推移而被遗忘的不堪往事都会被互联网记录下来，甚至会给现在的个人生活、职业发展带来不便。社会性的遗忘可以给某些人重新开始的机会，使其能够从头开始，创造新的人生。但是，大数据技术让存储成本暴跌，数据的删除成本远高于保存成本，这使得大数据社会逐渐丧失了遗忘的能力，取而代之的是全球共享的数字化记忆。这种数字化记忆直接剥夺了希望他人能够遗忘我们所做的事并从头再来的机会。正是基于此，学术界才产生了关于"被遗忘权"的探讨。虽然被遗忘权在法律和制度设计上被许多学者所推崇，但无法被遗忘是数字化记忆对当今社会的直接影响。[2]

互联网记住了人们想要忘记的东西。25 岁的史黛西·施奈德因为在 Myspace 个人网页上放的一张名为"喝醉的海盗"照片（照片里她头戴一顶海盗帽子，举着塑料杯轻轻啜饮着）而在毕业后向心仪的学校求职时被校方告知她不被录用。理由是，她照片里的行为与一名教师不相称，其行为可能会对学生产生不良影响。之后，史黛西控告了这所大学，但也没能最终胜诉。在诉讼过程中，她辩解道，这张照片她是为了搞怪给朋友看的，并且这张照片不能被作为评判一名教师是否称职、专业的依据。此外，照片里也不能显示塑料杯里装的是否是酒，即便是酒，她也早已达到在私人聚会上喝酒的年龄。[3]在这件事之后，即使这张个人网页上的照片被史黛西删除，其给她造成的负面影响也已无法挽回，她的个人网页早已被搜索

---

〔1〕袁梦倩：《"被遗忘权"之争：大数据时代的数字化记忆与隐私边界》，载《学海》2015年第 4 期，第 56 页。

〔2〕邵国松：《"被遗忘的权利"：个人信息保护的新问题及对策》，载《南京社会科学》2013年第 2 期，第 104 页。

〔3〕［英］维克托·迈尔－舍恩伯格：《删除：大数据取舍之道》，袁杰译，浙江人民出版社2013年版，第 5~6 页。

引擎编录，照片也被网络爬虫（web crawler）程序存档，根本不可能被彻底删除。

## 二、数字人格的塑造

大数据时代，互联网已经成为现代人生活不可或缺的重要部分，公共场所安装的摄像头、智能可穿戴设备以及移动设备等都在不断把个人信息以数据的形式储存起来。人们在互联网空间通过数字化的个人信息进行社交活动，物理世界的行为被数据所取代形成个人在网络世界的标识和标签。[1]有学者将其称为"数字人格的塑造"，也有学者将其称为"用户画像"。数字人格是指个人在互联网上的所有行为信息均被数据化，这些被数据化的个人信息成了个人人格的组成部分，从而形成个人在互联网空间的人格。[2]有学者指出，数据行为在一段时间内积累到一定程度就能够构成与实际人格相似的数字人格，即以在交易中体现出来的数据为基础的个人公共形象，被用来作为该个人的代号。[3]本书认为，在讨论大数据时代网络服务提供者滥用收集的用户个人信息对其个人信息保护的影响时用"数字人格"一词更为妥帖。

数字人格的塑造在大数据时代的语境下，主要是指通过整合、分析个人在互联网空间产生的大量碎片化数据信息来发现与其网络行为相近的性格、喜好。以"今日头条"为例，统计数据显示，该平台拥有7亿多用户，用户平均每日使用时间在1个小时以上。该平台强大的技术支持能够在5秒内解读用户的兴趣，并结合其性别、年龄、身份以及在某条信息上停留的时间等信息快速形成该用户的"画像"，从而生成该用户涉及新闻、电影、娱乐、时尚、游戏等领域的推荐列表。[4]

---

〔1〕　不仅个人静态的身份信息储存在各种数据库中，个人的行踪轨迹、行为痕迹也都留在了网络上，只要上网，无论是工作、学习还是购物、娱乐，所有的信息都成了各种数据库收集的素材，而且精准记忆、永不遗忘。

〔2〕　王秀哲：《大数据时代个人信息法律保护制度之重构》，载《法学论坛》2018年第6期，第115~116页。

〔3〕　［美］阿丽塔·L.艾伦、理查德·C.托克音顿：《美国隐私法：学说 判例与立法》，冯建妹等编译，中国民主法制出版社2019年版，第207页。

〔4〕　周文扬、张天荣：《生成、影响与反思：聚合类新闻客户端的信息茧房效应研究——以"今日头条"为例》，载《传媒》2018年第20期，第94页。

"数字化人格"与现实中真实的"人格"间存在冲突。数字化人格是基于网络上海量的碎片化、数字化记忆，经过数据技术处理而形成的。然而，互联网上的数字化记忆只是数据存储器上存储的用户行为的部分内容，并不是完整的图景。这意味着数字化记忆可能是部分的、断章取义的。"这些资料的可靠性经常让人存疑。或许我们会发现，想获得一个全新的开始变得困难，若每一个错误的、愚笨的行为都记载于永久的记录之中，进行自我探索就变得更加困难。"[1]

数字化记忆的可访问性与持久性使得用户或信息主体的"数字人格"一旦形成便较难改变。那么，现实中的"人格"与"数字人格"冲突的固有性，使数字化记忆给我们生活带来的隐患已远超出我们的预想。如张某因为诈骗罪被判刑入狱，刑满出狱后张某打算改过自新、诚信做人，开店销售海外代购的品牌护肤品。但之前的诈骗犯罪经历使消费者较难在初次购买时就认可其销售的是正品。张某因诈骗罪而入狱的信息被他人在网络上披露后，给其出狱后改过自新、重新做人带来了一定阻碍，也会给其生活带来一些负面影响。张某在网络上被塑造成了"诈骗犯"，而现实生活中其自出狱后诚信待人、乐于助人，"数字人格"与现实"人格"间的冲突致使他在生意经营、求职面试以及获得政府类福利政策时都会受到影响。

大数据时代，随着网络社交的兴起，网络行为打造的数字人格在网络社交中的作用远大于真实人格，网络上零散的个人信息在多数情形下不能够准确地反映信息主体的真实情况，然而这些信息却被作为了解信息主体的主要依据。[2]例如，个人能否获得政府补贴、购买人身保险或参加某活动的资格都取决于政府和企业根据其收集的信息按照一定的标准和程序作出的决定。因此，基于当下的数字化环境，许多决策的产生都依赖于政府和企业收集的信息。对于生活在信息环境中的人们而言，保持个人信息的准确性和真实性从而树立良好的信息主体形象变得尤其重要，这也应当成了维护信息主体人格尊严的应有权利。

---

〔1〕〔美〕丹尼尔·沙勒夫：《隐私不保的年代：如何在网络的流言蜚语、人肉搜索和私密窥探中生存？》，林铮颙译，江苏人民出版社 2011 年版，第 22～23 页。

〔2〕孔令杰：《个人资料隐私的法律保护》，武汉大学出版社 2009 年版，第 45 页。

### 三、决策自由被剥夺

大数据的核心是运用互联网海量的数据进行预测，是将数学算法运用到海量的数据中来预测事件。[1]大数据时代，人们所使用的文字、所处的地理位置、所进行的社交行为等都可数据化。有人认为，"量化一切是数据化的核心"，"太阳底下的一切信息都将成为我们数据化的对象，那些以前我们认为和'信息'根本搭不上边的事情也将成为数据化的对象"。[2]大数据的价值并不单指互联网空间中数据数量的"大"，还有凭借数据挖掘技术发现单个数据碎片中的信息价值，从而揭示碎片化信息间的相关性。例如了解到某选民是计划生育支持者的个人信息后，通过运用算法可预测出该选民未来支持各党派的概率。[3]大数据技术在选举方面的预测、应用会影响选民的自主选择，从而影响选举结果。互联网空间中存储的数字化记忆正是这样被现代数据技术深度挖掘、分析、利用，从而影响人们的日常生活和工作的。

"信息茧房"不利于用户获取真实、全面的信息。"信息茧房"最早是由哈佛大学法学院桑斯坦教授提出的，指公众会因自己的需求而只关注自己感兴趣的信息，从而将自己桎梏于"茧房"之中。[4]这会引发限制用户决策自由的风险。在"信息茧房"效应中，网络服务提供者通过算法对用户的精准营销看似主动为用户提供了便捷的推送服务，但实际上用户的决策范围难以跳出网络服务提供者推送的选择范围。以微博为例，微博通过数据技术进行智能化推送，通过"推荐"用户可能感兴趣的微博话题将许多具有相同爱好的人聚集在一起。大多数用户在使用微博的过程中，仅注意到智能化推荐带来的在信息展示、交流分享方面舒适的用户体验，而未

---

〔1〕　[英] 维克托·迈尔-舍恩伯格、肯尼思·库克耶：《大数据时代：生活、工作与思维的大变革》，盛杨燕、周涛译，浙江人民出版社2013年版，第20页。

〔2〕　[英] 维克托·迈尔-舍恩伯格、肯尼思·库克耶：《大数据时代：生活、工作与思维的大变革》，盛杨燕、周涛译，浙江人民出版社2013年版，第2页。

〔3〕　孙建丽：《算法自动化决策风险的法律规制研究》，载《法治研究》2019年第4期，第109页。

〔4〕　[美] 凯斯·R.桑斯坦：《信息乌托邦：众人如何生产知识》，毕竞悦译，法律出版社2008年版，第8页。

能意识到微博在无形中已替我们对原本可能接触到的信息进行了一次强制筛选。这在无形中剥夺了用户获取信息多元化的选择权，是"信息茧房"效应在我们日常生活中最典型的应用。由此，"信息茧房"剥夺了用户选择接触何种信息的权利，从而对用户的决策自由产生影响。

数字化记忆会在无形中剥夺用户的决策自由。现代数据处理者通过对个人"数字人格"的塑造进而分析、预测、有针对性地制作营销信息，诱导消费者作出购买决定。目前的精准营销就是广告商通过获取特定区域的目标客户在网络上搜索的关键词、消费信息、个人喜好等，有针对性地向消费者投放广告。个人的行为一般是在综合分析其收集到的信息后作出的决策，所以基于数字化记忆的信息推送是通过控制个人可能接触到的信息内容进而对个人的决策自由产生影响。就像是有人比你自己还清楚你的想法和你将要做的事，每一个行为都可能在精确的行为模式分析基础上被准确预设。哪些行为是被人诱导的、哪些行为是自己决定的将变得界限模糊，这在某种程度上是对个人的消费自由与消费空间自主性的侵犯，个人的决策自由也将归于消灭。

## 第二章

# 大数据时代我国个人信息法律保护框架 面临的挑战

　　法律始终是在社会的框架之中运行。在本书看来，应首先判断社会在往什么方面发展，并弄清一个良善的社会应当具备哪些价值以及产生这些问题的原因，在此基础上，再考量法律制度究竟该如何建构。大数据引领人们进入一个新的时代，这不仅给商业和科学领域带来了大量新的机会，还改变了人们对世界的认知。个人信息处理包括信息的收集、存储、处理、利用以及传输等环节。通过信息技术对个人信息进行信息处理不仅能够提高企业的生产效率、增加企业的利润、改善政府与公民对公共服务的体验，还能够从大量数据集合中发现传统方式可能发现不了的新价值。然而，快速发展信息处理技术的影响、信息主体的弱势化倾向以及个人信息的嬗变及多元价值冲突等原因共同导致了大数据时代我国个人信息的不当收集、泄露、滥用以及数字化记忆威胁等现象频繁发生。

## 第一节　现代信息处理技术对个人 信息法律保护的影响

　　个人信息作为大数据发展的原材料，其价值在不断挖掘和利用中被发现。随着现代信息处理技术对其应用层次的加深，原本看似毫无关联的个人信息间可能产生某种连接，从而暴露这些信息背后的信息主体不愿他人知悉的隐私信息，这成了大数据时代影响个人信息法律保护的重要原因之一。

## 一、信息处理技术与个人信息法律保护

大数据时代，与个人信息处理[1]相关的社会关系主要包括三种：①监督个人信息处理的机关与信息主体、信息处理者之间的关系；②信息主体与信息处理者的关系；③信息处理者与第三人之间的关系。[2]大数据时代个人信息的侵权问题主要是由信息技术发展引起的，因而个人信息的法律保护主要围绕信息处理进行。

（一）个人信息处理与法律保护的关系分析

个人信息的收集、使用有几千年的历史，但在大数据时代，人们对于个人信息的收集、处理、使用现象已经逐渐习以为常。个人信息被用来作为个人社交的工具，通过个人信息的标识，将个人与他人区别开来。信息技术的发展给人类工作、学习、生活带来了诸多便利，也促使传统经济模式转型，推动互联网经济蓬勃发展。在此时代背景下，个人信息作为互联网经济发展的重要原材料，成了商家追逐甚至非法获取的对象。基于此，随着个人信息的处理行为频繁化、日常化，与之相关的各种问题也日渐凸显，信息主体的私人利益受到直接或间接的损害，此时对个人信息的法律保护显得尤为迫切。

个人信息处理作为影响信息主体权利义务变动的法律事实受到了法律关注。个人信息作为信息主体在社会交往过程中的工具，其上附着有自主价值、商业价值以及公共管理价值。互联网的普及使数据技术在个人信息处理方面得到了广泛应用，信息处理技术将收集的个人信息经过数据挖掘、开发、再利用后显现的商业价值使以上三种价值间的平衡被打破。其中，自主价值与商业价值间的冲突因个人信息的处理行为而变得尤为突出。个人信息保护的问题主要围绕互联网空间的个人信息处理行为而发生，从这个角度出发，各国制定的《个人信息保护法》实质上是调整个人信息处理的法律。因此，对于个人信息处理之外的情形，本书在此不展开论述。

---

[1] 本书中的信息处理与数据处理是相同意思，文中为了语意的通顺会根据当时的语境选择使用信息处理或数据处理。

[2] 齐爱民：《大数据时代个人信息保护法国际比较研究》，法律出版社 2015 年版，第 587 页。

大数据时代，个人信息的法律保护所要解决的是在互联网空间中以信息技术处理个人信息可能带来的风险和危害。在此时代背景下的个人信息处理行为有别于大数据时代之前的处理行为，是个人信息的法律保护所要关注的重心，这也是个人信息的法律保护在大数据时代更加迫切的原因。换言之，个人信息处理既是大数据时代个人信息亟须法律保护的缘由，又是其调整核心。

（二）个人信息处理的特点分析

1. 批量化

互联网的应用渗透到了人们生活的各个方面，个人每天都在产生大量的个人信息，由此互联网空间积累了海量的信息资源。当这些信息积累到一定程度时，信息控制者便可凭借信息处理技术对这些信息进行批量化处理。信息处理技术的批量化主要体现在以下三个方面：

第一，个人信息处理的信息主体批量化。在大数据时代以前，个人的社交活动基于现实生活中的交往。大数据时代，互联网为个人提供线上交流的机会，人与人间的连接加强，万物互联的趋势越来越明显。互联网已成为个人生活不可或缺的一部分，在此时代背景下，个人除非不使用互联网，否则几乎没有人的个人信息能够免于被处理。概言之，互联网用户的增多使被个人信息处理的信息主体增多，呈现规模化特征。

第二，个人信息处理行为的批量化。个人信息的处理行为包括信息的收集、储存、处理和利用四个环节。大数据的特征之一就是数据量大。互联网空间存在海量数据，数据控制者或利用者通过对这些海量数据实施数据处理的批量化操作得出其需要的预测结论。加之互联网上的信息具有易于收集、储存、传输，复制成本低等特点，使得个人信息不会因为信息技术的处理而使其价值变低，其反而会在信息技术的反复挖掘、利用之下产生新的价值。在技术层面上，互联网作为媒介使信息能够跨越区域、国家的限制，传播范围被进一步扩大。[1]

第三，个人信息处理内容的批量化。互联网的普及在给个人、社会、

---

〔1〕　梅夏英、刘明：《大数据时代下的个人信息范围界定》，载《社会治理法治前沿年刊》2013年第1期，第70页。

国家的发展带来便利和新机遇的同时，信息主体的个人信息也随时被收集、处理。互联网和数据技术让个人的生活空间从传统的物理世界扩张到线上的网络空间，将现实与虚拟连接起来。随着个人对互联网的依赖，个人每天都在产生大量的个人信息，并且这些信息被及时记录、保存下来。个人生活的一切都成了信息收集的对象，从体重、脉搏、照片、微博内容到浏览器浏览记录、网络购物记录、当下所处位置信息等，这些信息类型多样、数目巨大。大数据时代，信息技术改变了人们传统的认知，个人信息可以被处理的内容都被无限扩大。

2. 深层化

随着信息技术的发展，个人信息库的信息总量和种类批量增加，个人信息被更深层次地处理，越来越多的个人信息潜在价值被挖掘。[1]大数据时代，海量数据形成的巨型数据库成了数据挖掘的对象，因其数据库内数据批量大、种类多样，从而使得数据挖掘得到的价值更高。面对海量的个人信息以及相关数据，单条个人信息或浅层次的个人信息处理得到的数据价值较低，当个人信息以及相关数据的总量积累到一定程度时，这些个人信息或相关数据的二次开发利用能释放出更多的数据价值。个人信息的二次开发利用是指个人信息的处理者经过一定程序算法的比对、分析、筛选、加工等方法对其收集或掌握信息主体的个人信息进行整合，建立附加值更突出的数据库，之后再对该数据库加以利用；或者直接对他人已经建好的个人信息数据库进行直接利用的过程。[2]信息的处理者越来越注重对其进行二次开发利用，进而使对个人信息的处理朝着更深层次发展。

3. 智能化

个人信息处理的智能化较之个人信息处理自动化更能满足数据处理者的个性化需求，这是大数据时代信息处理与以往相比有所区别之处。这种

---

〔1〕 数据挖掘（Data Mining，DM），是指从数据集合中提取人们感兴趣的知识，这些知识是事先未知的、潜在有用的、隐含的信息，提取的知识一般可表示为模式（Patterns）、规则（Rules）、规律（Regularities）、概念（Concepts）等形式。换言之，数据挖掘就是从数据库中发现有价值、有意义信息的过程。参见吉根林、赵斌：《面向大数据的时空数据挖掘综述》，载《南京师大学报（自然科学版）》2014年第1期，第1页。

〔2〕 张涛：《个人信息权的界定及其民法保护——基于利益衡量之展开》，吉林大学2012年博士学位论文，第70页。

智能化是以自动化为依托的。传统意义上的自动化主要指要使用能够根据命令自动运行的设备。《德国联邦个人资料保护法》规定的所谓自动化处理是指通过数据处理系统（data processing system）进行的处理。[1]两者在自动化的含义上大体相似。大数据时代的信息处理行为无需个人过多参与，只需让处理系统执行事先编写好的算法指令即可自动运行，还可以根据数据处理者的个性化需求设置相应的变量，从而得出需要的信息处理结果。

大数据时代个人信息处理的批量化、深层化及自动化有助于个人信息处理的智能化。信息技术的运用使信息的存储、处理、利用成本大幅度降低，随着互联网空间个人信息的数目批量增加，信息处理者对数据库中海量的个人信息的利用已经不是简单的记录、整合，信息的检索、提取能力得到了显著提升。个人信息的潜在价值在信息的二次利用过程中被激发。当今的信息处理技术能够为个人信息处理者提供更加快捷、智能的提取、利用及分析服务。

大数据技术的进步使更多的智能化产品被开发并用于日常生活。我们在使用智能化产品的过程中既是各种类型个人信息的生产者，又是信息处理结果的接收者。基于此，我们生活的物理空间和互联网空间不再被割裂开来，而是实现万物互联，这也是个人信息处理智能化的体现。从信息处理层面来看，大数据时代下无论是个人信息处理的内容、方式还是结果都比以前更加智能。大数据处理技术也被广泛应用到了各个领域，从店铺选址、客户需求分析、广告营销到交通管制、疫情防控、智慧城市建设等。个人信息处理在智能化的"放大镜"之下开拓了前所未有的价值领域。

（三）个人信息处理的类型分析

在比较法上，关于个人信息处理的概念有广义和狭义之分。广义的个人信息处理是指信息处理者实施的一切关于信息主体个人信息的行为，包括但不限于收集、存储、处理、利用以及传输等具体行为。《数据保护指令》即采用广义的个人信息处理概念。[2]《美国1974年隐私法》虽然没有使用"处理"一词，但使用的"保有"一词包括对个人信息的保存、收集、使用

---

[1]　参见《德国联邦个人资料保护法》第一编第三节"进一步的定义"。

[2]　95/46/EC Directive of Personal Data Protection. Article 2 (b) .

和传播等行为。因此，美国也采用了广义的个人信息处理概念。此外，英国、荷兰、爱尔兰等国家与上述国际组织或国家的规定类似，同样采用了广义的个人信息处理概念。[1]狭义的个人信息处理不包括信息处理者针对信息主体的收集、利用行为，只包括处理和传递行为。德国采用的是狭义的个人信息处理概念。[2]

本书认为，广义的个人信息处理概念能够囊括个人信息处理的不同阶段以及处理的各种行为，更适合用于分析大数据时代数据处理对信息主体个人信息保护的影响。只是在分析的过程中，需要对个人信息的"处理"与"处理行为"进行区分。处理行为作为个人信息处理的具体行为，是个人信息处理的下属概念，与收集行为、利用行为和传递行为并列。处理则是个人信息所有具体处理行为的总称。因此，本书对个人信息处理的概念采取广义说。

1. 收集行为

在整个个人信息的处理流程中，个人信息的收集作为个人信息处理的初始阶段，使信息主体的个人信息不再受信息主体完全控制，由信息主体流向信息收集者。换言之，个人信息的收集行为就是信息收集者获取信息主体个人信息的行为。大数据时代，个人信息的收集方式也日益多元化，如填写表格、问卷调查、外卖信息、快递信息、各种 APP 等。虽然个人信息的收集行为呈现普遍化、频繁化趋势，但一些获取信息主体个人信息的行为并不被视为收集行为。[3]因此，个人信息的收集行为包括以下两个要素：①主观上，信息收集者应当具有收集、利用信息主体个人信息的目的。②客观上，信息收集者有收集信息主体个人信息的行为。[4]若不满足以上两个要素，则不属于个人信息的收集行为。

个人信息的收集是个人信息处理的基础。个人信息的收集者若不能获

---

[1] 参见《英国1998年个人资料保护法》序言；《荷兰个人信息保护法》第1条第2款；《爱尔兰个人信息保护法》第2条。

[2] 参见《德国联邦个人资料保护法》第一部分第3条"定义"第4款。

[3] 这些行为主要包括：①不经意之觉察；②不含个人信息之信息载体的采用；③信息载体的收集；④为销毁信息载体而接受信息；⑤人无法识别之摄影；⑥匿名电话之咨询。参见许文义：《个人资料保护法论》，三民书局2001年版，第209页。

[4] 许文义：《个人资料保护法论》，三民书局2001年版，第207页。

取信息主体的个人信息即无法收集，那么后续的存储行为、处理行为、利用行为等便无从谈起，与之相关的个人信息侵权案件亦有可能不会发生。故而，对于信息主体而言，个人信息的收集行为对于保护信息主体的个人信息权益而言极其重要。对于信息处理者以及数据产业的发展而言，个人信息的收集行为会直接关系到企业的存亡和行业的发展。

2. 存储行为

个人信息的存储行为是指将收集的个人信息保存在某些介质上并能保证有效访问。个人信息的存储行为主要涉及两个方面：存储的介质和保证信息被安全存放的行为。大数据时代，信息存储的介质发生了巨大变化，由最初的结绳记事、文字档案，到形式多样的移动存储设备，如移动硬盘、U盘、电脑。当今，互联网空间的虚拟存储系统也成了信息主体储存信息的选择。信息处理者会将其收集的个人信息储存在自己或第三方开发的信息系统中，并通过登录账号的方式实现对存储在该系统上的信息的有效访问。该行为看似操作简便，但由于存储这些信息的系统本身可能存在技术漏洞，因此存储其中的个人信息极易发生泄露或受到黑客攻击。

3. 处理行为

此处的个人信息处理行为与前文所述的"个人信息处理"不同。该处的个人信息处理行为是个人信息处理的下位概念，是指信息处理者为利用个人信息而对其所作的与收集行为和利用行为无关的操作行为。[1]虽然在整个个人信息处理的流程当中，该行为对信息主体的权益影响较小，但却是连接个人信息收集行为、个人信息利用行为的关键。信息主体被收集的个人信息不经过个人信息的处理行为无法进入个人信息的利用环节，也无法发掘其商业价值和公共管理价值。

4. 利用行为

个人信息的利用行为与信息处理者对个人信息的处理目的直接相关。信息处理者会根据不同社会主体对个人信息的需求，作出不同的个人信息处理行为，并将处理结果加以利用。大数据时代，各类社会主体对个人信

---

[1] 任龙龙：《大数据时代的个人信息民法保护》，对外经济贸易大学 2017 年博士学位论文，第 25 页。

息的价值需求呈多样化态势，这也使得个人信息的利用行为日益多元化、精细化。目前，个人信息的利用行为包括自动化和非自动化两种形式，主要包括使用、共享、披露等。随着数据技术的发展，个人信息利用行为的范围将会进一步扩张。从整个个人信息处理流程来看，个人信息的利用行为是收集行为、储存行为、处理行为的最终目的，使个人信息的价值得以彰显。个人信息的利用行为与信息主体的切身利益密切相关。个人信息的利用行为是信息主体与信息处理者之间利益冲突之所在，也是信息主体遭受个人信息权益侵害的主要方式。

5. 传输行为

个人信息的传输行为使得个人信息流动起来。以国境为划分标准，个人信息的传输行为被分为跨境传输和境内传输。目前，各国《个人信息保护法》所规范的个人信息传输行为主要是针对跨境传输。个人信息的跨境传输行为不仅涉及信息主体的合法权益，还涉及个人信息产生地国家主权问题，涉及私法和国际公法两个层面。个人信息的传输行为与个人信息的披露行为间的区别就在于是否发生了个人信息记录的转移。

（四）个人信息处理的法律要件分析

个人信息处理的法律要件被用于判断信息处理者的个人信息处理行为是否符合法律的规定。只有在符合个人信息处理法律要件的前提下个人信息处理者方能处理信息主体的个人信息。

1. 资格要件

资格要件指信息处理者是否符合处理个人信息的主体条件。目前，个人信息的处理者主要包括三类：公共机构、私人机构和个人。公共机构主要为公共利益行事，包括政府机关以及经法律、法规授权行使行政管理职能或提供公共服务的其他组织。具体而言，包括国务院、各级人民政府、各级检察院、法院、统计局等。

私人机构要具有个人信息处理的资格需要符合法律规定的资格要件。据此，有许可主义和准则主义两种规定。许可主义认为私人机构为获得处理信息主体个人信息的资格需要向个人信息的主管机关提出申请，由国家机关根据该机构提供的申请材料进行实质审查。私人机构通过国家机关的审查后，则由该机关为其颁发个人信息处理许可证书并在系统中进行备案、登记。准则主义认为，私人机构作为信息处理者处理信息主体的个人信息时，需要满足个人信息保护主管机关规定的信息处理者应当具备的条件，即可从事个人信息的处理行为。[1]显然，许可主义比形式主义更加严格。因为个人信息的处理涉及信息主体的切身利益，相关的信息处理行为风险较高，故而在许可主义和准则主义理论之下，私人机构都应当按照相应的程序，通过个人信息主管机关的审查才能够获得个人信息处理的资格。笔者认为，大数据时代，个人信息保护的目的在于防止对个人信息的滥用而非禁止利用，故而笔者更倾向于准则主义。然而，对于特定类型的个人信息处理行为，因处理行为对个人信息主体的影响大，与信息主体的人身利益密切相关，因此可以采取许可主义，如个人信用信息。

个人作为个人信息处理者的情形并不常见。但随着大数据技术的发展，个人搜索、掌握信息化工具的能力增强，以个人作为个人信息处理者的情形也会越来越多。GDPR 第 4 条第 8 款通过列举的方式将自然人纳入了数据处理者的范围。[2]故而，个人作为信息处理者的情形也应受到关注，在鼓励大数据产业发展的同时，合理规避个人信息处理过程中可能给信息主体带来的风险。

2. 特定目的要件

个人信息的处理应当基于特定目的。从整个个人信息处理流程来看，信息处理者基于特定目的收集信息主体的个人信息，并基于此目的对收集的个人信息进行处理和利用。概言之，特定目的一直贯穿于整个个人信息处理流程。如果个人信息收集阶段的目的与个人信息处理阶段或个人信息利用阶段的目的发生偏离，那么该行为就不符合特定目的要件。GDPR 第 5 条个人数据处理的原则明确规定，应当基于特定目的收集个人数据，该目的还应当具有具体性、明确性、合法性，而且在之后的数据处理行为不得违背该特定目的。换言之，个人信息的处理不得违背目的限制原则。然而，GDPR 也列举了不属于违反目的限制原则的情形，这些行为主要是为了统计、公共利益、历史研究以及科学研究。[3]目的限制原则能够有效降低个

---

〔1〕　齐爱民：《大数据时代个人信息保护法国际比较研究》，法律出版社 2015 年版，第 259 页。
〔2〕　高富平：《个人数据保护和利用国际规则：源流与趋势》，法制出版社 2016 年版，第 220 页。
〔3〕　高富平：《个人数据保护和利用国际规则：源流与趋势》，法制出版社 2016 年版，第 223 页。

人信息处理过程中最初收集个人信息时的目的与实施个人信息利用行为时的不一致。

个人信息处理的目的应当与其主要业务相关。个人信息处理者基于特定目的对信息主体的个人信息进行收集时，该目的应当与信息处理者的主要业务相关。比如，互联网购物网站的主要经营业务是提供线上购物服务，如果该网站对用户的购物记录、浏览记录、用户的姓名、联系电话、邮寄地址等个人信息进行收集并基于开展网络营销活动的目的进行用户个人信息处理，那么该目的便符合特定目的要件的要求。然而，如果该网站除了收集用户的以上信息外，还对用户手机通讯录里的其他联系人的信息进行收集，那么收集手机通讯录里其他联系人信息的行为便与该网站的主要业务不符，该行为不符合目的要件的要求。

3. 行为正当要件

个人信息的处理行为应当具有正当性。与其他信息相比，个人信息与信息主体的人格利益和财产利益密切相关，信息处理者在处理信息主体的个人信息时会让信息主体面临巨大的风险。一旦信息主体的个人信息在处理的过程中被侵害，将会给信息主体造成难以弥补的损失。因此，信息主体的个人信息在被处理时，信息处理者应当积极保护信息主体的合法权益，不得实施侵害信息主体合法权益的行为。然而，并非所有对信息主体产生不利影响的信息处理行为都不得实施。这种说法难免以偏概全，与保护信息主体的个人信息在信息处理过程中的合法、正当利益之目的背道而驰。例如，信息主体的个人信用信息、犯罪记录信息。这些信息对信息主体的影响极大，直接关系到信息主体的求职、贷款、子女升学以及工作升迁等。个人信息的处理行为并非不让信息处理者收集、存储、处理、利用这类对信息主体可能造成不利影响的信息。

个人信息的处理行为应当获得信息主体的同意。信息主体在处理信息主体的个人信息之前应当取得信息主体的同意。在日常生活中，各种手机APP软件在用户下载安装并注册完成之后、使用之前均会要求用户选择是否同意该软件收集用户的个人信息。虽然如果用户选择"不同意"则无法继续使用该软件，但从形式上看，该APP软件收集用户个人信息的行为是基于用户的同意。基于此，从形式上而言，该APP软件随后采取的信息处理行为具有正当性。因此，获得信息主体的明示同意是个人信息处理行为具有正当性的基础。然而，围绕信息主体的同意能否作为个人信息处理行为的前提，则存在分歧。GDPR 第 7 条明确规定数据处理者必须获得数据主体的同意才可从事数据处理行为。数据主体则有权随时撤销其同意，该撤销不具有溯及力。[1]但美国在此问题上则是由特别立法规定，在特定领域针对特定类型的个人信息处理行为才需要获得信息主体的同意。信息主体的同意是否应当被作为个人信息处理行为的正当性前提还有待探讨。总体而言，大多数国家和国际组织都将获得信息主体的同意作为个人信息处理的前提。

## 二、自动化处理对个人信息法律保护的影响

自动化处理在各个领域的广泛应用虽然可以给人类带来工作效率的提升和时间成本的节约，但是其也给个人信息保护带来了负面影响。在"技术中立"思潮的遮蔽下，我们对自动化处理影响个人信息保护的关注不够。

### （一）自动化处理成为塑造数字人格的基础

大数据时代，网络已经成为人们生活的重要组成部分，随之而来的自动化处理使得个人的各类信息数字化，其中不仅包括静态的身份信息，还包括动态的地理位置信息、网络浏览记录、消费记录等。每个人都可以用大量数据进行标识，而且各种数据库收集的素材都来自这些数据。互联网的普及、大数据技术的广泛应用使个人的行为可能时刻被他人监视，若不对此加以规制，社会中的个人会被置于被监视的惶恐之中。若特定人的行为轨迹被某个人或某个组织所掌握，这将对政府管理和社会秩序造成严重冲击，此时便需要国家公权力介入。2013 年 12 月，谷歌公司因未经用户允许整合不同在线服务所收集的个人信息而被西班牙数据保护机关处以了 90 万欧元的罚款。[2]西班牙数据保护机关的处罚理由是谷歌在收集这些个人信息时并未明确其使用目的且无限期地保留数据，使用户无法删除、修改个人资料，触犯了该国法律。本书认为，该案件深层的原因在于谷歌将其

---

〔1〕　高富平：《个人数据保护和利用国际规则：源流与趋势》，法制出版社 2016 年版，第 225 页。

〔2〕　《谷歌因违反西班牙个人数据保护法被罚 90 万欧元》，载 https://tech. huanqiu. com/article/9CaKrnJDGl4，2024 年 6 月 12 日访问。

长期积累、收集的个人信息进行整合、自动化处理后能够对用户行为特征作出更加精准的预测，其塑造的数字人格将与用户的真实人格更加接近，亦会给用户带来被"监视的风险"。信息主体在网络空间形成的数字化记忆将无法被遗忘。学者们对于被遗忘权的探讨，正是学术界对这种网络记录成为数字化记忆后难以被遗忘的回应。

数字人格的塑造是基于个人信息自动化处理的结果。个人的海量碎片化信息经过自动化处理形成个人的消费行为、消费喜好、社会属性、生活习惯等特征标签，随着信息的增多、分析的深入，逐渐会形成包含个人网络行为特征的数字人格。大数据时代，无处不在的监控与控制使数字人格塑造成了常态，个人信息泄露、扭曲和异化真实人格、不平等待遇、隐私曝光等风险随之而来。政府可以凭借自动化处理的结果更加有效地进行社会治理和秩序维护，商家也可以开展精准营销，甚至在预测个体行为的基础上，犯罪有可能被消灭于萌芽状态。然而，互联网空间存储有大量错误、碎片化的信息，这些信息经过自动化处理后形成的数字人格会与信息主体的真实人格存在极大偏差，这可能会对信息主体造成不利影响。

（二）自动化处理增加个人信息泄露的风险

自动化处理是以数据库为基础的。信息控制者将其收集的个人电子邮箱、网络行为、消费偏好、电话号码等信息汇集、整合形成数据库。信息控制者通过商家的要求对数据库中的数据（信息）进行自动化处理，从而形成、得出需要的结果。当今，大数据产生的海量个人信息为自动化处理提供了土壤。然而，储存这些个人信息的自动化处理系统由于安全性较低，易引发个人信息泄露。2018 年 Facebook 有超过 5000 万用户信息被泄露。[1] 2014 年 3 月，携程网因支付系统存在重大漏洞，被曝可能会导致用户的姓名、身份证号码、银行卡的号码等个人信息被泄露。2013 年 10 月，如家等多家酒店因所采用的第三方信息处理系统存在漏洞而使客户信息和开房记录被泄露。[2] 这种泄露事件的特点是涉及的人数众多、直接或间接的危害

〔1〕 龚政、郭宝贤：《关于 Facebook 用户信息"泄漏"事件的思考》，载《国家电网报》2018 年 4 月 10 日。

〔2〕《媒体三问如家等开房记录泄露：我在住店谁在偷看》，载 https://finance.qq.com/a/2013 1013/000339.htm，2024 年 6 月 12 日访问。

大、影响的范围广。这些泄露事件的原因主要在于信息自动化处理系统本身存在安全漏洞，并且未能及时修复，从而导致系统中存储的客户信息被泄露。然而，这些漏洞在专业人士看来是非常低级的，这也从侧面反映了存储个人信息的自动化处理系统安全性能较低，个人信息被泄露的风险较大。

（三）　自动化处理助推歧视的风险

自动化处理技术的运用使歧视风险从现实生活的物理空间走向了以互联网为依托的网络空间。自动化处理引发的歧视风险具有难以预测、难以监管以及责任主体多元等特点。算法歧视最典型的例子就是消费者反映强烈的"大数据杀熟"现象。[1]"大数据杀熟"是指，根据收集消费者在其网站上的消费行为信息，通过算法的自动化处理，筛选出在该网站多次消费的消费者并对其发起高价要约，这些消费者最终以高于首次或低频次的价格获得该商品或服务。[2]自动化处理极易损害个体公平，造成个人错失自我发展或获取资源的机会，还有可能影响群体发展公平，造成群体极化现象。[3]自动化处理带来的算法歧视除了"大数据杀熟"现象外，还有金融信贷与保险歧视、房屋租赁歧视、就业歧视、刑事犯罪与刑罚预测歧视等。[4]

自动化处理带来的歧视风险主要源自两个方面：①系统设计者或使用者的个人倾向。这种个人倾向会以变量的形式被写入计算机程序，通过这些变量筛选出其所需要的信息。例如，某公司为快速筛选出需要的求职者，在接收求职者简历的数据库中设置"毕业院校211""男""专业：会计"等变量用于自动化处理，从而形成有机会参加首轮面试的求职者名单。②收集信息的非准确性。目前，数据库的数据主要来源于运用数据技术在互联网

---

〔1〕　张璁：《大数据如何助力社会治理》，载《人民日报》2018年5月23日。

〔2〕　孙建丽：《算法自动化决策风险的法律规制研究》，载《法治研究》2019年第4期，第110页；郑智航、徐昭曦：《大数据时代算法歧视的法律规制与司法审查——以美国法律实践为例》，《比较法研究》2019年第4期，第113页。

〔3〕　Allan G. King & Marko J. Mrkonich，"Big Data and the Risk of Employment Discrimination"，Okla. L. Rev，Vol. 68，2016，pp. 555.

〔4〕　[美]凯西·奥尼尔：《算法霸权——数学杀伤性武器的威胁》，马青玲译，中信出版社2018年版，第48~217页。

空间抓取和购买。一旦作为自动化处理基础的这些信息存在不准确或错误且未及时更正，将导致歧视风险进一步扩大甚至会形成永久性歧视。[1]如品学兼优的毕业生原始信息被显示吸毒，当公司通过算法抓取这一错误信息后，经过自动化处理作出决策，如果不及时改正，这名品学兼优的毕业生将一直受到该条错误信息的影响。

自动化处理带来的歧视风险成了影响个人信息法律保护的因素。技术带来的进步固然是人类提高工作效率、改善生活品质的工具，但如果程式化的自动化处理得不到有效干预，进而作出自主决策，将会使自动化处理带来的歧视风险扩大化，从而给社会稳定和个人信息安全也造成影响。另外，自动化处理对于非专业人士而言的黑箱性质加大了人类对其认知和治理的难度，当自动化处理引发的算法歧视风险波及社会稳定或个人信息的安全时，将成为涉及算法技术、法律以及伦理等多方面的问题，治理将愈发困难。[2]

### 三、匿名化技术对个人信息法律保护的影响

匿名化技术被运用于个人信息的目的就在于使个人信息不再具有可识别性，成为匿名信息，从而实现信息的流通和利用。GDPR绪言第26条就数据的匿名化标准作出了规定，共涉及主体、识别方式及识别手段三个方面：①主体——数据控制者或任何其他人；②识别方式——直接或间接地识别该自然人；③识别手段——一切合理可能使用之方法。[3]我国《网络安全法》第42条的但书条款被作为我国个人信息经过匿名化技术处理后成了匿名信息在数据市场中流通的法律基础。[4]经过对该条的分析，个人信息经过匿名化技术处理后成为匿名信息需具备三个要素：①经过处理。这

---

〔1〕 Matthew Adam Bruckner, "The Promise and Perils of Algorithmic Lenders′ Use of Big Data", Chi. -Kent. L. Rev. 3, Vol. 93, 2018, pp. 64.

〔2〕 Mark Mac Carthy, "Standards of Fairness for Disparate Impact Assessment of Big Data Algorithms", Cumb. L. Rev, Vol. 48, 2017, pp. 67.

〔3〕 张建文、高悦：《我国个人信息匿名化的法律标准与规则重塑》，载《河北法学》2020年第1期，第45页。

〔4〕《网络安全法》第42条第1款规定："网络运营者不得泄露、篡改、毁损其收集的个人信息；未经被收集者同意，不得向他人提供个人信息。但是，经过处理无法识别特定个人且不能复原的除外。"

是指个人信息经过数据技术的处理，主要包括 K-匿名、T-近中心、L-多样性、差别隐私等技术。②无法识别特定个人。个人信息经过数据技术处理后形成的信息不再具有可识别性，不能单独识别出特定个人，并且该新信息与其他信息相结合也不能识别出特定个人。③不能复原。该项目主要从法律角度规定该新信息不再具有复原的可能性。只有在以上三个要素同时满足的情形下形成的新信息才能被称为匿名信息。《信息安全技术　个人信息安全规范》第 3.14 条关于匿名化的定义延续了我国《网络安全法》第 42条，并将匿名化处理后的个人信息排除在了个人信息的范围之外。[1]《个人信息保护法》第 73 条第 4 项对匿名化也明确作出了规定。[2]匿名化技术作为数据处理技术的一种，受目的限制原则的规制。

个人信息匿名化是个人信息法律保护的关键。个人信息匿名化的目的是在保护个人隐私与发挥数据效用间寻求平衡。根据个人信息的敏感度，将个人信息分为敏感个人信息和一般个人信息。由于敏感个人信息与信息主体的人格利益密切相关，所以匿名化技术被应用于敏感个人信息。敏感个人信息中具有人格利益的内容在经过匿名化技术处理后被去除。基于此，个人信息匿名化成了个人信息再利用的前提，被广泛应用于商业分析、调查研究及产品开发等活动。经过匿名化的个人信息将不再属于个人信息，使用该类信息时不再受同意原则的羁绊，且不受收集个人信息时特定目的之限制，从而有利于信息的流通，产生经济价值。这些特质使其在推动数据产业发展、促进大数据与技术创新中扮演重要角色。

从技术层面，匿名化只是相对的，不存在绝对的匿名化。匿名化只是在一定程度上缓解个人信息的过度披露，但该机制建立的前提是信息未达到规模级效应。[3]有学者也持该观点并指出，匿名化只有在特定的场景中才

　　[1]　《信息安全技术 个人信息安全规范》第 3.13 条规定："匿名化（anoymization）通过对个人信息的技术处理，使得个人信息主体无法被识别，且处理后的信息不能被复原的过程。注：个人信息经匿名化处理后所得的信息不属于个人信息。"

　　[2]　《个人信息保护法》第 73 条第 4 项规定："匿名化，是指个人信息经过处理无法识别特定自然人且不能复原的过程。"

　　[3]　孙南翔：《论作为消费者的数据主体及其数据保护机制》，载《政治与法律》2018 年第 7期，第 22 页。

有效。[1]身份信息只是暂时被匿名化技术去除，当交叉信息或关联信息积累到一定程度时，该匿名信息仍能识别出特定个人。[2]解匿名技术的出现使匿名信息相对化，从技术角度来看，不再存在绝对的匿名信息。[3]美国在线公司将客户的用户名和含有搜索记录的 IP 地址经过匿名化处理后公开，很快一位年长老人的个人信息便被《纽约时报》的工作人员通过关联信息分析，再次识别出来。[4]美国一位学者通过匿名化技术对 10 万名志愿者的姓名、性别、电话号码等信息进行处理，若结合政府数据库中的选民信息和基因信息，这些志愿者被再次识别的概率高达 90%。[5]技术的进步会导致匿名信息再识别风险的增加，如何解决匿名化的有效性问题亦需要法律规范与技术话语相结合。

## 第二节　大数据时代我国信息主体的弱势化倾向

除了现代信息处理技术带来的风险之外，大数据时代个人信息法律保护面临挑战的原因还在于信息主体的弱势地位，这使其在遭受侵权行为时难以及时、有效地获得保护。

### 一、信息主体安全意识淡薄

平台僭越权利不当共享用户个人信息的做法必然违背法律精神，但用户自身也的确需要承担一定的责任。从 2018 年消费者协会组织开展的"App 个人信息泄露情况"问卷调查结果来看：手机 APP 出现个人信息安全

---

〔1〕　范为：《大数据时代个人信息定义的再审视》，载《信息安全与通信秘密》2016 年第 10 期，第 74 页。

〔2〕　龙卫球、林洹民：《我国个人信息保护制度的新发展与若干缺憾——〈信息安全技术：个人信息安全规范〉评述》，载 http://longwe qiu. fyfz. cn/b/939686，2024 年 6 月 13 日访问。

〔3〕　龙卫球、林洹民：《我国个人信息保护制度的新发展与若干缺憾——〈信息安全技术：个人信息安全规范〉评述》，载 http://longweqiu. fyfz. cn/b/939686，2024 年 6 月 13 日访问。

〔4〕　[英] 维克托·迈尔-舍恩伯格、肯尼思·库克耶：《大数据时代：生活、工作与思维的大变革》，盛杨燕、周涛译，浙江人民出版社 2013 年版，第 199 页。

〔5〕　L. Sweeney, A. Abu, J. Winn, "Identifying Participants in the Personal Genome Project by Name", Cambridge, MA: Harvard University Data Privacy Lab. , http://dataprivacylab. org/projects/pgp/1021-1. pdf.

问题的主要原因是个人安全意识不强和监管不到位。[1]监管不到位主要涉及网络服务管理机构的监管职责，属于行政规制的范畴，故不在本书的讨论之列。至于信息主体个人安全意识不强，究其原因，主要在于以下三个方面：

其一，信息主体对个人信息的保护意识尚未完全觉醒。根据互联网协会 2019 年的网民权益调查报告：85.8% 的网民关注网络账号和密码安全；79% 的网民关注身份证件的信息安全；70.8% 的网民关注银行卡信息安全；61.6% 的网民关注手机号码的安全。以上四种信息为信息主体最为关注的个人信息，但是网民对网络行为信息的安全关注度较低。据统计，网民对网络行为信息安全的关注度依次为：网购记录（33.8%）、通话记录（33.4%）、网站注册记录（26.7%）、网站浏览痕迹（24.8%）、软件使用痕迹（13.6%）。该报告也指出，参与调查的 82.3% 的网民均亲身经历过个人信息泄露对个人的日常生活、工作、学习的影响。其中，49.7% 的网民认为个人信息泄露情况严重。[2]基于以上调查，网友对于传统的直接涉及其人身、财产安全的身份证件、网络账户、银行卡、手机号码等个人信息关注得较多，但对于软件使用痕迹、网站浏览痕迹、通话时间等这类与信息主体的人身、财产安全没有直接关系的网络行为信息安全则关注得较少。以上数据也反映出了信息主体对网络行为安全的重视程度不够，信息主体保护个人信息安全的意识尚未完全觉醒。这可能会导致一旦发生网络行为信息被非法收集、泄露、利用等情形，信息主体甚至不知如何维护其正当权利，纵容侵犯个人信息安全案件的发生。

其二，信息主体保护个人信息的法律意识薄弱。互联网的普及、应用已经渗透到了人们生活的各个方面，各种网络购物软件、GPS 导航系统、网络社交软件、移动支付软件等都给我们的工作、生活、学习带来了极大的便利。然而，在注册或使用这些软件之初，我们都会面对众多格式合同，用户只有选择"同意"才能继续使用该软件，其中有大量软件涉及违规收

---

〔1〕　中国消费者协会：《App 个人信息泄露情况调查报告》，载 http://www.cca.org.cn/jmxf/detail/28180.html，2024 年 6 月 13 日访问。

〔2〕　中国互联网协会：《中国网民权益保护调查报告（2019）》，载 https://max.book118.com/html/2019/0630/8135132117002032.shtm.2024 年 6 月 16 日访问。

集用户个人信息的情形。用户在选择"同意"选项时，网络服务提供者就会获得用户的授权，合法收集用户信息，并且网络服务提供者还可以用户的该项"同意"作为其并未侵犯用户个人信息利益的抗辩理由。在大数据时代，信息技术可以整合互联网空间海量的信息并在这些零散的信息间建立连接，从而形成其所需要的自动化决策分析。然而，信息主体对于保护个人信息的法律意识薄弱，导致其个人信息安全被侵犯或个人信息被泄露时，无法有效维护自己的合法权益。

其三，信息主体的维权意识不强。用户安全意识尚未完全觉醒以及法律意识薄弱，导致在面对个人信息受到侵犯时，难以快速搜集、留存证据，进而采取合理的补救措施维护其合法利益。人们对于日常接收垃圾短信、骚扰电话、广告邮件等个人信息泄露现象已司空见惯，极少有人踏上维权之路，不法分子会对信息主体的这些弱点加以利用。这些都是我国个人信息的保护难以"冲破围墙"的主观潜在原因。

## 二、知情同意适用陷入困境

### （一）知情同意的现实考量

信息主体与信息收集者及其他信息处理者间存在"信息不对称""资讯不对称""认知落差"等问题，这些会导致信息市场失灵。因此，信息收集者[1]、处理者在个人信息的收集、处理[2]和分享活动中应遵循"同意原则"。在告知信息主体其所进行的信息收集行为以及可能带来的风险后，通过信息主体点击"同意"选项而获得信息主体的授权，以此作为个人信息处理的正当性基础，并消除个人信息处理过程中由信息主体与信息收集者、处理者间的地位悬殊导致的信息不对称。[3]在大数据时代，大量的隐私协议导致信息主体根本无暇阅读，大数据技术的复杂性也让数据主体无法真

---

　　[1]　信息处理者主要包括公共机构和私法主体。公共机构主要是指立法机关、行政机关、司法机关等公法机构以及国有公司、基金会和协会等。私法主体指自然人或法人、公司和其他依据私法成立的基金会、协会等。如私法主体完全行使公共管理职能，则应被视为公共机构。

　　[2]　个人信息的处理包括个人信息的使用、加工、传输、提供、公开等。

　　[3]　信息不对称理论，是指信息在相互对应的经济个体之间呈现不均匀、不对称的分布状态，即有些人对某些事情的信息比另外一些人掌握得多一些。辛琳：《信息不对称理论研究》，载《嘉兴学院学报》2001年第3期，第32页。

正理解信息处理技术背后潜藏的隐私风险而可能作出非理性选择。[1]因此，当前的知情同意制度无法保障信息主体知情权的落实。[2]

　　信息不对称致使以知情同意为基础的知情权和个人信息自决权难以实现。信息主体的知情权作为消除信息市场信息的不对称现象产生危害的有效途径之一，以信息流通的自由化、透明化为前提。信息主体的个人信息自决权作为消除信息不对称现象产生危害的另一条有效途径，其源自德国的个人信息自决理论。[3]该理论的关键在于信息主体对个人信息具有控制能力和决定自由。信息主体的决定自由主要体现在信息主体可以自己决定个人信息是否被披露、以何种方式被披露以及披露的对象等。但人是社群性动物，通过聚群生活提高生存的概率。日常的交往使彼此产生交集，那么在聚群生活的过程中各个个体之间势必会产生连接，个人信息就是连接的一种方式。这也是个人信息社会性的具体体现。因此，个人信息具有帮助自然人实现社会交往的功能。信息主体在社会活动中并不必然享有决定自由。以信用信息为例，如果信息主体享有信息自决权，那么当信用报告存在对信息主体不利的信息时，其便有权拒绝披露自己的信用信息，这显然与现实不符。

　　信息不对称致使信息主体难以控制以知情同意为基础的个人信息处理行为。此处的处理行为包括个人信息的收集、存储、处理和利用等行为。信息的不对称会使得信息主体与信息处理者间能力悬殊，信息主体难以参与个人信息的流转，其个人信息甚至会在没有察觉的情形下已被收集、存储。加之个人信息社会性和公共性的日益凸显致使个人信息的处理行为从

---

　　〔1〕　谢琳：《大数据时代个人信息使用的合法利益豁免》，载《政法论坛》2019 年第 1 期，第 75 页。

　　〔2〕　万方：《隐私政策中的告知同意原则及其异化》，载《法律科学（西北政法大学学报）》2019 年第 2 期，第 63 页。

　　〔3〕　个人信息自决权，源于德国宪法，在德国法的语境中是指"个人依照法律控制自己的个人信息并决定是否被收集、处理和利用的权利"。德国法将个人信息自决权作为一般人格权的下位概念，将其上升到宪法的角度予以保护，并通过联邦宪法法院的判例不断加以完善。在 1983 年的"人口普查案"中，德国联邦宪法法院最早采用了个人信息自决权的概念。其判决书正文第一段写道："在现代信息处理之条件下，应保护每个人之个人信息免遭无限制之收集、储存、利用和传递。此系基本法第二条第一项一般人格权及基本法第一条第八项人性尊严保护范围。该基本人权保障每个人原则上有权自行决定其个人信息之交付与使用。"

以往的个人决定转向社会决定，信息主体对其个人信息的控制力变得更加有限。信息不对称导致信息主体对其个人信息愈发难以控制。

（二）知情同意的正当性考量

1. 知情同意的必要性受到质疑

大数据技术的数据共性分析为全人类带来了巨大的社会福祉。当下，全社会对数据处理的担忧主要系出于对潜在损害的恐惧。此时，个人信息的数据化处理并未对信息主体造成紧迫的损害，这难免会引起我们对同意原则必要性的质疑。就商业机构而言，海量的个人信息中蕴藏着无限的商机和财富，对个人信息的数据共性进行分析能为企业的决策提供参考意见，为产品提供营销方案。就公共机构而言，个人信息的信息处理能为创新社会治理、提高行政效率、改进公共服务等提供行之有效的数据指标。同时，政府机构通过提升公共数据开放活动助力数据经济的发展，越来越多的企业可以免费或以较低的成本获得数据或信息，从而有助于个人信息产业链的良性发展，杜绝个人信息的黑市交易。总体而言，个人信息处理带来的社会福祉大于其可能带来的损害。然而，知情同意原则使得信息收集者、处理者在收集、处理个人信息前都要经过信息主体的同意才能实施后续的信息处理行为，这降低了信息处理者的效率，从而在一定程度上阻碍了经济的发展和社会的进步。

个人信息处理带来的风险处于尚可忍受的范围内。就个人而言，现阶段个人信息处理带来的损害主要是各类骚扰信息、诈骗信息和侵害隐私的行为，如骚扰短信、电话、垃圾邮件等。其中，诈骗行为和侵害隐私的行为会对信息主体造成直接损害，但可通过民法和刑法的相关规定对其进行救济，其他行为则是潜在的损害，未使信息主体造成直接损失。然而，个人信息处理能为信息主体提供众多便利，如信息主体通过"百度地图"可及时了解路况信息，为其便捷出行提供多条规划路线；包含航班信息的APP（航旅纵横）可及时更新信息主体所要乘坐的航班信息，包括该航班目前正在飞行的航线、该航班到达机场的时间、该航班历史以来的准点率以及信息主体可直接通过该软件进行网上值机并自主选择自己喜欢的座位等。如果要求所有的个人信息收集、利用行为都必须取得权利人的同意，一方面会减少可供利用的个人信息数量，另一方面会增加个人信息的收集与利用成本，影响个人信息的利用效率。[1]未来，大数据时代的基本福祉将是建立在个人信息处理之上的，个人信息处理带来的福祉与处理行为的容忍度应呈正相关关系。[2]当社会公共利益和个人利益发生冲突时，在个人信息处理给全社会都带来福祉的前提下，可以合理地让渡部分个人利益，从而提高对处理行为的容忍度。因此，在没有知情同意原则下的个人信息处理带来的风险处于信息主体能够忍受的范围内时，知情同意存在的必要性受到了质疑。

2. 知情同意原则的真实性受到质疑

信息主体难以基于其真实意思作出是否同意的决定。欧盟第 29 条工作组的文件指出，同意合法有效需要满足四个标准。[3]实际上，信息主体难以基于自由意志作出"同意"的决定。在网络空间中，信息主体在使用某软件或接受某网络服务时，网络服务提供者会以格式条款的形式向信息主体告知其所制定的涉及信息收集的各类规定，这些协议、条款、政策等文本篇幅冗长，充斥着大量不重要的、含糊其词的规定，但真正重要的涉及个人信息处理的条款则夹杂其中并不显著。对涉及个人信息收集的范围、保留时限、处理方式以及使用范围等重要的条款并未进行详细、合理的解释，用户也没有进一步了解的权利和机会。如果信息主体不同意，就无法享受其所提供的服务、产品。在此情形下，信息主体并无选择的自由，阅读其所提供的各种告知书、用户协议并无实际意义，为了接受服务，信息主体只能点击"同意"按钮。

信息处理的多样性使信息处理者难以履行充分告知义务。信息处理者在个人信息收集时向信息主体明示的数据处理目的及用途并不具有必然性。因为个人信息的价值在不断的数据挖掘中产生，信息处理者为了充分发掘

---

〔1〕 王叶刚：《个人信息收集、利用行为合法性的判断——以〈民法总则〉第 111 条为中心》，载《甘肃社会科学》2018 年第 1 期，第 47 页。

〔2〕 任龙龙：《论同意不是个人信息处理的正当性基础》，载《政治与法律》2016 年第 1 期，第 130 页。

〔3〕 同意合法有效需要满足四个标准：第一，同意必须是自由作出的；第二，同意必须是清楚而不含糊的意思表示；第三，同意必须是在充分告知信息的情况下作出的；第四，同意必须是明确的。See Working Documentation a Common Interpretation of Article 26 (1) of Directive 95/46/EC of 24 October 1995, WP114.

个人信息的价值会对其进行无数次的再利用。在此过程中，信息处理者对个人信息再利用的目的及用途会发生改变，这与最初的信息收集时明示的目的与用途并不相同，这有悖于同意原则中要求信息处理者履行的充分告知义务。以上对信息主体难以基于其真实意思作出是否同意的决定以及信息处理者在信息处理的过程中难以履行充分告知义务的分析引发了对知情同意真实性的合理质疑。

（三）知情同意的经济考量

1. 个人信息已经成为一种重要的生产要素

大数据时代，随着互联网和智能设备的普及，个人无时无刻不在产生个人信息，个人信息已成为数据产业发展的重要生产要素。在此层面上，个人信息具有可重复利用、易储存、易共享的特征。随着技术的不断进步、数据挖掘的深入，个人信息被不断开发出新的价值。人类在享受个人信息处理带来的经济价值的同时还享受其带来的社会福祉，而同意原则在一定程度上影响了个人信息价值的实现。

2. 知情同意增加了信息处理者个人信息的处理成本

首先，信息主体对个人信息处理的同意是针对特定的情境。具体的情形发生改变即同意的基础发生改变，会使得信息处理者在进行有别于之前同意的情形进行信息处理时，其应再次得到信息主体的同意。目前，个人信息的处理方式和目的日益多元化，若严格执行同意原则，那么信息处理者将面对海量的告知并需取得信息主体同意的情形。信息主体和信息处理者每天都将面临无休止的此种情形，这不仅会消耗信息主体的时间成本，也会增加信息处理者的处理成本和机会成本，无益于数据经济的发展。其次，某些信息处理者缺乏获得信息主体同意的途径，若严格遵循知情同意规则，这将会使信息处理者在信息处理的过程中遇到诸多障碍，但这些信息处理者并不会因此而停止相关的数据开发、利用。长此以往，将难以实现数据产业的良性发展。最后，知情同意会束缚信息处理者的创新行为。有创新才有发展，创新开发利用个人信息会比保守型处理创造更大的经济价值，这在某种程度上意味着知情同意规则下的处理行为需要支付更高的成本。

3. 知情同意增加信息主体付出的对价

知情同意产生的成本会对信息主体和信息处理者都产生影响。个人信息利用的多元化路径使信息处理者在信息收集之初未能预见，为遵循法律要求的知情同意原则，机构只能通过冗长、乏味的隐私声明来对其处理行为及处理目的进行阐释，但这会给信息主体的阅读带来负担。有研究统计：用户若阅读其一年内使用的网络服务的隐私声明，要花费 244 小时。实际上，大多数用户都会直接略过隐私声明的内容，直接点击"同意"以便得到相关的网络服务。[1]除了在传统意义上，信息处理者为得到信息主体同意而支出的文本、通信、人力等成本外，信息处理者因告知和取得信息主体同意所产生的额外成本，最终也都会反映在其向信息主体提供的产品和服务上。表面上看，信息主体免费获得了网络服务提供者提供的产品或服务，其实信息主体已为之付出了相应对价。[2]倘若将来个人信息的处理不仅需要信息主体的同意，还需要支付相应的财产对价，其也将导致产品和服务价格相应升高。

### 三、信息主体控制能力变弱

大数据时代以前，由于互联网还未普及，信息主体可以基于其自由意志控制个人信息。随着大数据时代的到来，互联网的普及以及快速发展的信息处理技术使得个人信息在信息主体还未察觉时就已经被收集的情形更加常见，信息主体对其个人信息的控制力非常有限。

（一）个人信息控制的困境

互联网应用的普及使信息主体随时都在产生个人信息，但不能单纯因为信息主体产生个人信息就想当然地认为信息主体能够控制其个人信息。信息主体受内、外因素的影响，使其在决策时只能做到有限理性，加之其有限的信息获取能力和实质上有限的选择权，这些因素综合起来共同致使信息主体对其个人信息的控制权十分有限。

---

〔1〕　范为：《大数据时代个人信息保护的路径重构》，载《环球法律评论》2016 年第 5 期，第 93 页。

〔2〕　郑观：《个人信息对价化及其基本制度构建》，载《中外法学》2019 年第 2 期，第 477 页。

1. 信息决策困境

（1）内部性决策困境。信息主体在进行决策时，影响信息主体作出决策的因素有内部和外部之分。在内部性决策因素中，由于信息主体的有限理性，在遇到大数据环境下的个人信息问题时，其只能依靠以往相似的经验和简化的心理模型作出信息决策。[1]此外，在信息主体和信息控制者发生关联时，信息控制者往往会通过冗长的隐私条款、政策在形式上确保信息主体的充分知情，从而获得信息主体的授权同意。实际上，信息控制者提供给信息主体的各类告知书或隐私条款并未用通俗易懂的语言确保信息主体真实的充分知情，而且表达方式和各个信息主体认知能力的差异使得不同的信息主体对相同条款也会作出不同的理解、判断。信息主体被信息控制者频繁发送请求授权的信息，这会让信息主体在阅读告知书或隐私条款的情形下习惯性地点击"同意"选项。[2]最后，由于信息主体对大数据和人工智能技术知识了解甚少，很难预期当下的信息收集行为会在未来对其产生何种影响，以及由此产生的影响程度。在认知不充分的情形下，信息主体很难作出理性的决策。

（2）外部性决策困境。信息主体在进行决策时受诸多外部因素的影响。首先，在外部决策上，信息主体始终处于劣势地位。大数据和人工智能技术下，即使信息主体的敏感个人信息从未被公开过，但大数据算法仍然可以通过已经获取信息主体的个人信息推测出信息主体的敏感个人信息，进而识别出信息主体。[3]这将会导致信息主体无法对当下的信息决策可能对未来产生何种影响作出准确判断，与信息控制者相比，明显处于劣势地位。[4]其次，大数据时代，信息主体每天面临大量的信息，处于信息超负荷状态，若他们逐条阅读所有访问过的网站上的隐私条款，那将耗费极大的成本，

〔1〕 Alessandro Acquisti, *Digital Privacy: Theory, Technologies, and Practices*, Auerbach Publications, 2007, pp. 369; Solon Barocas & Helen Nissenbaum, "Big Data's End Run Around Procedural Privacy Protections", 57 *Communications of the ACM*, Vol. 57, 2014, pp. 31~32.

〔2〕 Susan Landau, "Control Use of Data to Protect Privacy", *Science*, Vol. 347, 2015, pp. 504.

〔3〕 Solon Barocas & Helen Nissenbaum, "Big Data's End Run Around Procedural Privacy Protections", 57 *Communications of the ACM*, Vol. 57, 2014, pp. 31~32.

〔4〕 Alessandro Acquisti et al., "Privacy and Human Behavior in the Age of Information", *Science*, Vol. 347, 2015, pp. 509~511.

这使其没有能力对每条信息认真做出处理。最后，信息主体在进行决策时拥有的选择权有限。大数据时代互联网的应用已经渗透到了生活的各个方面，人们为了享受互联网带来的诸多周到、便利的服务而不得不与网络服务提供者共享其个人信息。例如，只有在允许"支付宝"软件收集、使用用户个人信息的情况下，该用户才能享受"支付宝"软件的各项服务。

2. 权利冲突

个人信息保护面临严重的权利冲突。传统的个人保护理念认为，个人信息是由个人控制、个人决断、个人责任的。但伴随大数据、互联网、物联网等信息通信技术的发展和应用，个人信息的采集、分享、分析和利用已经发生了巨大变化，信息采集、利用的多样化、全息化已成为互联网空间的基本生态环境。在此情况下，个人信息保护的基本理论从个人控制向社会控制转变，这种变化也使得信息控制者的权力变得更加强大。[1]相比之下，信息主体对个人信息的自我管理权被蚕食，出现了日渐弱化的趋势。这使得信息主体的自主管理权与信息控制者的控制权严重失衡，信息主体与信息控制者间的权利冲突日益明显。此外，信息主体的劣势地位使其与信息控制者相比存在严重的"信息失衡"。大数据和人工智能技术使信息控制者对信息主体的实时监控得以实现，信息主体无时无刻不在产生信息，同时信息控制者对这些不断产生的海量信息进行收集、储存、处理、利用。信息主体意识到被收集、利用的信息发生量远远小于实际的发生量，两者间存在严重的"信息失衡"。最后，信息主体的有限理性会影响其决策能力。信息主体受内、外因素的影响，使其在决策时只能做到有限理性，加之其有限的信息获取能力和实质上有限的选择权，这些因素综合起来共同加剧了信息主体的自我管理权与信息控制者控制权的严重冲突。

（二）个人信息保护模式的转变：由个人控制转向社会控制

1. 个人信息的个人控制论

个人信息控制理论肇始于美国，成了美国个人信息保护的理论基础。美国法对于隐私权益的保护经历了从隐私权保护到个人信息权保护的转

---

〔1〕 高富平：《个人信息保护：从个人控制到社会控制》，载《法学研究》2018 年第 3 期，第98 页。

变。[1]首次提出"隐私权"概念的是沃伦与布兰德，他们在《论隐私权》一文中将"隐私权"定义为"个人独处的权利"。[2]个人的隐私保护以宪法上的自由为基础，并受《美国宪法第一修正案》的制约。因而可以将隐私权视为政治或宪制意义上个人自由在法律上的表达。即美国的隐私救济既可以被用来保护民事权利，又可以被用来保护公民在宪法上的基本权利。1965年，美国联邦最高法院曾在判决中宣布个人享有宪法性的隐私权。[3]

随着计算机的应用，关于个人信息出现了诸多新的问题。有学者提出了"隐私权"的新定义，即"个人、机构或群体可以自主决定如何披露与其相关的个人信息的权利"，这成了个人信息控制论的源头。[4]在美国隐私权发展之初，没有"个人信息"这一概念，其直到20世纪六七十年代，才被威斯汀首次提出。个人信息的概念由此才在美国隐私法领域被广泛采用。为兼顾信息自由与宪法上信息主体对个人信息的控制，以此为基础产生的个人信息控制论并不是信息主体对其个人信息的绝对控制。威斯汀在《隐私与自由》一书中并未将个人信息泛化为一种法律意义上的权利。

在美国，个人信息的概念是针对特定防范对象且未能成为一种可以对抗不特定第三人的权利来源。由于计算机的兴起，信息的收集方式、收集速度都打破了以往的传统方式，信息的搜索也变得快速、便捷。基于此，美国针对特定的对象和某些风险较大的领域进行单独立法。例如，儿童信息、金融信息、性取向、种族等。《美国1973年记录、电脑与公民权的报告》规定

---

[1] 杨惟钦：《价值维度中的个人信息权属模式考察——以利益属性分析切入》，载《法学评论》2016年第4期，第68页。

[2] S. Warren and L. Brandeis," The Right to Privacy", Harv. L. Rev, Vol. 4, 1890, pp. 193~220.

[3] Griswoldv. Connecticut, 381U. S. 479 (1965). 具体案情为：原告康涅狄格州计划生育联盟执行董事和医疗董事（持照医师）被起诉向已婚人士提供关于如何避孕的信息和医疗咨询，并在检查之后开具避孕工具或药物供妻子使用。上诉法院和州最高法院均判决原告有罪。康涅狄格州的一部法律禁止使用任何药物、医疗器械阻止怀孕，否则构成犯罪。原告认为，该法律违反了《美国宪法第四修正案》。原告上诉至联邦最高法院。联邦最高法院判决：原告有权为已婚人士主张宪法上的权利；康涅狄格州禁止使用避孕药物的法律侵犯了夫妻隐私权（the right of marital privacy，显然这里的隐私权就是自由），而夫妻隐私权在《权利法案》特别赋权的范畴之内。该案判决具有标志性意义。

[4] 高富平：《个人信息保护：从个人控制到社会控制》，载《法学研究》2018年第3期，第90页。

个人信息收集、披露和利用都必须依照"合理信息实践"原则。[1]该原则是在被收集个人信息的信息主体知情同意的前提下，尽可能保障个人信息在信息主体的控制范围内。在美国国会 1984 年通过的《联邦有线通讯政策法》中，电讯公司在信息的收集、储存、使用等环节若涉及能识别特定个人的信息也都应遵守合理信息实施原则。在某些特定情形下收集、利用个人信息的行为人须符合相关规定，如国会通过的《司机隐私保护法》《儿童网上隐私保护法》《视频隐私保护法》等。这些都在不同程度上彰显了个人信息控制理论在美国个人信息保护方面的应用。

2. 大数据时代个人信息的个人控制性的失效

（1）时代背景发生改变。个人控制理论产生于大数据时代之前，主要基于保护个人尊严和自由，此时互联网还未普及，个人信息主要由信息主体在知悉的情形下提供给政府、企业。进入大数据时代之后，信息主体产生个人信息的方式发生了巨大的变化，个人信息收集方式的多元化也使得信息主体在不知情的情形下被广泛收集。信息收集者（控制者）对这些收集到的海量信息的目的及用途在收集行为实施之前也未能确定，因而不能合法地实施告知同意。若盲目遵从告知同意的行为准则，那么在实施此种收集个人信息行为时未告知信息主体收集行为的目的及用途而企图获得的授权同意仅为概括性同意，不具有实际意义，此举反而成了信息控制者规避法律风险的手段。加之，个人信息的流动和利用对社会和经济发展的重大推动作用，个人信息被收集、处理和利用已经成了无法回避的事实。[2]信息主体在互联网和大数据技术快速发展的时代背景下单独依靠自身的力量已经难以完全控制其个人信息。

（2）个人信息的产生方式发生了改变。大数据时代，个人信息是在信息主体参加社会活动的过程中产生的，其社会活动不仅包括现实社会空间中产生的信息，还包括基于互联网空间的各种网络活动产生的信息。这些种类多样、内容丰富的个人信息共同作用，使得个人信息在大数据的背景

---

〔1〕 根据合理信息实践原则，任何收集和储存个人信息的系统都不得秘密运行；个人必须能够知道其哪种类型的信息是被记录的，哪种类型的信息是被使用的；个人必须能够阻止其个人信息被用于其不同意的目的；个人必须能够纠正或修改那些能够识别他个人身份的信息。

〔2〕 任龙龙：《个人信息民法保护的理论基础》，载《河北法学》2017 年第 4 期，第 184 页。

下由个人属性转向公共性和社会性。"当个人开始与他人进行互动时，他人将会获得关于对方的个人信息。由于信息主体的个人信息与身份间密不可分的关系，信息主体的身份信息也将不再受个人的控制，除非其拒绝与任何人打交道而一直保存匿名。"[1]信息主体通过参加社会活动进入具体的社会关系，产生个人信息。如果此时鼓励人们匿名参加社会活动，那么可能会导致人们从事不负责任的社会行为，给社会的稳定和安全造成威胁。因此，这也是个人信息公共性和社会性的体现，法律应当保护公众的"识别权"。这些个人信息的社会性、公共性使信息主体不能基于一种支配性权利对其进行管理，这也瓦解了大数据时代下个人控制论的权利基础。即法律不应当作出非经本人同意就不能获取其个人信息的规定。

（3）信息主体对自身信息的控制力变弱。在网络环境下，信息主体对其个人信息并无实际的控制权。信息主体为享受网络服务提供商提供的各种网络服务，不得不点击网络服务提供商隐私声明下方最后的"同意并接受服务"按钮，这实质上架空了信息主体的权利。[2]其次，在大数据时代，信息主体需要面临的不仅有网络服务提供商，还有数据中间商和数据后续利用者等多重主体，在多数情形下，信息主体对其个人信息的收集情况并不知情，更遑论向个人信息流转过程中跟信息主体没有直接联系的第三方主张权利了。

（4）大数据时代个人信息保护模式的转型：社会控制论。20世纪六七十年代随着计算机技术的兴起，个人信息的产生方式发生改变，个人对个人信息的控制力也随之下降。伴随以互联网为依托的信息通信技术的快速发展、应用，个人进入了以数据化生存为主要特征的大数据时代，随之而来的是个人信息被多样化、全息化地采集，个人对个人信息的控制力变得更加无力，个人单靠自己的力量已难以维护自己的尊严和自由，个人信息的个人控制与社会化利用之间的矛盾日益明显。个人信息的社会控制论已不将个人信息视为自己的"东西"，而是将个人信息当作个人在社会活动中产生的公共资源，是与其他人区别开来的"社会识别符"。

---

〔1〕 Delia Mocanu et al. , "Collective Attention in the Age of（Mis）Information", *Computers in Human Behavior*, Vol. 51, 2015, pp. 1198.

〔2〕 Susan Landau, "Control use of Data to Protect Privacy", *Science*, Vol. 347, 2015, pp. 504.

第一，社会控制论转变了个人信息的使用方式。个人控制论强调个人对其个人信息的自治，个人信息的使用由信息主体自己决定。由于当时的个人信息产生方式单一、可控制强，个人有能力决定其信息的使用方式，在发生侵权事件时，其权利也能及时、有效地得到救济。但在大数据时代，个人信息会在信息主体完全没有意识到的情形下产生、收集各种信息，加之用户有时为了得到相关服务会不得不同意软件的各项信息收集、使用要求，个人在大数据时代数据化生存的洪流之中想依靠单薄的一己之力决定个人信息的使用已不再现实。个人信息作为个人进入社会、社会了解个人的必要工具，其公共性和社会性在大数据的时代背景下亦日渐明显。此时，若还强调个人决定个人信息的使用，显得不合时宜。故而，我们应当顺应时代，结合个人信息的时代新特性——公共性和社会性——由社会或法律决定个人信息的使用。

第二，社会控制论转变了保护个人信息的责任主体。个人信息是由一般信息和敏感信息组成的。社会控制论并不是个人信息的使用都由社会或法律决定，而是对于个人信息中的一般信息可由社会或法律决定其使用，而涉及敏感信息时信息主体对其仍有极强的控制力，在受到不法侵害时，法律也会对其进行强有力的救济。社会控制论就信息主体对个人信息的控制力留有必要的空间。如今，由个人信息泄露带来的推销电话、诈骗短信层出不穷。比如，因购物信息泄露，被不法分子实施精准诈骗的案件时有发生。我们日常也会接到各种推销楼盘、保险销售、推广产品的短信或电话。然而，当这类损害后果时有发生时，受害者却经常面临求助无门、报案后石沉大海的情况。如果选择起诉，用户又会面临举证困难的问题。虽然从理论层面上看，信息主体可通过不同意服务条款或协议降低由信息泄露带来的风险，但这也意味着个人拒绝数据化和网络生存，姑且不论在当今社会完全做到无网络生存能否实现，单就无网络化生存带来的诸多不便而言就实在是难以想象的。若单就为了杜绝个人信息的泄露而拒绝互联网介入日常生活，这样的社会与计算机产生之前的社会有何区别？这无异于否定科技进步给人类带来的便捷、高效生活，提倡社会倒退。为应对这一时代难题，欧盟虽然赋予了数据主体被遗忘权、数据可携带权、知情权及访问权等多项权利以寻求司法救济，但是这些权利的保护需要依靠专门的行政监管部门，同时还新增高额的行政罚款作为其制裁手段。基于此，由社会或法律决定个人信息的保护路径，责任主体由个人转向社会，显得更加科学、合理。

第三，社会控制论转变了法律规范的重心。因为随着计算机、信息技术的发展，个人信息在无形之中被收集的情形将更加常见，有时人们都不知道自己的信息是何时、以何种方式被数据企业所收集，若此时仍重视对收集行为的控制，企图通过规制收集行为以达到保护个人信息的目的将不具可操作性。此时，应当将对个人信息的使用作为法律规范的重点，将使用信息给信息主体带来的风险降低到合理范围。当我们认识到个人信息已部分脱离个人的掌控、管理，并不受自己意志影响时，就需要由法律来决定个人信息使用的情形和条件。法律作为调控社会关系的重要手段，在大数据对全球的强劲冲击下，应当借助其强制力使社会在正确的道路上运行，通过对违法行为的惩治来实现对个人权利的保护。此时需要解决的难题是，在保护信息主体人格利益的前提下，如何实现对个人信息的合法使用。社会控制论将社会作为保护个人信息的责任主体，通过规范个人信息的使用方式以满足加大数据利用、挖掘数据价值、促进数据产业、推动数据经济发展的时代要求。但合理的标准该如何制定、如何实现个人信息的合理利用仍是亟须解决的问题。

在大数据时代，信息主体完全基于自己的自由意志决定个人信息的收集、储存、处理以及利用行为已经不再现实。互联网在给信息主体的各个方面带来诸多便利的同时，许多信息主体的个人信息也已经在自身毫无察觉的情形下被收集。如果此时还继续坚持使用以往的个人信息控制理论实现对大数据时代信息主体个人信息的保护，显然不具现实性。然而，社会控制论恰是在信息主体对其个人信息的控制力变弱的大数据时代背景下产生的新型个人信息保护模式。在认清信息主体对其个人信息控制力变弱的现实基础上，认识到信息主体的个人信息已经由个人控制向社会控制转变，再结合我国的基本国情、核心价值观及公民的社会认知水平等情况，才能形成符合大数据时代趋势的个人信息保护制度。

## 第三节 大数据时代个人信息的嬗变及多元价值冲突

随着个人信息被广泛应用于各个领域，个人信息的商业价值和公关管理价值得以显现。在大数据时代，个人信息的性质也由私人属性转向了公共属性和社会属性。个人信息的商业价值日益凸显，个人信息上的自主价值、商业价值、公共管理价值间的平衡被打破，自主价值与商业价值间的冲突变得更加难以调和，从而导致信息主体对其个人信息难以实现自主控制。加之，商家对个人信息商业价值的追逐，使得个人信息成了被非法收集、滥用的对象。

### 一、大数据时代个人信息的嬗变

（一）大数据时代个人信息边界的扩张

个人信息的界定直接关系到大数据时代受法律保护的个人信息的范围。在明晰个人信息概念的前提下判断何种信息属于个人信息，从而明确个人信息受法律保护的范围，这也是将来制定《个人信息法》所必须明确的基本问题。但随着大数据技术的飞速发展，个人信息的边界呈现逐步泛化之势，难以确定其边界。个人信息边界的确定，直接关系到未来个人信息保护制度能否有效运行。

1. 大数据时代的个人信息概念

关于个人信息的概念，学界常将个人资料、个人隐私、个人数据、个人信息等词混用，各国或地区在立法上亦采取不同称谓，世界经合组织（OECD）、德国、欧盟使用"个人数据"，日本使用"个人信息"，加拿大、美国使用"个人隐私"，我国《民法典》《个人信息保护法》《网络安全法》使用"个人信息"。基于本书以个人信息为研究对象，故而本书使用"个人信息"一词。

OECD 在其 2013 年《隐私保护和个人数据跨境流通指南》中规定，个人数据是指任何与已被识别或可识别的个人（数据主体）有关的信息。[1]

---

〔1〕 高富平:《个人数据保护和利用国际规则：源流与趋势》，法律出版社 2016 年版，第 27 页。

这与 1980 年《隐私保护和个人数据跨境流通指南》关于个人数据的概念规定相同，都是将"识别"作为个人数据的核心要素。亚太经济合作组织（APEC）发布的《APEC 隐私框架》对个人数据的定义也采用相似表述。[1] 欧盟于 2018 年出台的 GDPR 第 4 条第 1 款将个人信息定义为"与已识别或可识别的自然人（'数据主体'）相关的任何信息"。可识别的自然人是指能够被直接或间接地识别，例如姓名、识别号、位置数据、在线标识符或特定于该自然人的社会身份、心理、经济等一个或多个因素。该定义可被理解为，当某个或多个信息能够将特定个人识别出来时，这个或这些信息都将被认定为属于个人信息的范围。

《美国 2018 年加利福尼亚州消费者隐私法案》（以下简称 CCPA）1798.140（O）（1）规定："个人数据是指直接或间接识别、相关的、描述、能够相关联或可合理地连接到特定消费者或家庭的信息，包括但不限于姓名、别名、地址、唯一的个人识别符、在线识别符、IP 地址、电子邮件地址、账户名称、社会安全号码等。"该概念也采取了"概括+列举"的方式，列举大量属于个人数据的情形，个人信息外延的扩展是其最突出的特点。相比较之下，CCPA 关于个人数据的定义范围更广，与消费者相关的家庭信息也被认定为个人信息。其次，CCPA 突破了以往"以识别性为主，相关性为辅"的个人信息的定义方式，将大量与信息主体有"相关性"的信息纳入个人信息的范畴。如：网络活动信息，包括但不限于浏览记录、搜索记录、应用程序等。

我国第一次将个人信息的概念以成文法的形式展现在公众眼前是在《网络安全法》第 76 条第 5 项，该定义以"概括+列举"的方式对个人信息的概念进行界定。虽然该定义没有将关联信息纳入个人信息的范畴，但我国相关判例和学者都认为该定义应作扩大解释，将关联信息涵盖其中。[2]《个人信息保护法》第 4 条第 1 款对个人信息概念的规定则与《网络安全法》的规定

---

〔1〕 Asia-Pacific Economic Cooperation, APEC Privacy Framework. partii. Scope. 9. Personal information.

〔2〕《网络安全法》第 76 条第 5 项规定："个人信息，是指以电子或者其他方式记录的能够单独或者与其他信息结合识别自然人个人身份的各种信息，包括但不限于自然人的姓名、出生日期、身份证件号码、个人生物识别信息、住址、电话号码等。"

有所不同。[1]最高人民法院在司法案例中认定移动公司在未经被叫人同意的前提下给呼叫人发送短信提醒，告知被叫人手机已经处于开机状态，该行为被认定为侵犯了个人信息安全。[2]因此，用户手机的开关机状态作为信息主体的关联信息在具体的司法案例中已得到保护。因为用户手机的开关机状态作为判断用户自身状态的一项依据，当手机处于关机状态时用户当下极有可能正处于忙碌、休息或需要独处思考等不想被他人打扰的状态。然而，移动公司提供的开机提醒服务使得用户的个人行为状态在未经其本人事前同意就被告知，且被呼叫人享有选择向他人或社会公开或不公开其手机何时可以接通的权利。

个人信息概念的范围除了识别信息外，还应包括关联信息。随着互联网和大数据技术的发展，关联信息中带有的人格利益日渐受到人们重视，其不仅能够反映信息主体的个性特征，而且数据企业通过掌握的海量关联信息通过大数据技术经过聚合、再分析后形成特定人的"用户画像"。因此，在大数据时代下，个人信息中的关联信息也应受到保护，该观点在上文的"用户手机开关机状态短信提醒"一案中得到印证。GDPR涉及的"位置数据""在线标识符"都属于关联信息。我国在相关规定中已经对关联信息的部分类型进行保护，但上述保护方式不能涵盖所有需要保护的个人信息类型。[3]故而，我们需要探索更为科学、合理、宽泛而周延的个人信息的概念。

2. 大数据时代个人信息界定标准的扩张

根据上文的分析，界定个人信息的标准主要是信息的"识别性"和"相关性"两个方面。随着互联网的应用普及以及数据技术的发展，个人信息的"识别性"和"相关性"也呈现扩张之势。

---

　　[1]　《个人信息保护法》第4条第1款规定："个人信息是以电子或者其他方式记录的与已识别或者可识别的自然人有关的各种信息，不包括匿名化处理后的信息。"

　　[2]　参见河南省高级人民法院［2015］豫法民二终字第305号民事判决书。

　　[3]　《最高人民法院、最高人民检察院关于办理侵犯公民个人信息刑事案件适用法律若干问题的解释》增列了"财产状况、行踪轨迹"；《电信和互联网用户个人信息保护规定》规定了"识别用户使用服务的时间、地点等信息"；2018年5月1日开始实施的推荐性国家标准《信息安全技术　个人信息安全规范》第3.1条规定"反映特定自然人活动情况的各种信息"。

（1）识别性的扩张。个人信息的识别性是其赋权基础。[1]个人信息中的识别是指特定的人在千万人之中被认出来。姓名就是个人信息中常用的识别特定人的典型例子。例如，某人叫张三，姓名张三只能锁定大量叫张三的人，再结合其他的相关信息，身高、体重、肤色、年龄、工作、区域等特征就可锁定到一个叫张三的特定的人。识别性作为个人信息的特征之一，包括"已识别"和"可识别"两种情形。已识别的个人信息是指仅凭该信息即可将特定人识别出来，也被称为"直接识别"的个人信息，例如身份证号码。这类信息本身就能识别特定人，信息的边界较为清晰，其蕴含的利益与信息主体密切相关，一旦这类信息被不法分子利用将会对信息主体造成直接的侵害。而可识别的个人信息则是需要与其他信息相结合才能够识别特定人的个人信息。该类个人信息虽与信息主体息息相关，但该类信息不具有唯一识别性，因此若仅凭该信息不能将该信息的信息主体与其他信息主体区别开来。

在大数据时代之前，人们认为仅需保护能够直接识别特定人身份的信息。步入大数据时代之后，基于互联网的大数据技术，人们通过各种设备与外界发生各种联系，万物互联，人与人之间的联系更加紧密，人们可以足不出户而了解世界的瞬息万变，手机 MAC 地址、IP 地址、电子邮箱等信息是否具有可识别性引起广泛的讨论。大数据技术的发展使这些设备产生的关联信息（如搜索、浏览记录等）通过大数据技术可形成"用户画像"，与其他信息结合后就有极大可能识别出特定的人。

间接识别性的个人信息在被用于识别特定人时需结合具体情形下的所有因素，此过程是一个要综合、全面地考虑数据处理时的现有技术和数据生命周期内未来技术发展可能性的动态衡量过程。[2]因此，"可识别"的判断就是在具体的情形下综合考虑所有因素后作出的可能性判断。实际上，"可识别"的判断也处于动态变动当中，不是一个绝对的判断。故而，个人信息的判断标准必然高度依赖场景。反观 IP 地址、Cookie、手机 MAC 地

---

〔1〕 谢琳：《大数据时代个人信息边界的界定》，载《学术研究》2019 年第 3 期，第 69 页。

〔2〕 Directive95/46/ECRecital26, whereas, to determine whether a person is identifiable, account should be taken of all the means likely reasonably to be used either by the controller or by any other person to identify the said person.

址、IMEI 码等设备信息，这些设备信息与姓名极具相似性。设备背后是用户本身，这些设备信息只能锁定使用过这台设备的一群人，即哪些人用过这台设备，如果对该设备进行定向追踪，结合具体使用这台设备的时间点即可快速锁定当时使用该设备的具体的某个人。同时，根据其搜索信息的记录以及在网页上停留的时间，凭借计算机技术将这些数据进行分析即可知晓该用户的行为习惯、消费偏好。

认定"识别性"的标准不一。欧盟的 GDPR 在序言中将可识别的标准规定为，"数据控制者及任何第三方"采用"所有可能合理采用的手段"是否可以将其识别出。[1]我国《网络安全法》第 76 条第 5 项规定的可识别标准则是"与其他信息结合识别"。显然，欧盟在界定个人信息时采取的是绝对性标准，即某个信息只要有识别特定个人的可能性，那么该信息就是个人信息。在欧盟 2016 年的"Breyer 案"中，虽然德国法院对判定路径的选择产生了巨大争议，但欧洲法院最终支持绝对路径。[2]我国在界定个人信息时采取相对性标准。运用相对性标准判断某信息是否为个人信息时，需结合当下的各项信息技术以及所能够获取的其他信息，这就使得用该标准判断的结论处于动态变化当中，即原本不属于识别性的信息在未来能否与其他信息结合识别特定个人具有不确定性。

在大数据时代，间接识别性的个人信息日益增多。以 IP 地址为例，虽然搜索引擎不能单独将个人的 IP 地址识别出来，但网络连接提供商不仅掌握有其安装的网络连接服务用户的 IP 地址信息，还有这些用户的姓名、联系电话、家庭住址等个人信息。一些欧盟成员国在审理民事诉讼案件的过程中，基于案情的需要，可以依程序调取这些数据信息。[3]例如，在版权侵权民事诉讼中，侵权人在未经权利人授权的情形下，在网络上下载作者作品并实施侵权行为，版权权利人就可基于该侵权行为向法院提起诉讼并

---

〔1〕　京东法律研究院：《欧盟数据宪章〈一般数据保护条例〉GDPR 评述及实务指引》，法律出版社 2018 年版，第 193 页。

〔2〕　Frederik Zuiderveen Borgesius，"The Breyer Case of the Court of Justice of the European Union：IP Addresses and the Personal Data Definition"，*European Data Protection Law Review*，Vol. 3，2017，pp. 130~137.

〔3〕　Article 29 Data Protection Working Party，Opinion1/2008 on data protection is sues related to search engines，WP148，pp. 8.

要求网络连接服务提供商提供该侵权人的 IP 地址信息和与之相对应的 Cookie 信息，通过对这些信息的整合、筛选，从而识别出侵权人在现实生活中的身份信息。互联网的普及使人们获取信息的能力大幅度提升，一些与信息主体相关的非直接识别性的个人信息与其他信息结合后亦具有识别的可能性。因此，判断"能被识别"的出发点应为"可以使用何种方法识别"以及"在多大程度上可使用这种方法"，任何潜在识别符是否能够完成识别都取决于具体场景。[1] 近年来，指纹识别、人脸识别、声音等生物特征的身份认证逐渐被人们接受并运用于诸多场景，这将会对个人信息的界定标准提出涵盖生物特征的新要求。

（2）相关性的扩张。数据技术的应用使原本没有相关性或相关性较小的信息间的关联性加强，信息相关性的边界逐渐扩张。个人信息与信息主体间应当存在相关性。判断这种相关性主要从以下三个层面入手：①某信息是由信息主体产生，主要体现在信息主体的姓名、电话号码、电子邮箱、消费记录等。②某信息虽然不是由信息主体产生，但该信息会对信息主体的行为、状态、社会评价等产生影响。例如，国家出台房产税的政策，虽然该项政策并非由信息主体产生，但却对拥有多套房产的信息主体产生影响，那么该信息符合相关性的标准。③某信息既不是由信息主体产生，又不会对信息主体产生直接的影响，但从效果而言，该信息产生的效果将信息主体与其他人区别开来。例如，某人在某市持有的一套房产，该市污染严重，导致这套房产市价跌落 10%。该房产市价跌落 10% 的信息是由市场变动所产生，并非信息主体产生，但该信息对信息主体间接产生影响，所以仍应被认定为与信息主体具有相关性。随着互联网应用的普及、数据技术的发展，个人信息成了一种重要的社会资源。[2] 大数据时代以前，网络用户搜索的关键词并不认定为个人信息，但当数据技术被运用于海量信息后，互联网空间中原本碎片化的信息会产生连接，数据控制者和第三方开发者基于这些信息分析、

---

〔1〕　陈梦寻：《"公民个人信息"判断的合理性标准建构——基于流动的公民个人信息边界》，载《北京邮电大学学报（社会科学版）》2019 年第 1 期，第 12 页。

〔2〕　王利明：《论个人信息权在人格权法中的地位》，载《苏州大学学报（哲学社会科学版）》2012 年第 6 期，第 32 页。

预测用户的喜好，并对其开展精准营销。[1]在司法判例当中，在 2015 年的"英国谷歌定向行为广告案"中，法院指出，浏览记录被法院认定为个人信息。[2]数据技术的发展增强个体与个体之间，个体与社会之间的连接，从而使与信息主体有关的信息日益增多，个人信息的相关性呈现扩张之势。

（二）大数据时代个人信息性质的转向

人类进入信息社会之后，社会形态已从原有的私权利社会向共享形式进行过渡，最为明显的是在经济、生活领域，如共享出行的代表滴滴打车、UBER，共享空间的代表 Airbnb，共享 WI-FI 的代表必虎 WI-FI 等。个人信息的法律属性也由人格权属性、财产权属性的个人属性向公共性、社会性转变。数目巨大、内容庞杂、形式多样的海量个人信息，不仅成了创新社会管理、企业寻求新的经济增长点的重要资源，也成了促进科技进步的新动能。

1. 大数据时代个人信息性质的现代化转向

大数据时代之前，个人信息的类型、内容、产生的渠道较为单一，个人信息的收集及利用方式亦非常有限，主要通过政府或企业等主体来完成。此时的个人信息主要包括姓名、身份证号码、户籍信息、家庭住址、出生日期、电话号码等，法律属性为人格权属性和财产权属性，对个人信息的保护主要通过姓名权、肖像权、隐私权、名誉权等具体人格权和侵权法的相关规定。例如，未经同意披露自然人的出生日期、身份证号码、婚姻状况或电话号码等隐私信息，可通过侵犯自然人的隐私权对其进行救济。

在大数据时代，个人信息的公共属性受到重视。大数据时代以前，信息主体通过对信息的占有、使用实现对个人信息的控制，从而使信息对于权利主体而言具备自主价值和使用价值，主要体现个人信息的个人属性。[3]部分学者将信息主体对其个人信息的支配、使用行为以及相关利益上升为"个人

---

[1]　Sophie Stalla-Bourdillon and Alison Knight, "Anonymous Data. Personal Data-False Debate: An EU Perspective on Anonymization, Pseudonymization and Personal Data", *Wisconsin International Law Journal*, Vol. 34, 2016, pp. 314.

[2]　谢琳：《大数据时代个人信息边界的界定》，载《学术研究》2019 年第 3 期，第 73 页。

[3]　谢远扬：《信息论视角下个人信息的价值——兼对隐私权保护模式的检讨》，载《清华法学》2015 年第 3 期，第 56 页。

信息权"，[1]还有部分学者进一步提出应当将个人信息权确立为宪法上的一项基本权利，[2]在具体的权利类型划分上将其视为人格权或财产权，或两者兼而有之。立法方面，我国《民法典》第 111 条[3]和《消费者权益保护法》第 14 条[4]都为将个人信息作为一种独立的民事权利的学说提供了实定法依据。这些都是基于个人控制框架下个人信息的权利中心主义，其有效性的前提在于信息主体作为"理性人"能在完全控制其个人信息的前提下行使各项权利。步入大数据时代之后，个人信息的性质日益呈现公共性和社会性的现代化转向。

2. 大数据时代个人信息的公共性证成

大数据技术、人工智能、云计算等的应用更加凸显个人信息的商业价值，以互联网为依托的大量新兴产业纷纷将个人信息作为企业发展的核心竞争力。企业通过占有的个人信息开发利用赚取巨额的商业利润，同时社会整体和每个社会成员都因此而受益。公共机构通过对个人信息的收集从而服务于民众，预测疾病暴发、城市交通智能化、完善社会福利设施等都是其典型应用。由此，个人信息的公共价值似乎也因此获得了证明，放松对个人信息利用规制的呼声日涨。但仅依此即要求让信息主体对其个人利益作出让步，在法律上对其个人控制权作出必要限制的做法显得极为唐突。只有人们能够证成个人信息利用产生的风险是有限、可控的，并能够为信息主体带来必需的公共福祉时，才可证成个人信息的公共性，从而就他人对个人信息利用的正当性作出判断。

（1）个人信息公共性的原初形态。在信息时代，个人信息的价值表现在：自主价值、商业价值和公共管理价值。政府为实现其社会治理职能需

---

〔1〕 王利明：《论个人信息权在人格权法中的地位》，载《苏州大学学报（哲学社会科学版）》2012 年第 6 期。

〔2〕 孙平：《系统构筑个人信息保护立法的基本权利模式》，载《法学》2016 年第 4 期，第 32 页。

〔3〕《民法典》第 111 条规定："自然人的个人信息受法律保护。任何组织或者个人需要获取他人个人信息的，应当依法取得并确保信息安全，不得非法收集、使用、加工、传输他人个人信息，不得非法买卖、提供或者公开他人个人信息。"

〔4〕《消费者权益保护法》第 14 条规定："消费者在购买、使用商品和接受服务时，享有人格尊严、民族风俗习惯得到尊重的权利，享有个人信息依法得到保护的权利。"其中，"个人信息依法得到保护的权利"一度被支持个人信息保护成为一种独立民事权利学说的立法依据。

准确、详细地掌握管理对象的个人信息。政府的行政管理工作若离开这些最基础的信息资料将无从开展。在公私利益的二元框架下，政府是最大的个人信息收集、储存、处理和利用者，个人信息的收集、储存、处理和利用等都涵射在政府公权力的范围之内。近年来，政府为实现建设智慧型政府的要求，不断探索个人信息利用的限度和价值，进而提高行政效率。个人信息公共性的原初形态也体现在此。这种"取之于民，用之于民"的行为方式是基于政府的社会治理职能与个人信息公共性之间的天然联系形成的。

（2）个人信息公共性在行政管理方面的应用。个人信息公共价值在行政管理中的应用早已得到学者的普遍认可。在行政管理方面，个人信息的公共价值主要体现在政府对社会的综合治理上。公共福利和公共秩序的推进都离不开对公民个人信息的收集、处理和利用。政府凭借当今先进的计算机技术、统计学知识并结合数据分析技术，不仅能降低海量个人信息的储存成本，以较低的成本储存更多的个人信息，发掘个人信息的公共管理价值，还能为确定社情民意提供更广泛的分析样本，进而为政府的决策提供更为科学、充分的依据。[1]在社会风险治理领域，政府通过对大量个人信息的监控、分析从而预测可能危及社会秩序和社会安全的冲突性事件，降低甚至阻止此种危机转化成现实的可能性，以及在此种冲突性事件发生后控制事态并将损失降到最小。[2]

（3）个人信息公共性进一步扩张。个人信息的公共性使得个人信息获得更加广阔的公共利用空间。信息主体在网络空间的各项行为痕迹被信息收集系统以单个的形式悉数收集，依此构成信息主体的个人信息。从经济价值角度来看，这些单个、未经处理的个人信息本身不具有太多价值，只有将海量个人信息集合、挖掘、再分析、利用之后才能开发出其中隐藏的巨大经济价值，亦可使数据持有者取得无可比拟的竞争优势。这种个人信息被聚合后创造的价值被政府和某些企业广泛地挖掘利用，从而提供各种公共服务，信息主体也因此而直接受益。这些提供公共服务的企业将获得的大规模用户流量嫁接其他产品或服务进行获利、运营，不从提供的公共

---

〔1〕　张新宝：《从隐私到个人信息：利益再衡量的理论与制度安排》，载《中国法学》2015年第3期，第33页。

〔2〕　龙卫球：《再论企业数据保护的财产权化路径》，载《东方法学》2018年第3期，第59页。

服务中直接获利，如通过聚合大量用户的出行轨迹来提供路况服务的各种地图 APP。个人信息在大数据背景下体现的公共性已明显超越传统社会治理模式中个人信息对政府行政管理的工具价值。大数据技术的出现实现了个人信息、个人价值和公共价值间的交互，也使个人信息的公共性获得新的增容。

（4）大数据战略促使个人信息公共性的展现。全球各国已将大数据上升为国家发展的战略目标，并纷纷将数据开放和流通作为推动大数据产业发展、促进经济转型的重要措施。个人信息作为大数据发展的"原材料"，如果还一味强调个人信息的排他性权利，坚持个人信息"私有化"，这不仅有碍于大数据的发展，无法实现以大数据促进经济转型的战略目标，而且有悖于人类社会的发展进步。加强信息的利用和流通乃是大势所趋，因此意识到个人信息的公共性不仅具有必要性，也具有应然性。

"目前个人数据在定义上几乎被视为公共领域的组成部分，是可以广泛获得和使用的。无论从实践还是从法律目的上，个人数据均处于公共领域。"[1]互联网信息技术已将现代社会生活高度数字化，Cookie 技术和各种传感器[2]自动地使人们的个人信息以有意识或无意识的方式无时无刻不在被采集，由于个人难以对个人信息流通过程中的风险进行合理规避以及不规范的信息流转方式进行规制，所以现代社会才会强调隐私权益，呼吁对个人信息进行保护。但保护隐私权益并不意味着隔断个人信息的流通，个人信息天然具有社会公共属性，并非一种具有固定边界的私人权利。[3]

## 二、大数据时代个人信息的多元价值冲突

### （一）自主价值

所谓个人信息的自主价值是指信息主体以人格自由发展为目标，基于

---

〔1〕 Corien Prins, "Property and Privacy: European Perspectives and the Commodification of Our Identity", *Information Law Series*, Vol. 16, 2006, pp. 223~257.

〔2〕 传感器是一种检测装置，能感受到被测量的信息，并能将感受到的信息，按一定规律变换成为电信号或其他所需形式的信息输出，以满足信息的传输、处理、存储、显示、记录和控制等要求。

〔3〕 丁晓东：《个人信息私法保护的困境与出路》，载《法学研究》2018 年 6 期，第 195 页。

真实意思自主决定是否使用以及如何使用其个人信息时实现的价值。[1]个人进行社会交往的过程就是实现其人格发展的过程。然而，个人信息的交换作为社会交往的核心内容，需要个人可以自主使用其个人信息时才能实现其人格的自由发展。

信息主体可以根据其自由意志自主决定个人信息自主价值的实现方式、内容以及范畴，从而实现其人格的独立与自由。人格的独立与自由是人之为人所必须拥有的尊严，也是其天生不可分离的权利。只有具有独立和自由的人格，人与人之间方可能平等相处，人才不会沦为他人的工具或手段，处于被操控的他治地位。[2]对于私法领域而言，法无禁止即许可，信息主体在实现其个人信息的价值时可以基于自己的意志决定披露哪些个人信息被他人所知，用于发展自己的人格。然而，在实现个人信息自主价值的过程中难免会出现偏离信息主体事先预期的情形，甚至会造成对信息主体无法预料的影响，此时为保护个人信息的自主价值会要求他人不得以违反本人意愿的方式对个人信息进行处理，除非得到信息主体的授权或同意。信息处理者借助信息主体授权的方式获得个人信息处理权限的方式也是信息主体自主价值实现的方式之一。

个人信息自主价值的实现体现在保护信息主体的个人隐私。个人隐私最初引起人们关注主要是因为个人信息的滥用导致信息主体隐私利益被损害。鉴于大数据时代先进的计算机技术，生活空间的公私界限日渐模糊，人与人间的联系愈发紧密，个人隐私的泄露很有可能会导致个人在社会中受到消极评价的影响抑或个人生活的安宁会受到严重影响。当下无处不在的摄像头，使我们时时处在"监视"之下，我们的一举一动都在被记录。故而，个人隐私的丧失不仅意味着个人信息的泄露，还意味着与信息主体个人信息中直接关乎其人身的隐私利益受到不法侵害。因此，法律保护信息主体的个人隐私就是在保护信息主体个人信息的自主价值。但反之，未必成立。

个人信息的自主价值还体现在维持个人真实形象上。个人信息作为信

---

〔1〕　谢远扬：《个人信息的私法保护》，中国法制出版社 2016 年版，第 43 页。

〔2〕　郭瑜：《个人数据保护法研究》，北京大学出版社 2012 年版，第 83 页。

息主体参与社会交往活动，用于标识和识别他人的工具，在社会交往的过程中发挥着重要的作用。互联网作为用户与网络服务提供者间的沟通的媒介，在给用户的工作、日常生活带来便利的同时，还帮助网络服务提供者收集用户的个人信息，从而完成用户需求的识别、数字人格的塑造，但网络服务提供者收集的用户信息并非全部真实、正确。媒介是"人的延伸"，主体不仅是与科技共存于世，而是根本就与科技融为一体了。[1]互联网在融入个人生活的过程中，个人的各项信息也在被无休止地收集，这些被收集的个人信息又反过来影响个人的工作、生活、学习。例如，我们能否获得政府补贴、购买人身保险或参加某活动都取决于政府和企业收集的信息，政府和企业基于这些信息按照一定的标准和程序进行决策。因此，个人信息自主价值的实现也有赖于对个人真实形象的维护。信息主体有权对影响其真实个人形象的虚假、错误信息行使删除权，进而维护个人的真实形象。

（二）商业价值

"个人信息将成为新的石油——21 世纪极具价值的资源。"[2]无论是实体经济还是互联网电商，对于个人信息这一新型资产均无不趋之若鹜。京东、聚美优品、淘宝、当当等互联网电商通过对用户购买信息的收集和分析，预测用户感兴趣的商品，从而形成专属于电商平台的用户推荐系统。个人信息所蕴含的商业价值是数据控制者追逐的原动力，谁掌握了更多的个人信息谁就能拥有更显著的竞争优势，还可依此进行商业创新。[3]单个的个人信息的商业价值极其有限，但当个人信息累积到一定程度形成大数据时，那么开发、利用这些海量的个人信息将带来巨额的利润。现在流行的各种网络社交平台也是以用户信息为基础，开展各种网络社交服务的。一个健康的市场是以公平、公正为基础的，但鉴于海量个人信息所蕴含的

---

〔1〕 ［英］斯各特·拉什：《信息批判》，杨德睿译，北京大学出版社 2009 年版，第 278 页。

〔2〕 "Personal Data, The Emergence of A New Asset Class", World Economic Forum, (2011), 转引自袁泉：《个人信息分类保护制度的理论基础》，载《上海政法学院学报（法治论丛）》2018 年第 3 期，第 31 页。

〔3〕 Daniel L. Rubinfeld & Michal S. Gal, "Access Barriers to Big Data", Ariz. L. Rev., Vol. 59, 2017, pp. 348.

巨大经济价值，原本平衡的市场规则被打破，从而导致大量非法买卖个人信息、APP 违规收集个人信息、人肉搜索等问题发生。

个人信息的商业价值致使大数据时代商业营销模式发生改变。在传统的营销模式下，商家能够收集的客户信息非常有限，不能准确把握消费者的需求和喜好，只能根据以往经验结合掌握的有限信息开展各项营销活动。市场经济下的市场营销模式与以往的大规模营销不同，是建立在准确把握消费者的需求之上。互联网的普及、数据技术的发展、数字媒体的推广使得商家可获得消费者信息的渠道更加多元化，收集消费者的个人信息数量增多，商业营销模式随之发生改变。商家通过对客户海量个人信息的收集、挖掘、分析，预测出消费者的需求，借此打破以往的营销模式，提高决策的理性和效率，大幅度地降低了营销成本并享受大数据技术推动经济发展带来的红利。

个人信息的商业价值致使大量个人信息侵权纠纷发生。近年来，基于个人信息买卖、非法收集个人信息、存储有大量用户信息的数据库被黑客攻击的案件时有发生，起因大多都是追逐个人信息蕴含的商业价值。鉴于个人信息巨大的市场需求，以大量收集个人信息形成不同功能的数据库为主要经营业务的个人信息服务提供者应运而生。这些个人信息服务提供者对外提供查询、租赁、销售等业务，例如信息查询平台、电话黄页、私营征信机构等。

（三）公共管理价值

人具有社会属性，信息主体对其产生的个人信息并非绝对所有，即使有些个人信息被视为财产，也应受到公共利益的限制。[1]公共利益的内涵和外延在学界虽然未能统一，但主流观点认为，公共利益是不特定大多数社会成员的利益。[2]公共利益的目的在于增进社会成员福祉、缓和不同群体间的矛盾。形式上，公共利益表现为不特定的多数人谋取其共同的利益，具有抽象性。在大数据时代，个人信息蕴含的公共管理价值使得公众对部分个人信息有获取和利用的需求。个人信息的公共管理价值和自主价值决

---

〔1〕　陆小华：《信息财产权——民法视角中的新财富保护模式》，法律出版社 2009 年版，第 382 页。

〔2〕　梁上上：《公共利益与利益衡量》，载《政法论坛》2016 年第 6 期，第 3 页。

定了我们对个人信息既有保护自己的个人信息在未经同意的情况下不被他人收集、处理、使用的需求，又有为了社会交往而希望尽可能多地获取他人相关信息的需求。教育、医疗、城市建设、公共交通等这些公共服务的有效运营都是基于对辖区内大量个人信息的收集、处理。以收集、处理个人信息为基础的公共产品与网络服务在一定程度上能够保障我们生活的品质，提高工作的效率，满足我们对他人或社会信息获取的需求。

个人信息的公共管理价值主要由政府实现。政府作为社会整体利益的代表，既具有保护社会成员个人信息安全、基本人权的责任，又具有为维护公权而收集、储存、利用个人信息的权力。质言之，政府既是个人信息的保护者，又是个人信息的利用者。在个人信息的保护方面，政府作为公民个人隐私和个人信息安全的守护者，将信息安全上升到国家安全高度，从而保护不特定大多数社会成员的信息安全。在个人信息的利用方面，为维护社会成员的公共利益，政府需要收集、处理社会成员的个人信息，在此期间，个人为享有社会成员所应有的权利，在接受行政机关的管理时也会产生与之相关的个人信息，如户籍信息、身份证号码、医疗保险信息、社会保障信息等。

个人信息的公共管理价值体现在维护国家安全、保障社会协作方面。人口普查已经有几千年历史，被各国政府在不同时期作为了解国情国力、掌握人口资源的基本方法。[1]鉴于政府的公共管理职能和个人信息的公共管理价值，早期的人口普查活动被政府作为收集公民个人信息的主要途径。个人信息作为一种新兴资源，在数据技术飞速发展和互联网经济势不可挡的今天，个人信息在维护国家安全方面的公共管理价值日益凸显。个人信息的安全已经被上升到国家安全层面，因而许多国家和地区为强化国家信息安全启动建设数据基础设施并完善数据安全体系。信息资源的占有和利用对国家的政治、经济、军事、文化等领域意义重大，以互联网为媒介，以个人信息为主要资源的数据经济将成为未来世界经济发展的新方向。

个人信息的公共管理价值体现在完善公共管理和公共服务方面。政府通过个人信息的处理和利用为科学、理性地决策提供重要参考依据，从而

---

〔1〕 鲁礼新：《人口与环境简论》，黄河水利出版社 2010 年版，第 54 页。

提高公共管理、公共服务的质量和效率。从国家层面来看，政府作为对个人信息收集、处理、利用的主要主体之一，这些个人信息对其而言最主要的功能在于为了解社情民意提供分析样本，从而提高社会管理的效率、为公民提供更好的公共服务、维护社会的长治久安。质言之，政府公权力所及之处必然涉及对个人信息的收集、处理和利用。2002 年，我国将国家人口基础信息数据库列为国家电子政务重点建设的四库[1]之一。经过十多年的发展、完善，我国政府建设的数据库在改善民生、提高社会管理效率、建设智慧城市等方面已取得显著成绩。在互联网服务普及、数据技术发达的今天，伴随政府能够收集到的个人信息增多，获取的各项信息更加全面，政府可以运用先进的数据技术对收集到的个人信息加以整合、处理并用于对社会的治理。这不仅提高了政府公共管理的能力，也扩宽了政府参与管理的公共服务范围，从而能够对突发性公共安全事件快速、有效地作出回应。

（四）多元价值的冲突

个人信息多元价值的平衡有助于实现大数据时代信息资源的合理配置。个人信息作为数据经济的重要原材料，在资源的合理配置上居于重要地位。个人信息的自主价值、商业价值、公共管理价值间的平衡问题即为实现信息资源的优化配置问题。资源的优化配置一直是人类不断追求的目标。大数据时代的到来在给人类带来大量信息资源的同时，信息所蕴含的价值愈发被人们重视，立法者探索实现信息的自由流通和信息资源优化配置的脚步亦从未停止过。大数据技术的成熟改变了以往个人信息的生产、利用方式，挖掘出个人信息中蕴含的更深层次价值，个人信息的用途也从传统的个人利益转向对政府治理有参考价值的公共利益。政府和企业在充分掌握信息资源的情况下，其能够作出更为科学、合理的决策。并且，在确保信息能够合法、自由流通时，不同行业和不同区域的人才有机会实现个人信息自主价值、商业价值以及公共管理价值间的均衡，从而为个人、国家以

---

〔1〕　另外，三库为法人单位基础数据库、空间地理与自然资源基础数据库、宏观经济基础数据库。参见《中共中央办公厅、国务院办公厅国家信息化领导小组关于电子政务的指导意见》，载 http://www.e-gov.org.cn/ziliaoku/news004/201305/140983.Html，2024 年 6 月 20 日访问。

及社会整体或者局部利益的实现带来契机。

实现个人信息多元价值的平衡有助于化解大数据时代个人信息保护与合理利用间的冲突。当技术的进步使个人信息由以个人属性为主、公共属性为辅转向个人属性和公共属性并重时，如何在保护信息主体的个人信息安全的同时又不阻碍信息的合理利用已经成为我国个人信息法律保护制度的目标之一。[1]在实现个人信息的商业价值和公共管理价值方面，个人信息已不再仅与信息主体的利益相关，还被视为一种社会资源，在市场环境中接受其他利益主体的挖掘、开发、利用。[2]个人信息的立法不应局限于个人利益或私权保护，还应当考虑信息合理开发中个人利益和社会公共利益的平衡，从而更好地发挥个人信息在促进个人全面发展和推动社会进步中的公共产品作用，这也是我国法律适应时代发展需求的必然选择。[3]个人信息的利用价值包括个人信息的商业价值和公共管理价值。信息主体为保护其自主价值，往往期望尽可能减少个人信息的流动。这显然不利于对个人信息资源的合理利用。反之，若为实现优化信息资源的配置而给予信息控制者过于宽泛的自由，则会造成信息主体人格尊严受损的威胁。因此，在如今的社会背景下可以通过平衡个人信息的多元价值化解个人信息保护与合理利用间的冲突，并设计符合大数据时代特点的个人信息保护制度，从而尽可能减少信息主体将部分个人信息权利让渡给信息控制者后产生的负面效应。

---

[1] 张新宝：《我国个人信息保护法立法主要矛盾研讨》，载《吉林大学社会科学学报》2018年第5期，第46页。

[2] 梅夏英、刘明：《大数据时代下的个人信息范围界定》，载《社会治理法治前沿年刊》2013年第1期，第51页。

[3] 刘学涛：《个人数据保护的法治难题与治理路径探析》，载《科技与法律》2019年第2期，第25页。

第三章

# 大数据时代我国个人信息法律保护的理论基础

　　理论是实践的重要指引。若构建的制度、措施或规范缺乏理论学说的有力支撑，便可能会导致其正当性、可行性不足。因此，系统地梳理相关理论并结合我国具体的国情与司法实践，对各理论在我国个人信息保护中的不足之处作出评析，这对于寻求适合我国个人信息法律保护的理论支撑而言意义重大。目前，隐私权理论、一般人格权理论以及财产权理论作为个人信息保护的主要理论基础，其对信息主体个人信息的保护都有其可取之处，但大数据时代背景下，单一适用某一理论有其局限性。通过批判性的分析、吸纳这些理论，从而形成具有时代特征并符合我国国情的个人信息区分保护。

## 第一节　隐私权理论作为个人信息法律保护的理论基础

### 一、隐私权理论的自由价值追寻

　　"隐私权"一词源自美国。具体而言，是源于罗伊斯·布兰迪斯和萨缪尔·沃伦两位美国学者的一篇题为《对隐私的权利》（The right to privacy）的文章，该文章于 1890 年发表于《哈佛法学评论》。[1]托马斯·库雷法官给定了隐私权最经典的定义，"不被打扰的权利"。[2]在美国，个人信息保护是以隐私权为权利基础进行的。美国的法官和学者经常将隐私保护和宪法

---

〔1〕　王利明：《人格权法研究》，中国人民大学出版社 2005 年版，第 500 页。

〔2〕　李永军：《论〈民法总则〉中个人隐私与信息的"二元制"保护及请求权基础》，载《浙江工商大学学报》2017 年第 3 期，第 1 页。

结合起来，将其视为一种反抗逮捕和非法搜查的权利。一些人希望借助宪法保护隐私的力量，加强对网络个人信息的保护。[1]进入信息时代，为保护该时代背景下的个人信息，"信息隐私"随之产生。信息隐私（information privacy）常被与"决定隐私"（decisional privacy）[2]做对比，是关于个人信息处理的制度，但信息隐私显然只是关于对个人信息使用方面的决定。[3]美国各州及联邦政府将信息隐私权作为其理论基础，通过行业自律结合个别立法的方式进行。

美国的法律制度深受天赋人权的影响，认为每个人与生俱来都有自由和平等的权利，此种基本权利不能被转让，也不能被剥夺。隐私权正是源自对自由价值的追求，所以美国的隐私权制度是从自由延伸而来。自由的核心价值在于自主，没有自主，就无法实现自由。洛克强调自主"是按照自己的方法决定自己的行动，一种完美的自由状态"，[4]有积极自由和消极自由两种。积极自由是凭借国家积极行为实现的自由，是特殊形态的自由权。然而，消极自由则指在国家不干涉的情形下，主体仅以自主、自为的方式就能实现的自由。消极自由是自由权的本体。[5]在洛克分权理论[6]的指导下，美国引入了隐私权理论。美国的隐私权理论是以个人主义为分析进路的，在自由主义思想影响下，强调从法律和政治安排上防范公权力侵犯人权制度，个人由此获得对抗国家和社会的权力。个人在未违反契约时自由主义可以保障其按照自己的方式进行选择，因此将外部干预排除在外的"自主"居于自由主义的核心位置。[7]因此，私领域的隐私在个人的自主范围之内，公领域的隐私则建立在契约基础之上。

---

〔1〕 龙卫球：《数据新型财产权构建及其体系研究》，载《政法论坛》2017年第4期，第67页。

〔2〕 所谓决定隐私是关于对于自己和家庭相关事项作出决定的自由，包括避孕、生育、流产和孩童抚养方面的问题，联邦最高法院常常将其视为一种宪法上的隐私权利。

〔3〕 谢远扬：《个人信息的私法保护》，中国法制出版社2016年版，第71页。

〔4〕 ［英］洛克：《政府论》（下篇），叶启芳等译，商务印书馆1996年版，第5页。

〔5〕 齐延平：《人权与法治》，山东大学出版社2003年版，第80页。

〔6〕 洛克把国家权力划分为立法权、执行权和对外权。立法权是指享有权利来指导如何运用国家的力量以保障这个社会及其成员的权力；执行权是指"负责执行被制定和继续有效的法律"的权力；对外权是指"对外处理有关公共的安全和利益的事项"。通过分权的方式使三者之间相互制约，从而达到均衡状态。

〔7〕 张莉：《论隐私权的法律保护》，中国法制出版社2007年版，第53页。

## 二、隐私权的法理基础与内涵界定

### （一）隐私权的法理基础

人格尊严和自由是隐私权最主要的法理基础。随着社会的发展、科技的进步、隐私观念的加强，隐私权被日益重视。隐私作为个人在私人领域内心世界自主权的代表，体现了个人安静生活、自我释放和免被打扰的基本人性需求。隐私权的先驱沃伦和布兰代斯在《论隐私权》一文中描述了新闻媒体不当大肆报道人们的个人信息，使得人们失去隐私的情形。通过这些描述和讨论，作者表达出了隐私与人格尊严紧密相关的理念。沃伦和布兰代斯的隐私权依据是从自然法的角度和道德规范层面得出的，其从最初就产生通过创设隐私权来维护人的尊严的目的。[1]有学者也认同该观点，并认为隐私权是人格尊严的具体展开。[2]法律则是通过隐私权的方式捍卫这种最基本的人性需求。不同国家、法系对于隐私的认知差异使以隐私为客体的隐私权的法理基础也各有不同。大陆法系国家对隐私权的保护基于人格尊严，美国则是根据自由进行保护。这构成了个人信息保护的隐私权理论。

### （二）隐私权的内涵界定

隐私的内涵因社会观念、文化传统、历史时期的不同而发生变化，不同人认为的隐私也存在差异。[3]美国关于隐私的代表性定义有"隐私就是在某人不情愿的情况下可以不被其他人接触，无论是身体的还是个人信息的接近或接触；隐私是一种保持安静的独处生活的权利"。[4]日本法将隐私定义为"不想被他人知道的私生活上的事实和信息，以及不能被他人随意

---

〔1〕　威灵顿认为，沃伦和布兰代斯是从常规道德规范中得出隐私权的权利依据的。这样的话，对隐私权的认可在自然法原理中绝对站得住脚。参见［美］阿丽塔·L. 艾伦、理查德·C. 托克音顿：《美国隐私法：学说判例与立法》，冯建妹等编译，中国民主法制出版社2004年版，第14页。

〔2〕　James Q. Whitman, "The Two Western Cultures of Privacy: Difnity Versus Liberty", *Yale L. J.*, Vol. 4, 2004, pp. 114.

〔3〕　吴伟光：《大数据技术下个人数据信息私权保护论批判》，载《政治与法律》2016年第7期，第123页。

〔4〕　［美］阿丽塔·L. 艾伦. 理查德·C. 托克音顿：《美国隐私法：学说判例与立法》，冯建妹等编译，中国民主法制出版社2004年版，第13页。

侵入的私生活领域"。[1]德国法上的隐私被界定为"私人秘密，泛指一切的与个人有关的事实，该事实仅有部分人知道，并且不得做进一步传播"。[2]王利明教授认为："隐私是自然人免于被外界干扰和公开的私人秘密和私生活安宁的状态。"[3]张新宝教授认为，隐私包括"私人信息秘密和私人生活安宁两个方面"。[4]纵然法系不同、国家不同，但隐私本质上与私人秘密、私人信息密切相关。笔者认为，虽然隐私内涵变化多样，但终究是在个人的私生活空间或公共领域内，个人不想被公众知悉的信息、事务或行为。作为隐私权客体的隐私需符合以下要件：

首先，不违反法律和公序良俗。国家制定法律时，为保障国家和社会的根本利益，会采纳社会通行的重要道德准则。进而规范人们的社会行为，但一般不调整人们的道德。如我国《民法典》第 1 条就明确了该法的立法目的是"保护民事主体的合法权益""维护社会和经济秩序"。[5]隐私的秘密性就暗含其有可能违法或违反公序良俗，但并不是所有的违法或违反公序良俗的隐私都不受法律保护。"那些法不调整的、一般违规的以及轻微违法的隐私也是受法律保护的隐私。"[6]

其次，保护个人的人格尊严或自由。隐私权的客体是信息主体的隐私利益，因为隐私涉及信息主体的人格尊严和自由，故而侵犯某人的隐私即为侵犯了该人的人格尊严或自由，使其承受本不应该承受的精神压力、困扰甚至损害。人格尊严是通过多种具体的权利来维护的。[7]隐私权就是其一。

再次，信息主体不愿公开。隐私因与个人的私人秘密、私人事务直接相关，他人一旦知悉该秘密，会给信息主体心理上造成不必要的负担，引

〔1〕［日］五十岚清：《人格权法》，［日］铃木贤、葛敏译，北京大学出版社 2009 年版，第 160 页。

〔2〕梁慧星主编：《民商法论丛》（第 23 卷），金桥文化出版公司 2001 年版，第 453 页；梁慧星、廖新仲：《隐私的本质与隐私权的概念》，载《人民司法》2003 年第 4 期，第 43 页。

〔3〕王利明：《人格权法研究》，中国人民大学出版社 2005 年版，第 559 页。

〔4〕张新宝：《隐私权的法律保护》，群众出版社 1997 年版，第 8 页。

〔5〕《民法典》第 1 条规定："为了保护民事主体的合法权益，调整民事关系，维护社会和经济秩序，适应中国特色社会主义发展要求，弘扬社会主义核心价值观，根据宪法，制定本法。"

〔6〕梁慧星、廖新仲：《隐私的本质与隐私权的概念》，载《人民司法》2003 年第 4 期，第 44 页。

〔7〕郭瑜：《个人数据保护法研究》，北京大学出版社 2012 年版，第 85 页。

起生活上的不便或给生活安宁带来影响。人在社会活动中难免会与他人接触，产生交集，但在人的内心又想留有属于自己的空间，与外界保有一定的距离，得以"存放"属于自己的秘密，从而免于难堪、不安甚至受伤害。因此，对于隐私而言，信息主体基于其真实意思表示，主观上并不愿该秘密或事务公开，不愿被不特定的第三人知悉。隐私常与公开相对应，某信息或事务被不特定的多数人知悉后就不再属于隐私。

最后，与私人空间、私人事务和私人信息有关。沃伦和布兰代斯在《论隐私权》一文中认为，隐私权涉及四种利益：公开揭露致其遭受公众的误解；公开揭露令人困扰的私人事实；侵害他人私人空间或私人事务；因私人利益使用他人的姓名或肖像。[1]《美国侵权法第二次重述》采纳了沃伦和布兰代斯的这一描述，并且美国隐私权理论也认可了这一描述，成了主流观点。美国的隐私权理论随社会的发展内涵不断丰富，并且还在不断扩张，类似于大陆法系人格权制度下多个具体人格权的合集。我国的隐私权虽然起步较晚，但《民法典》已将隐私权规定为一项基本的权利。

此外，与隐私相对应的隐私权，其内涵也会因为文化背景的不同而有差异。在美国，隐私权则被理解为"独处的权利""保持自己个性的权利""个人豁免权利"。[2]在我国，隐私被认为是个人私生活中不想被他人知悉的秘密。隐私权则被认为是"私生活秘密权"。[3]不同国家基于不同的社会发展背景、文化底蕴及核心价值观的差异，对隐私内涵的认识也不尽相同。例如，在日本，男女共浴泡汤被当作一种极佳的交友社交方式，而在我国的文化传统下，此种方式不仅涉及个人隐私而且难以被大众所接受。

（三）对个人信息隐私的保护

美国对个人信息的保护主要通过保护隐私权的方式实现。美国法官福塔斯在审理案件时指出："隐私权就是独处权，即除非存在明确的法律依据与社会需要，否则个人有权选择自己的生活方式而不受外界的侵害或干

---

〔1〕 王泽鉴：《人格权法：法释义学、比较法、案例研究》，北京大学出版社 2013 年版，第 215 页。

〔2〕 ［美］阿丽塔·L. 艾伦、理查德·C. 托克音顿：《美国隐私法：学说判例与立法》，冯建妹等译，中国民主法制出版社 2004 年版，第 46 页。

〔3〕 张新宝：《隐私权的法律保护》，群众出版社 1997 年版，第 6~12 页。

扰。"〔1〕独处权说是将隐私权界定为一个人不被打扰的状态，特别强调在某些私人领域、私人事务或较为私密的行为范畴内。有学者以此为基础，对独处作出了另一种表达——"有限接近自我（limited access to the self）"理论。该理论是从效果上将隐私权描述为对个人私生活领域的管控。依此，隐私的特征主要体现在以下三个方面：①他人对本人物理上的接近；②他人对本人的注意；③他人对本人信息的了解。〔2〕

为实现信息时代的个人信息保护，信息隐私的概念应运而生。信息隐私权在《美国1974年隐私法》中首次被予以确认。自此，美国联邦政府及各州以个人信息隐私权为理论基础，采取个别立法的方式，对个人信息予以保护。欧洲曾像美国一样，在个人信息的保护问题出现后适用隐私权对信息主体的隐私利益进行救济。故而，隐私在欧盟的1995指令中被确认为个人信息保护的价值之一。〔3〕欧洲隐私的概念并非美国法上的大隐私权。〔4〕欧洲学者意识到了隐私与个人信息间的差异，并将两者在判例学说中予以区分，由此形成了以德国为代表的个人信息自决权的概念。

美国的个人信息保护措施和相关立法带有明显的消费者法保护或公法规制的特征，并未将个人信息泛化为一种私法意义上的权利。上述立法对于美国的一般企业大多都无法适用。美国法对一般企业的隐私权益保护，主要适用消费者规制和企业自我规制的进路。〔5〕由企业自愿制定隐私政策，对于该隐私政策中是否存在欺诈或不合理的情形，以及该企业是否执行其隐私保护的承诺都将由美国联邦贸易委员会进行确认。〔6〕随着个人信息保护的问题日益被重视，美国的隐私权理论衍生出了"信息隐私权"概念。

---

〔1〕 Time Inc. v. Hill, 385U. S. 374（1967）.

〔2〕 Ruth Gavison, "Privacy and the Limits of Law", Yale L. J., Vol. 89, 1980, pp. 421~429.

〔3〕 任龙龙：《大数据时代的个人信息民法保护》，对外经济贸易大学2017年博士学位论文，第49页。

〔4〕 在美国，隐私权被认为是一个集合概念，是调整所有精神性人格利益和部分物质性人格利益的权利，发挥着类似于德国法"一般人格权"的作用。

〔5〕 Allyson W. Haynes, "Online Privacy Policies: Contracting A way Control over Personal Information?", Penn St. L. Rev., Vol. 111, 2007, pp. 587~593.

〔6〕 Michael D. Scott, "The FTC, the Unfairness Doctrine, and Data Security Breach Litigation: Has the Commission Gone Too Far?", Admin. L. Rev., Vol. 60, 2008, pp. 130~131.

我国理论界有学者主张直接用隐私权对个人信息进行保护。[1]有学者主张对个人信息与隐私权不再进行区分，两者可互换使用。[2]在司法实践中，该观点被予以接纳，并通过一系列判决形成了相对完整的体系。[3]对于这些案件涉及的自然人个人信息，法院通过隐私权提供相应的保护。从这些案件的判决来看，隐私权被作为权利救济基础的原因在于：信息主体可以自主决定隐私信息是否公开以及公开的方式，并且要求他人在收集和传播信息主体的个人信息时取得信息主体的同意。

### 三、隐私权理论的评析

隐私权的保护与个人信息的权利保护间有着复杂的联系，这主要是因为不同法域对隐私的不同界定，并且在同一法域不同国家针对隐私的规范也并不相同。美国法中的隐私权和我国法律语境下的隐私权并不完全一致。首先，美国法中的隐私权是一种框架性的权利，其内容具有扩展性，与德国的一般人格权较为相似。但我国的隐私权具有相对明确的保护范围，是一个具体人格权。其次，美国没有与大陆法对应的人格权理论和制度，而是从个人自由出发，衍生出涵盖几乎所有个人权利的隐私概念，从而形成美国特有的个人信息保护，即信息隐私。然而，在大陆法的语境下，隐私是一种具体人格利益，个人信息保护与隐私保护不同。最后，美国是通过行业自律结合特殊领域单独立法的方式对个人信息进行保护。在具体案件的判决中，法官主要通过解释将个人信息的保护纳入隐私权，并未承认个人的信息自决权。因此，个人信息的保护在美国主要通过个案实现。

个人信息的权利保护和隐私权的保护并不是完全等同的。基于具体优于一般的基本规则，隐私权作为一种具体人格权，相对于一般人格权而言，具有优先适用的地位。在对信息主体个人信息的保护中，凡是能够通过隐私权予以保护的，均应当优先适用隐私权对其进行救济。然而，隐私权与

---

〔1〕　马俊驹：《人格和人格权理论讲稿》，法律出版社 2009 年版，第 260 页。

〔2〕　周汉华：《中华人民共和国个人信息保护法（专家建议稿）及立法研究报告》，法律出版社 2006 年版，第 30 页。

〔3〕　参见"廖某诉曾某隐私权案"［2009］海民初字第 11219 号；"王某诉张某奕名誉权、隐私权纠纷案"［2009］二中民终字第 5603 号；"吴某慎与李某明等隐私权纠纷上诉案"［2011］穗中法民一终字第 3675 号等。

受法律保护的个人信息权益间的不同使得单独适用隐私权实现对信息主体个人信息的保护有一定的困难。因为隐私权是基于对个人生活安宁的权利保护，而法律保护的个人信息权益是基于信息主体对其个人信息的控制和使用的自决权。

目前，我国对个人信息的保护主要系通过隐私权理论。在此理论下，我国对个人信息的保护主要集中在两个方面：在个人信息的收集和在个人信息公开过程中。我国的法学理论和司法实践都认可隐私权在某种意义上可被视为是一种个人信息的控制权。这种控制权能使信息主体的个人信息免于被他人侵害，还能够自主决定其个人信息是否公开以及以何种方式在何时公开。即使信息的合法持有人之前已经获得信息主体的同意，在改变其收集或使用目的对其持有的个人信息再利用时也需要重新得到信息主体的同意。故而，从实现个人信息保护的效果来看，我国的隐私权制度可以为信息主体的个人信息提供一部分保护。然而，运用该理论进行个人信息保护的弊端在于：借用隐私权保护制度对个人信息进行保护，首先要明确个案中侵犯的个人信息的法益，之后要对隐私权的法律条文和相关理论进行一定的解释，这些都要法官通过解释和判断，行使其自由裁量权。比如，信息主体对个人信息的控制权在隐私权上该如何体现，对信息的控制被干扰到何种程度才能被视为侵害，这些都没有明确的标准，自然造成了个人信息保护沿用隐私理论上的困境。

## 第二节　一般人格权理论作为个人信息法律保护的理论基础

### 一、一般人格权理论的基础：人格尊严和人格自由

每个人都享有"人的尊严"，这一观念源于自然法传统，是现代法秩序整体的哲学基础。[1]进入大数据时代后，个人的各种活动都被以信息的形式所记录，所以个人成了"各种信息组成的集合"。[2]互联网的普及和数据

---

〔1〕　郭瑜：《个人数据法研究》，北京大学出版社 2012 年版，第 83 页。
〔2〕　洪海林：《个人信息的民法保护研究》，法律出版社 2010 年版，第 12 页。

技术的快速发展拓宽了人类活动的空间，为人类塑造了第二意义的生存空间，即网络空间。[1]因此，传统的人格利益在大数据时代表现在两个方面：物理世界的人身体之上和网络世界的个人信息之上。[2]

通说认为，一般人格权的内容包括人格尊严、人格自由和人格独立。[3]一般人格权之于个人信息主要从以下几个层面体现：从人格平等层面来看，个人信息在形式上的独立和不同信息主体的个人信息在法律面前平等。每个自然人都有各自独立的个人信息，并且这些信息不受他人非法干涉、控制和支配。[4]例如，个人档案、肖像、身份证信息、手机号码等。同时，每个自然人的个人信息在法律上都平等地受到对待和保护。因此，个人信息中的人格要素体现了一般人格权的内容。

从人格尊严层面，可分为内部和外部两个维度。在内部，人格尊严是信息主体主观上对其自身价值的认识，这就要求个人对其个人信息有较为全面的了解和知悉。在外部，人格尊严还可以通过社会对信息主体的尊重和评价表现出来。社会大众只有在掌握信息主体真实个人信息的基础上才能对信息主体作出公正、客观的社会评价。[5]因此，保护信息主体个人信息的真实性是个人信息保护的重要任务之一。

从人格自由层面来看，包括保持人格的自由与发展人格的自由。[6]信息主体人格的自由主要体现在信息主体对其现有的个人信息拥有占有、控制和支配权。当个人信息出现错误或被他人不当使用时，信息主体有权要求更正或删除其个人信息。发展信息主体人格的自由主要表现为与信息主体相关的个人信息能够被信息主体及时予以更新。个人信息作为信息主体人格的外在表现形式，不仅表现在信息主体对其个人信息的自由支配上，还表现在信息主体人格的自由发展上。

---

〔1〕　王秀秀：《大数据背景下个人数据保护立法理论》，浙江大学出版社 2018 年版，第 60 页。

〔2〕　李晓辉：《信息权利研究》，知识产权出版社 2006 年版，第 117~118 页。

〔3〕　王利明：《人格权法研究》，中国人民大学出版社 2005 年版，第 162 页以下；杨立新：《人格权法》，法律出版社 2011 年版，第 302 页；马特、袁雪石：《人格权法教程》，中国人民大学出版社 2007 年版，第 192 页。

〔4〕　齐爱民：《个人资料保护法原理及其跨国流通法律问题研究》，武汉大学出版社 2004 年版，第 29 页。

〔5〕　洪海林：《个人信息的民法保护研究》，法律出版社 2010 年版，第 32 页。

〔6〕　杨立新：《人格权法》，法律出版社 2011 年版，第 74 页。

综上，一般人格权理论在个人信息的保护方面重点关注个人信息的伦理基础。加之，一般人格权的权利创设功能为信息主体对其个人信息享有个人信息权提供了可能。正如许文义先生所言："确立资料权能够排除他人侵害或非法干涉信息主体的个人信息，保护信息主体的个人信息利益，这不仅能使信息主体获得人之尊严，还能够使信息主体拥有完整的人格。"[1]

## 二、一般人格权理论的发展：个人信息自决权

### （一）个人信息自决权的由来

个人信息自决权的提出与当时的时代背景有着密切的关系。当时德国社会发展的主要特征是伴随个人电脑逐渐在德国的普及而来的信息技术发展和广泛应用。自动化处理个人信息的广泛应用给个人人格带来了威胁，为解决这一问题，德国学者施泰姆勒（Steinmüller）于1971年最先在《德国联邦个人信息保护法（草案）》中提出了个人"信息自决权"这一表述。他认为，个人信息自决权指人们有权自由决定外部世界在何种程度上获知自己的行动以及想法。[2]此外，该项权利还被作为人的自由发展的基本权被规定在《德国基本法》第2条第1款中。然而，德国学界对此观点反应一般，直到1984年德国联邦宪法法院的"人口普查案"[3]判决才使该项权利得以确立。

"人口普查案"标志着信息保护基本理念的转变，是德国信息保护立法发展的里程碑。在"人口普查案"之前，立法上保护个人信息的主要目的是防止公权力机关对信息主体个人信息的滥用，并对信息主体个人信息的收集、处理和利用等行为的保护持消极态度。在该案中，德国联邦宪法法院认为，因个人信息的公开程度无法评估而可能使个人的生活受到影响，尤其是当信

---

〔1〕 许文义：《个人资料保护法论》，三民书局2001年版，第156页。

〔2〕 杨芳：《隐私权保护与个人信息保护法——对个人信息保护立法潮流的反思》，法律出版社2016年版，第46页；袁泉：《电子商务法视野下的个人信息保护》，载《人民司法》2019年第1期，第14页。

〔3〕 1982年3月，德国联邦议会全票表决通过了《德国联邦人口普查法》。该法案规定次年起（1983年），在联邦范围内实施包括住址、职业、教育经历等个人信息的全面登记。《德国联邦人口普查法》颁布后，民众针对国家强制收集个人信息的行为产生了强烈的质疑。后来，100多位公民以违反《德国基本法》为由，将该法案诉至联邦宪法法院。法院审理后认为，该法案第2条中第1~7项以及第3~5条违反《德国基本法》关于"人格的自由发展"的要求，判决违宪部分无效，其余部分修改后实施。这就是德国隐私权发展史上最为著名的"人口普查案"。

息主体有不愿为他人所知的信息有被公开的可能时。进一步而言，威胁信息主体人格自由的发展。判决指出，在信息社会，个人信息收集、处理和使用等行为的频繁发生，任何人都有可能成为被侵害的对象。信息主体的"信息自决权"可被用于对抗此种侵害，所以信息主体应当享有"信息自决权"。在"人口普查案"之后，德国开始着手第一次修改《德国联邦个人资料保护法》，并于1990年12月完成。这次修订的意义主要在于信息保护宏观理论和保护观念的更新。根据《德国基本法》第1条第1款"人性尊严不受侵犯"和第2条第1款"人格发展之自由"的规定，宪法法院将"信息自决"确认为一般人格权项下的基本权利，但存在法律的特殊规定或者涉及公共利益时，信息自决的适用应当受到限制。[1]随后，信息自决权被梅前州、萨尔州和北威州等先后写入州宪法，其基本权利的地位也在联邦范围内逐渐得到认可。

（二）个人信息自决权的理论基础

个人信息自决权的理论基础主要来自法教义学上的人格发展自由，人的主体地位以及社会学视角下的角色理论。在法教义学视域下，人的主体地位和人格发展的自由是个人信息自决权的两个理论基础。该理论的支持者认为，个人信息的主体应当知道与其个人信息相关的各种动向。例如，个人的信息何时、以何种方式、在何种程度上、被谁收集并加以利用等。如果个人对其个人信息的动向不了解，则其将对个人信息失去控制权，那么个人将沦为他人操纵的信息客体。一旦信息主体沦为信息客体，那将是对个人尊严的侵害。此外，该理论认为，所有的个人信息都与信息主体的人格尊严相关，不存在不重要的个人信息。在此语境下，根本不存在他人能够自由取得、传播或利用的个人信息。

角色理论主张人格的塑造与个人的自我行动以及社会对此的反应有关。在角色理论中，每个人都会根据自己的角色而采取与之相对应的行为方式，不同的信息主体可以基于其角色的不同而自主选择其信息披露的程度。既然每个人都有权选择自己在社会中扮演的角色，而且每个人还有权要求他人尊重自己的角色选择，可以基于其自主意思选择披露自己的个人信息程

---

〔1〕　杨芳：《隐私权保护与个人信息保护法——对个人信息保护立法潮流的反思》，法律出版社2016年版，第55页。

度，从而对自己的个人信息享有自决权。[1] 在此理论下，个人产生的所有信息都关乎信息主体的人格塑造，为维护信息主体的人格自由发展和完成自己的社会角色扮演，信息主体对其个人信息享有支配权，可以对他人有所隐瞒。

基于以上分析，加之个人信息的收集、处理和利用行为呈爆炸式增多，信息主体的弱势地位日益明显。为扭转这一局面，个人信息自决权理论支持者认为，应当赋予信息主体对自己信息的控制能力，使其能与信息处理者抗衡。

（三）个人信息自决权的评析

个人信息自决权通过赋权的方式让信息主体能够自由决定与个人信息相关的各种行为，使信息主体能够控制个人信息的走向，从而扭转信息主体的弱势地位。但该理论有诸多缺陷：

首先，个人信息不具有稀缺性。随着计算机的兴起，个人信息的复制成本越来越低，但个人信息的价值却不会因为他人的使用而减少。因此，个人信息不具有经济意义上的稀缺性。个人信息的价值主要在于保护信息中蕴含的与信息主体相关的人格利益。在大数据时代，个人信息随时都在产生，个人信息已经成为个人参与社会活动、标识自己、他人能够识别特定个人的一种工具。这使得个人信息天然就有流通属性。在他人获得、知悉信息主体的个人信息后，信息主体对其个人信息的控制力就会变得非常有限。

其次，根据个人信息自决理论，信息主体享有的个人信息权是一种能够自主支配其个人信息流动、防止他人干涉的排他性支配权。然而，该权利不可能是私法权利体系中的绝对权或支配权。绝对权必须建立在一个外在的、可归属于权利主体的客体之上。唯有如此，他人的自由才不会被无限度限制，所以个人信息不具备充当绝对权客体的条件。事实上，信息主体无法对其个人信息做到排他的占有，即使是该理论的支持者也意识到，在大数据背景下，信息主体对其个人信息只能是"观念上的占有"。故而，从该角度分析，要实现该理论中倡导的个人对其信息的支配权本身就是个

---

〔1〕 杨芳：《个人信息自决权理论及其检讨——兼论个人信息保护法之保护客体》，载《比较法研究》2015年第6期，第26页。

伪命题，个人信息权甚至不可能是法学意义上的权利。

再次，个人信息自决理论与大数据时代个人信息必然被开发、利用的时代趋势相悖。大数据时代提倡对数据资源的开发和再利用，通过数据挖掘技术深层次地激活数据的经济和社会价值。如果将个人信息作为数据处理的原材料，那么个人信息处理始终存在侵害信息主体合法权益尤其是人格权益的可能。然而，个人信息自决理论认为所有的个人信息都重要，并在个人人格的塑造过程中发挥作用，个人的人格尊严或人格发展的自由都会因其他个人、组织或机构的信息收集、储存、利用等行为产生影响。本书认为，运用社会学的角色理论论证个人信息自决权的正当性，这种思路是错误的。因为大数据时代个人信息的边界在不断扩张，致使大数据时代以前一些不被认为是个人信息的，当今已有可能被视为个人信息。例如，电子邮箱和行踪信息。若将所有跟个人有关的信息等同视之，对其同等保护，这将不利于个人信息中一般信息的流通，亦与大数据倡导的促进数据流通相悖。

最后，个人信息自决权虽然在德国宪法法院审理的"人口普查案"中得到了确认，但许多该理论的支持者却忽略了案例的具体背景，扩大了核心表述的适用范围，盲目将信息自决权推而广之，从而使信息自决权脱离了正当性基础。"小普查案"和"人口普查案"判决的两个背景是：①德国联邦宪法法院的判决确认的"信息自决权"是针对国家实施的强制信息收集行为，但该概念对私法领域的影响并未被提及。②"没有不重要的个人信息"被联邦宪法法院严格限定在自动化个人信息处理这一大前提之下。换言之，个人信息只有在经过自动化处理后，才构成对信息主体人格权的重大威胁，才有可能展示信息主体生活的细节。基于此，法律才需要对自动化处理下的个人信息进行特别保护。此外，法官也仅仅提到，个人信息来自哪个领域不再是考量该个人信息是否值得保护的唯一因素，而并没有彻底地抛弃这一判断标准。[1]在司法实践中，法官往往是通过在个案中寻找隐私的客体

---

〔1〕　王泽鉴先生持不同见解，认为"人口普查案"的重大意义之一即在于"在方法上扬弃了'领域理论'，不再将个人事务作阶层上的区分，使其受到不同程度的保护，而是以数据的使用或结合可能性作为判定标准"。参见王泽鉴：《人格权的具体化及其保护范围·隐私权篇（上）》，载《比较法研究》2008 年第 6 期，第 18 页。

表现形式以及进行利益衡量来判断是否存在侵犯隐私权的行为。

综上所述，个人信息自决理论虽然关注信息主体的社会价值，但并不能为个人信息提供全方位的保护。此外，对于个人信息处理和合理利用间的矛盾也未能给予有效解决，无法成为大数据时代个人信息保护的理论基础。

### 三、一般人格权理论的评析

法律权利的性质和功能是由其客体的属性和功能所决定的。在考量采用何种权利对个人信息进行保护时，可根据个人信息的性质以及个人信息对信息主体所具有的功能或价值来判断。一般人格权理论是在信息技术不发达的时代背景下建立的，由于当时信息技术的限制，个人信息主要发挥维护信息主体人格尊严的功能和初级的社会管理功能，其商业价值并未被发掘。因此，就保护信息主体而言，法律基于其维护信息主体人格尊严的价值给予人格权的保护。然而，随着互联网的普及以及大数据时代的到来，个人信息的商业价值和公共管理价值日益被重视。个人信息自身的价值不仅不会因为信息处理行为降低，个人信息的商业价值在其被信息处理者的反复利用中反而会迸发出新的生机，创造更大的商业利润。基于此，法律和理论应当承认信息主体对其个人信息享有财产权。因此，当个人信息能够为其信息主体提供经济价值或维护其财产利益的功能时，此时应当基于维护信息主体财产权的路径对其进行保护。个人信息发挥维护信息主体人格利益的功能或价值时，则应当通过维护信息主体人格权的路径对其进行保护。个人信息发挥维护其信息主体财产利益和人格利益的功能或价值时，则应当给予财产权和人格权双重保护。按照自然法的基本理念，信息主体作为其个人信息的所有人，若不能对其个人信息产生的财产利益享有财产权，何谈其人格尊严和自由？因此，法律承认个人信息的财产权也并非否认信息主体对其个人信息本该享有的人格权，即承认信息主体对其个人信息享有财产权与信息主体的个人信息受人格权间保护并不冲突，只是为信息主体的个人信息保护提供更多的路径。

司法实践中，有试图通过一般人格权理论解决对个人信息的保护的案例。在"王某与某物业顾问公司因一般人格权纠纷上诉案"中，王某因不堪物业顾问公司业务员的短信和电话骚扰，遂向上海热线市民频道进行投诉，物业公司在得知该情况后与王某对此问题进行沟通。在沟通无果的情形下，王某遂向法院提起诉讼。[1] 在该判决中，法院认为，原告的个人信息被滥用并使其正常的生活安宁被侵扰，所以被告的侵权行为成立。该案值得关注的是其案由是一般人格权，这与以往的个人信息侵权案件适用对信息主体隐私权的保护不同，司法实践表明了通过一般人格权保护个人信息权益的可能。在该案中，法院将该案定性为"一般人格权纠纷"，主要是因为被告"并未造成原告生活上严重的不安宁"，并未将其定性为隐私权侵权。换言之，当个人信息侵权行为对信息主体的生活安宁造成侵扰，但程度上未达到"严重的不安宁"的程度时，可以通过一般人格权对其进行保护。即一般人格权可以在信息主体的个人信息权益受到侵害但该侵权行为未侵犯信息主体的具体个人格权时对其进行保护。

在法律逻辑上，一般人格权所能提供的是一个更为宏大的私法上的个人信息保护范畴。一般人格权对信息主体的保护并不局限于具体人格权，且不以"严重损害生活安宁"为标准。所以，在一般人格权的保护模式下，这将形成对所有个人信息给予普遍保护的一般性规范，在适用时只有比例原则为其限制。在此语境下，个人信息的收集、处理以及利用行为都应受到一般人格权的保护。然而，一般人格权的适用并不排除具体人格权对信息主体的保护，其只能起到辅助、补充具体人格权适用的作用。只有信息主体的个人信息无与之对应的具体人格权保护时才适用一般人格权对信息主体的个人信息进行保护，两者共同保障信息主体的人格尊严和自由。一般人格权理论为具体人格权之外的应当受到保护的个人信息利益提供了新的保护思路。

一般人格权理论对个人信息进行保护在现实层面的障碍主要体现在以下两个方面：一方面，一般人格权作为一种框架性权利，不仅内容具有不确定性，而且其适用主要依赖于法官在具体的个案中的解释和自由裁量权。在法律没有明确规定的情况下，我国的司法实践往往会出现适用的混乱和解释的模糊。另一方面，由于双方地位的不平等，举证责任也会成为一种阻碍。在个人信息侵权案件中，要求相对人证明其拥有合法处理和占有信息主体个人信息的依据较为容易，然而要求被侵权人证明相对人缺乏处理

---

[1]　参见上海市第一中级人民法院［2011］沪一中民一（民）终字第1325号。

和占有信息的合法依据则较为困难。故而，一般人格权理论对个人信息进行保护在实践中的可适用性还有待考证。

## 第三节　财产权理论作为个人信息法律保护的理论基础

### 一、财产权理论的兴起与发展

大数据时代以前，个人信息的保护主要以人格尊严与自由或隐私权为权益依据。20世纪60年代，计算机的兴起使得信息主体的个人信息能够以电子的形式被存储下来。随着计算机技术的快速发展，20世纪90年代，美国已意识到个人信息对促进经济发展的价值，从而推行以行业自治和市场调节为主导的个人信息隐私保护政策。加之美国推崇言论自由，理论界倾向于将个人信息受保护的原因解释为其为一种财产，即"信息主体对其个人信息享有所有权，类似于财产的所有人，有权控制个人信息的任何使用"。[1]该理论主张信息主体享有其个人信息最初的所有权，从而加强信息主体对个人信息的控制力。企业与信息主体间凭借市场这一媒介调节生产资料的分配，促使两者进行与信息主体有关的个人信息交易，并维持适当的隐私保护水平。由此，美国产生了以市场为导向，行业自律结合单独立法的信息隐私保护机制。

1995年以来，很多学者均倡导通过市场机制将个人信息进行财产化，并以此对个人信息中的信息隐私进行保护。[2]其中，杰瑞康（Jerry Kang）认为，将个人信息当作是一种财产，并凭借市场的运行机制解决保护个人信息中的信息隐私问题。[3]莫菲（Richard Murphy）也认可将个人信息视为一种财产，但信息的所有权是法律应当回答的问题。[4]政府机构和组织也

---

〔1〕 Jerry Kang, "Information Privacy in Cyberspace Transactions", *Stanford Law Review*, Vol. 50, 1998, pp. 1193.

〔2〕 Kenneth C. Laudon, "Market and Privacy", *Communications of the ACM*, Vol. 39, 1996, pp. 92~104.

〔3〕 Jerry Kang, "Information Privacy in Cyberspace Transactions", *Stanford Law Review*, Vol. 50, 1998, pp. 1206~1223.

〔4〕 Richard S. Murphy, "Property Rights in Personal Information: An Economic Defense of Privacy", Geo. L. J., Vol. 84, 1995, pp. 2381~2384.

深受财产化理论的影响。美国自由联盟（American Civil Liberties Union）指出，我们生活中涉及的个人信息是我们自己的财产。针对个人信息在信息时代市场环境下的隐私保护问题，1997年美国商务部公布了《信息时代的隐私与自治报告》，这为美国特有的信息隐私保护机制奠定了基础。

随着个人信息商业价值的不断增大，个人信息成了各大企业争相获取的"新型资源"，这使得个人信息的黑市交易屡禁不止。由于个人信息的所有权不明确，这使得对个人信息的保护陷入了僵局。在此时代背景下，自然人的"人格权商品化"作为一个新的议题被部分学者提出。王泽鉴教授认为："依传统见解，人格权系属于所谓的非财产权，在权利关系存续中不得抛弃或让与。然而，因科学技术的进步和社会经济活动的扩大，特定人格权被商业化，并且具有一定经济利益的内涵，应肯定其兼具有财产权的性质……"[1]因此，有学者提出将其所有权赋予信息主体，借助合同制度与财产权制度对个人信息进行保护。

## 二、财产权理论的四重批判

美国和欧盟在个人信息保护方面的立法起步较早，但目前都未建立起个人信息的财产权保护框架，也未明确承认信息主体对个人信息享有的财产性权益。美国的私法判决将个人信息视为一种财产的情形仅适用于公民的个人信息被公司收集以后，这些信息被视为公司财产的一部分。[2]大多数法学学者对能否在个人信息的保护中应用财产权理论持怀疑态度。美国学者利特曼（Jessica Litman）认为，数据信息交易并不为大多数人所接受和支持。[3]目前，关于财产权理论的批判主要体现在以下四个方面：

第一，财产权理论反对说则认为财产权理论未能合理解释个人信息的所有权归属问题。根据该理论，个人信息的所有权属于信息主体。在劳动

---

〔1〕 王泽鉴：《民法总则》（增订版），中国政法大学出版社2001年版，第134页。

〔2〕 李媛：《大数据时代个人信息保护研究》，西南政法大学2016年博士学位论文，第87页。

〔3〕 J. Litman, "Information Privacy/Information Property", *Stanford Law Review*, Vol. 52, 2000, pp. 1303.

价值论〔1〕中，劳动是创造物的价值的重要因素。信息主体对其个人信息并未付出额外的劳动加工，而且个人信息是维护个人和企业间进行正常活动的必要要素。比如，信息主体无需付出额外的劳动就会因为出生而自动产生出生日期、性别、肖像、指纹等个人信息。此外，还有一部分信息主体的个人信息是在信息主体与公私机构交互协作的过程中产生的，信息主体对这部分个人信息也未曾额外付出劳动。从此角度观之，个人信息的所有权未必全然属于信息主体。单个个人信息的商业价值非常有限，企业需对大量的个人信息进行收集、储存、加工和处理，付出劳动和各种成本后才能产生较大的商业价值。较之信息主体，为了挖掘个人信息的商业价值，企业或信息处理者付出了更多的劳动，在此层面上，企业或信息处理者取得这些个人信息的所有权才更符合逻辑。但若按照该种思路，仅关注了信息的商业价值而忽视了个人信息上蕴含的自主价值和公共管理价值，这显然不具科学性。此外，个人信息不同于一般的物。个人信息并非稀缺资源，企业和政府在收集、使用信息主体的个人信息后不会导致个人信息的减少或枯竭，并且信息主体的个人信息是因日常的工作、学习、生活或社会交往的需要而产生，不会为了与企业进行信息交易而主动创造更多的个人信息。个人信息非但不具有稀缺性，还具有共享性。个人只要在社会中生存就会不断地产生和散播个人信息，企业收集和使用信息也不会造成信息枯竭。

第二，财产化理论将信息的所有权归于信息主体，反而使大量不当的信息处理行为合法化。从经济学的角度而言，为促进稀缺资源在市场中的有效配置才规定其所有权，但信息主体与信息处理者之间始终处于信息不对称、失衡的状态，这也就是我国的信息市场始终处于失灵状态的原因。因为信息主体与信息处理者间力量的失衡导致个人根本无法参与到与其个人信息相关的活动中。正是因为信息主体在信息市场中与信息处理者相比始终处于弱势地位，才导致信息（数据）市场无法合理运行。在这种失衡的状态中，信息主体享有个人信息的所有权，这可能会导致信息处理者不

---

〔1〕 劳动价值论是马克思创立并完成的，关于价值是一种凝结在商品中的无差别的人类劳动，即抽象劳动所创造的理论。商品价值决定于体现和物化在商品中的社会必要劳动的理论是人类在长期的历史过程中逐渐认识到的。劳动决定价值这一思想最初由英国经济学家配第提出。亚当·斯密和大卫·李嘉图也对劳动价值论做出了巨大的贡献。

当的信息处理行为合法化，即强势一方很容易通过合约将此权利以低价甚或免费地"交易"掉，使个人信息的财产权以合法的方式转移给企业或信息处理者。[1]因为很多企业均以制定隐私保护政策或条款的方式，胁迫信息主体同意其隐私保护政策或条款，否则就无法获得该企业的服务或产品。细看这些隐私政策、条款并非真正的合同，其中大多倾向于保护信息处理者的利益，条款中还明确写着公司有权修改其隐私政策，其中还夹杂着含糊不清的信息处理承诺，并未向消费者提供诚信、细致的信息处理说明，而且形式上乏味冗长，信息主体根本无心从头到尾地看完所有内容。在这些名存实亡的隐私政策、条款下，个人信息的财产权被以合法的形式转移到信息处理者手中，使原本就处于弱势地位的信息处理者的处境雪上加霜。

第三，财产权理论无法实现信息主体对其个人信息的控制。财产权的基本功能在于明确物的归属，从而实现所有人对该物的对世支配权。然而，信息主体对其个人信息并无绝对性的支配权，也不可能有效地行使与个人信息相关的财产权。信息使用者与信息主体间的联系较为密切。大部分信息主体享有的权利是信息使用者应当承担的义务，并且信息主体享有的某些权利还需要信息使用者承担相关义务才能够实现。例如，信息主体发现其个人信息有误时的更正权需要借助信息处理者才能得以实现。法律保护个人信息的目的在于对个人信息中蕴含的隐私权益的保护，即对信息隐私的保护，但信息隐私绝不是信息主体对其个人信息享有的绝对支配权，它也不能为信息主体创设对其个人信息的财产权益。在个人信息财产化理论层面上，因为信息主体对其个人信息享有所有权，所以信息主体对其个人信息具有排他性的控制权，并且享有出卖和转移个人信息的权利和自由。实际上，正是因为信息主体对其个人信息的控制权被架空，才导致了个人信息在黑市交易的泛滥。在此矛盾关系存在的情况下，市场对个人信息的巨大需求促进了个人信息的交换和流通。其中不仅包括了个人信息合法的交换和流通，还包括了非法、不当的交换和流通。这些非法、不当的交换和流通恰是信息主体对个人信息无控制权的外在体现。

---

〔1〕　邢会强：《大数据交易背景下个人信息财产权的分配与实现机制》，载《法学评论》2019年第6期，第109页；纪海龙：《数据的私法定位与保护》，载《法学研究》2018年第6期，第83页。

第四，财产权理论无法为信息主体对其个人信息价值的评估作出合理、有效的指引。个人信息的价值不仅包括以个人为中心的自主价值，还包括商业价值和公共管理价值。首先，信息处理者与信息主体间能力的悬殊使信息主体很难对其个人信息的商业价值作出合理的估价，更何况复杂多变的个人信息社会价值和自主价值。其次，汇聚效应也影响信息主体对个人信息的价值作出正确的判断。信息主体在单个的信息交易中可能只提供了很少的个人信息，难以在单个的信息交易中对已有的风险和潜在的风险做到全面预测。然而，当单个的个人信息积累到一定数量后，这些个人信息被汇聚并与其他信息相结合，从而可能会对个人的私人生活产生无法估量的影响。这就是汇聚效应在信息主体个人信息方面的具体体现。对个人而言，一些原本看似不重要的日常个人信息一旦遭受突如其来的侵犯事件，人们才可能意识到，原来正是自己被披露的一个微不足道的基本信息给自己的生活带来了如此大的影响。例如，面部识别对信息主体肖像的采集引起了社会各界的广泛关注和争议，不仅在于面部识别涉及对个人肖像的采集，还在于其特殊的价值及其可能对信息主体的控制力和影响力，他人可通过采集的面部识别信息结合先进的数据处理技术和3D打印技术，复原信息主体的面部生物特征制作信息主体的模拟面具，这不仅会对信息主体的私人生活产生重大影响，他人还可用复原的模拟面具进行犯罪活动，从而使信息主体面临遭受欺诈、身份盗窃和被监控等威胁。

### 三、财产权理论的评析

财产权理论顺应大数据时代"个人信息商品化"的趋势，为规制个人信息处理行为以及保护信息主体的个人信息提供了一种新的视角。大数据时代，个人信息的商业价值日益凸显，对此应该采取何种保护方式，主要有侵权法保护和财产权保护两种路径。就保护信息主体个人信息的效果而言，信息主体与企业间进行个人信息交易的成本越低，适用财产权路径对信息主体个人信息的商业价值进行保护的效果越有效。反之，交易成本越高，则适用侵权法保护个人信息越有效。根据科斯定理，在信息主体与企业间双方基于意思自由进行个人信息的交易，同时在交易成本为零的情况下，与采取侵权法保护或财产权保护路径对信息主体个人信息的商业价值进行保护的效果较为相似。从理论层面而言，商家在收集个人信息之初就可以使用信息收集技术对需要收集的信息以及这些信息将要使用的方式进行说明。同时，信息主体则可以基于自己的真实意思同意或拒绝信息收集行为。若信息主体选择拒绝收集其个人信息的行为，其可以选择另外支付费用的方式继续享受该网络服务提供者提供的产品或服务。[1]基于此，在个人信息的初级市场，[2]企业或商家基于信息主体的意志自由获得信息主体的授权而收集、使用其个人信息。在个人信息的次级市场[3]上，信息主体的个人信息被加工成数据产品，在市场中买卖、流通、再利用。如果在个人信息的次级市场中发生纠纷，那么可能涉及反不正当竞争法、知识产权法、物权法以及侵权责任法等多部法律。这不仅会因为法律适用的不确定性而导致企业或商家有机可乘，而且还会因为一部分个人信息侵权涉及不同法域的法律适用而增加信息主体在维权道路上的障碍，从而增加了信息主体个人信息的保护成本。因此，该理论支持说认为，采取财产权路径对个人信息进行保护可以避免这些缺点。

## 第四节　关于对个人信息进行区分保护的思考

### 一、个人信息区分保护的必要性与可行性

（一）个人信息区分保护的必要性

20 世纪 70 年代起，许多国家为了应对信息技术的快速发展引发的信息主体个人信息被侵害的问题，开始尝试通过立法对个人信息进行保护。目前，关于个人信息保护的立法主要有两种模式：欧盟的统一立法模式和美国的分散立法模式。欧盟的统一立法模式主要是以制定并实施的 GDPR 为代表对欧

---

〔1〕　谢琳、李旭婷：《个人信息财产权之证成》，载《电子知识产权》2018 年第 6 期，第 57～58 页。

〔2〕　个人信息的初级市场主要指信息主体首次将个人信息出售给他人时形成的市场。此处的他人包括但不限于网络服务提供者、信息处理者、个人等。相对人在个人信息的初级市场并非全都通过货币的形式完成交易，也可以通过提供相应服务或产品这一支付合理对价的方式完成交易。

〔3〕　个人信息的次级市场主要指信息处理者将个人信息经过处理、加工后形成的数据产品出售给他人时形成的市场。

盟境内信息主体的个人信息进行保护。美国则主要通过行业自律结合分散立法的方式解决信息主体的个人信息保护问题。我国在 2012 年《全国人民代表大会常务委员会关于加强网络信息保护的决定》出台后，才有法律条款直接规定对个人信息的保护。例如，《消费者权益保护法》第 14 条规定消费者"享有个人信息依法得到保护的权利"、第 29 条规定经营者收集、使用消费者个人信息时的义务性规定以及第 56 条第 9 款规定经营者侵害消费者个人信息利益时的侵权责任。

就个人信息的敏感度而言，个人信息区分保护有较大的必要性。"敏感"一词较难界定，《梅里亚姆–韦伯斯特词典》将"敏感的"（sensitive）解释为"高度响应或易受影响：例如容易受到伤害或造成损失；特别是精神上的伤害"。[1]基于此，可将"敏感"解释为特定因素的影响程度大。那么，个人信息的敏感度描述的是个人信息对信息主体造成影响或伤害的程度。[2]个人信息作为识别、标识、联络信息主体的工具，在日常生活、工作、社交等活动中被以电话号码、肖像、姓名、职业、电子邮箱、银行卡号等形式使用。然而，一旦这些个人信息被泄露或不当使用，并非所有的个人信息对信息主体都产生同等程度的影响。例如，姓名、血型、爱好等个人信息在一般情况下对信息主体的影响较小；个人通信信息、银行账户信息、刑事记录以及性生活等个人信息对信息主体的影响较大。根据对调查结果的分析，大多数受访者也认为个人信息间存在敏感度的区别。其中，认为有区别的占 78.57%，认为没有区别的占 9.18%，不确定的占 12.24%。[3]分级保护存在较大的必要性。对于那些敏感度高的个人信息，一旦被泄露，可能会造成信息主体的人格尊严和自由受损害。

就个人信息保护的目的而言，个人信息区分保护有其必要性。大数据拥有的巨大经济价值使信息主体的个人信息被收集、处理、利用在大数据的

---

〔1〕 "highly responsive or susceptible: such as a（1）: easily hurt or damaged; especially: easily hurt emotionally", https://www.merriam-webster.com/dictionary/sensitive.

〔2〕 胡文涛：《我国个人敏感信息界定之构想》，载《中国法学》2018 年第 5 期，第 240 页。

〔3〕 刘雅琦：《基于敏感度分级的个人信息开发利用保障体系研究》，武汉大学出版社 2015 年版，第 65 页。

时代背景下已经无法避免，所以应当对个人信息进行区分保护。[1]个人信息被直接利用的价值体现在：商业价值和公共管理价值。商家通过对信息主体的个人信息的收集、处理进而发掘个人信息背后的商业价值，开展商业活动。行政机关通过对个人信息的利用了解公众需求，从而提高社会管理的能力，增进社会福祉。由此，大数据时代个人信息保护的目的不在于禁止个人信息的使用，而在于防止个人信息的滥用。然而，由于大数据时代信息处理者与信息被处理者间的信息不对称，所以信息主体无法参与个人信息流转和处理过程，从而使泄露、非法买卖、不当使用等侵权问题更加严重。基于此，如何处理好个人信息的保护与利用间的关系才是解决问题的关键。法律保护的是跟信息主体人格利益相关的个人信息，并非对所有的个人信息都进行同一标准的保护。通过对个人信息进行区分，对与信息主体人格利益相关的敏感个人信息加强保护，从而实现对信息主体人格尊严和自由的保护，这也是个人信息保护的真正目的所在。个人信息的利用是大数据时代的主要特征之一，《个人信息保护法》在保护敏感个人信息的前提下，为信息处理者、控制者设立适当的法律框架，处理好个人信息保护与利用间的关系，减少个人信息不法利用行为的发生。

（二）个人信息区分保护的可行性

从比较法角度来看，个人信息区分保护具有可行性。欧洲理事会于 1981 年颁布了《个人数据自动化处理中的个人保护公约》（以下简称《个人数据保护公约》）。该公约第 6 条对"种族、政治观点、宗教或其他信仰、健康或性生活相关的个人数据、犯罪有关的个人数据"等特殊类型数据的自动化处理作出了单独规定。[2]《个人数据保护公约》成了首次对个人信息进行区分界定的国际公约。有学者认为第 6 条的规定就是对个人敏感信息的规定。[3]1990 年联合国发布的《联合国计算机处理的个人数据文档规范指南》第 5

---

〔1〕　李晓宇：《权利与利益区分视点下数据权益的类型化保护》，载《知识产权》2019 年第 3 期，第 55 页。

〔2〕　高富平：《个人数据保护和利用国际规则：源流与趋势》，法律出版社 2016 年版，第 90~91 页。

〔3〕　2012 年《个人数据处理保护公约》被修订。其中，第 6 条的标题由"数据的特殊类型"变更为"敏感数据的处理"。胡文涛：《我国个人敏感信息界定之构想》，载《中国法学》2018 年第 5 期，第 243 页。

条"非歧视原则"（Principle of non discrimination）规定"有可能引发不当或主观偏见的个人信息不得被编入"并对不得编入的个人信息类型进行列举。非歧视原则虽然没有使用"特殊"或"敏感"等词来表述，但该原则列举的不得编入的个人信息类型与1981年的《个人数据保护公约》第6条列举的敏感数据的类型相比，除多了"肤色、意识形态以及团体或工会的会员资格"外，其他都相同。

GDPR第9条"对特殊类型个人数据的处理"明确禁止对"健康数据、性生活、性取向、宗教信仰、哲学信仰、政治观点以及以识别自然人身份为目的的对个人基因数据、生物特征数据的处理"、第10条"对与刑事定罪和犯罪相关的个人数据的处理"规定"任何对刑事定罪信息的全面登记都只能在官方机构的管理下进行"。虽然GDPR对这些与信息主体人格利益密切相关，一旦泄露或受侵害会对信息主体造成重大影响的个人信息使用"特殊类型个人数据"一词进行表述，但实质上这些"特殊类型个人数据"就是对敏感度较高的个人信息。GDPR通过单独对敏感度高的个人信息进行特别规定的方法对信息主体的这类个人信息加强保护，从而维护信息主体的人格尊严和人格自由。日本于2003年制定的《个人信息保护法》（Act on the Protection of Personal Information，APPI）未将个人信息区分为一般个人信息和敏感个人信息。随着大数据技术给个人信息的保护带来诸多挑战，APPI中的个人信息保护规则也亟须与时俱进。在此背景下，APPI修正案于2015年9月通过，并于2017年生效施行。该修正案正式使用"敏感个人信息"一词，并将敏感个人信息类型化为六种，分别为：种族、病史、社会地位、信仰、犯罪记录、犯罪受害人的记录以及其他需要谨慎处理否则可能会带来社会歧视或不利的信息。此外，APPI修正案还在"敏感个人信息"的定义中规定"其他需要谨慎处理否则可能会带来不利或社会歧视的信息"，作为敏感个人信息的兜底条款。

我国于2013年实施的《信息安全技术　公共及商用服务信息系统个人信息保护指南》3.2将个人信息分为"个人敏感信息和个人一般信息"。3.7对个人敏感信息进行明确的规定并通过列举的方式对个人敏感信息进行类型化，[1]并规定个人一般信息是除个人敏感信息以外的个人信息。2020 年公布的《信息安全技术　个人信息安全规范》3.2 也对个人敏感信息进行了规定，并对判定方法和类型进行详细规定。这两个国家标准不仅将个人信息区分为个人敏感信息和个人一般信息，而且对个人敏感信息的种类、收集要求、技术保障等多个方面都进行规定。比较两者中关于个人敏感信息的规定，前者列举的个人敏感信息类型更加多样，并且列举的个人敏感信息的类型更符合大数据时代信息主体对属于个人敏感信息的预期。[2]2021年施行的《个人信息保护法》第二章第二节敏感个人信息的处理规则中有关于敏感个人信息的范围规定"包括生物识别、宗教信仰、特定身份、医疗健康、金融账户、行踪轨迹等信息，以及不满十四周岁未成年人的个人信息"。这些都为我国个人信息的区分保护奠定了坚实的基础。

## 二、个人信息区分保护的内涵——区分为敏感个人信息和一般个人信息

个人信息区分保护是建立在个人信息被区分为敏感个人信息和一般个人信息的基础之上的，通过隐私权路径加强对信息主体的敏感个人信息的保护，财产权路径强化对一般个人信息的商业利用，进而保护信息主体个人信息上的人格利益和财产利益。概言之，按照个人信息的敏感度对个人信息进行区分，对敏感度高的敏感个人信息加强保护，而对于敏感度低的一般个人信息则降低了保护的标准，重在实现其利用价值。由于敏感个人信息较之一般个人信息蕴含更多信息主体的人格利益，一旦被泄露或不当利用，会给信息主体带来直接的人身、财产损害或者带来极大的威胁。故而，对于敏感个人信息应当着重强化对其人格利益的保护，这也是未来我国《个人信息保护法》要重点保护的个人信息。个人信息作为大数据发展

---

〔1〕《信息安全技术　公共及商用服务信息系统个人信息保护指南》3.7 规定："一旦遭到泄露或修改，会对标识的个人信息主体造成不良影响的个人信息。各行业个人敏感信息的具体内容根据接受服务的个人信息主体意愿和各自业务特点确定。例如个人敏感信息可以包括身份证号码、手机号码、种族、政治观点、宗教信仰、基因、指纹等。"

〔2〕《信息安全技术　个人信息安全规范》3.2 规定的个人敏感信息包括：身份证件号码、个人生物识别信息、银行账号、通信记录和内容、财产信息、征信信息、行踪轨迹、住宿信息、健康生理信息、交易信息、14 岁以下（含）儿童的个人信息等。《信息安全技术　公共及商用服务信息系统个人信息保护指南》3.2 规定的个人敏感信息包括：身份证号码、手机号码、种族、政治观点、宗教信仰、基因、指纹等。

的重要原材料，其被收集、处理以及利用是无法避免的趋势。因此，大数据时代我国法律对个人信息的保护不是禁止对信息主体个人信息的利用，而是防止对信息主体个人信息的滥用。换言之，信息主体的一般个人信息允许被合理利用，从而缓解个人信息的保护与利用间的矛盾。

在考察个人信息区分保护理论的内涵时，重点在于如何界定敏感个人信息。由于"敏感"的词义较为抽象，难以界定，加之不同国家文化背景、历史传统的差异，不同国家对于敏感的界定亦有所不同。因此，界定时的参考因素有所差异。美国学者保罗·欧姆（Paul Ohm）归纳出确立个人敏感信息的四大因素：信任关系的存在、是否属于多数人关心的风险、受到伤害的可能性、引发伤害的概率，并提出"多重因素检测"的观点。[1]基于此，再结合我国的国情，在判定敏感个人信息时，可参考以下四个因素：识别程度、风险系数、泄露该个人信息是否会导致重大伤害以及泄露该个人信息给信息主体带来的伤害的可能性是否非常大。

（1）识别程度。由于识别程度与信息主体的身份密切相关，所以识别程度一直都被当作界定个人信息的标准之一。在对敏感个人信息的判定中，一旦泄露或不当利用识别程度高的个人信息，那将可能对信息主体造成较大的威胁或损害。

（2）风险系数。降低信息主体个人信息在流转和使用过程中的风险是个人信息保护的目标之一。个人信息的敏感度越高，其涉及敏感隐私的可能性越大，从而使得该个人信息的风险系数也越高。

（3）泄露该个人信息是否会导致重大损害。信息主体个人信息被泄露后可能会引起个人名誉受到影响、个人安全受到威胁、生活的安宁被打破以及遭受财产损失等后果。由于不同个人信息敏感程度的差异，使得个人信息泄露给信息主体带来的伤害亦有所不同。例如，基因信息、犯罪记录、性取向信息、金融信息等就属于该类敏感个人信息。

（4）泄露该个人信息给信息主体带来伤害的可能性。部分信息主体个人信息的泄露会引发歧视，但并不一定会直接造成信息主体的重大伤害。例如，某人患有艾滋病的信息一旦被泄露，他人知道后会躲避与其生活中

---

〔1〕　Paul Ohm, "Sensitive Information", S. Cal. L. Rev, Vol. 88, 2015, pp. 1161.

的接触，引发歧视、差别待遇。因此，种族、宗教、健康信息等信息都属于一旦泄露会引发歧视，从而可能会给信息主体带来伤害的个人信息，而且由此对信息主体造成伤害的可能性极大。故而，这类个人信息也属于敏感个人信息的范畴。

### 三、沿用隐私权路径加强敏感个人信息的人格保护

敏感个人信息中蕴含信息主体的人格利益，使得敏感个人信息一旦被泄露或不当利用可能会对信息主体造成难以估量的伤害。其中，大多涉及信息主体不愿公开或不愿为他人所知的个人隐私或个人秘密，各国法律为避免敏感个人信息受侵害的发生一般会以立法的方式明确禁止处理敏感个人信息的行为，然而禁止的范围和效力有所差异。GDPR 第 9 条明确规定禁止处理健康数据、性取向、性生活等敏感个人信息。[1]此处的"处理"包括个人信息的收集、存储、加工、利用等行为。换言之，欧盟全面禁止与敏感个人信息有关的所有操作行为。此外，日本和澳大利亚在立法上仅禁止对敏感个人信息的收集行为，除非有法律规定的例外情形或当事人的同意。虽然这种部分禁止模式的保护力度不如全面禁止模式，但这些立法都体现为对敏感个人信息严格保护的态度，有利于保护信息主体的人格利益。故而，我国法律应当加强对敏感个人信息的保护，限制甚至禁止与敏感个人信息相关的收集、处理、利用等行为。

在加强敏感个人信息保护方面，在严格遵守《个人信息保护法》第二章第二节敏感个人信息的处理规则基础上，一旦涉及敏感个人信息侵权行为发生，信息主体便可以通过隐私权路径对其进行侵权救济。被侵权的信息主体可以要求侵权人停止侵害、消除危险、赔礼道歉、恢复名誉，还可以要求相应的精神性损害赔偿。在具体的个案中，被侵权信息主体的精神损害赔偿可以依照法律的规定主张最低金额的赔偿，还可以根据其受侵害的实际情况主张高于法定金额的精神损害赔偿。

### 四、沿用财产权路径加强一般个人信息的商业利用

大数据时代，数据经济的发展与结构优化都离不开对个人信息的收集、

---

[1] 高富平:《个人数据保护和利用国际规则：源流与趋势》，法律出版社 2016 年版，第 226 页。

处理、利用等环节。因为敏感个人信息的高度敏感性使得该类个人信息是法律保护的重点内容，所以法律是限制或禁止直接利用该类个人信息的。大数据可以使用的个人信息是信息主体的一般个人信息。在未来的经济发展中，个人信息的商业化利用不会减少或消失，只会更加广泛与深入，信息数据资源必然会成为决定企业成败的关键。[1]从促进整个社会经济发展角度而言，不仅需要鼓励企业积极收集、处理并利用信息主体的个人一般信息，还需要信息主体积极提供其一般个人信息，作为数据经济发展的原材料。企业在对收集、掌握的一般个人信息的处理、利用过程中投入时间、金钱、人力等，使一般个人信息变成一种产品。此外，大数据处理技术的多样性使得信息处理者或者控制者在对收集的个人信息进行后续处理、利用时目的可能与最初收集时的目的不一致。故而，根据信息处理活动的动态性，可将对一般个人信息的利用区分为一般个人信息的初次利用和一般个人信息的再利用。

一般个人信息的初次利用主要是信息主体与信息收集者间通过交易或订立合同支付合理对价，即以货币或者免费享受产品、服务的方式进行交换，将个人信息"出售"给信息收集者，从而实现个人一般信息的初次流转。在一般个人信息的初次利用过程中，信息收集者主要通过订立合同的方式获得信息主体授权而收集其个人信息，然而信息收集者的收集、利用行为本身仅是完成该交易目的或者订立该合同的必需条件。故而，在对一般个人信息进行收集时，信息收集者应当在其提供的格式合同中对信息收集的目的、范围、之后利用行为的目的以及可能的利用行为情形等都予以明确规定。信息收集者还可以在其网站主页明显位置处以显著方式对其收集信息主体的格式合同予以公示，并提供人工服务热线，以对他人在阅读格式合同中遇到的问题进行解答。基于此，信息主体可以基于其真实意思自由选择符合自己要求的信息收集者与其进行交易。信息主体在应当知道或者已经知道信息收集者对其个人信息收集和利用的目的及范围的基础上，自愿出售并许可信息收集者利用其个人信息。信息收集者与信息主体间约

---

[1] 叶敏：《个人信息商业利用的正当性与民法规则构想》，载《中国高校社会科学》2018年第4期，第144页。

定或者公开承诺的交易条款也应当符合合同法关于格式条款的要求。

任何超出原来收集信息目的范围的利用行为都属于对个人信息的再次利用。[1]再利用涉及信息收集者、信息处理者以及信息控制者等多方利益关系，加之信息主体与信息收集者、信息处理者以及信息控制者间信息的不对称，使得信息主体无法参与对个人信息的再利用，从而使再利用极易违背个人信息最初被收集时约定的目的、范围和用途。实践中，一旦信息主体的个人信息被转让给第三方，信息主体很难再次知悉其个人信息的流向及用途。故而，信息主体对个人信息的再利用容易发生侵权纠纷。基于以上分析，在一般个人信息的再利用过程中，需要解决的是如何让信息主体参与该过程，从而保障信息主体对其个人信息的知悉权和自主决定权。对此，美国学者萨缪尔森（Samuelson）提出对个人信息采用许可使用的方式解决该问题。信息主体可以通过许可合同让信息收集者、处理者、控制者将其个人信息用于特定目的和用途。同时，个人信息财产权的转让性限制也可以通过签订许可合同的方式对具体的许可利用行为进行约定，并且超出约定的许可行为或与最初约定的目的、范围以及用途不符的行为都需要再次得到信息主体的同意和许可。[2]信息主体有权拒绝或者阻止信息收集者、处理者、控制者将其个人信息转让给第三方，除非得到信息主体的明示同意。换言之，信息收集者、处理者、控制者无权实施超出原定目的、范围以及用途的个人信息利用行为，更无权未经信息主体的同意而将其个人信息转让给第三方。在得到信息主体同意转让的许可之后，受让者仍然不得超出原来约定的用途和范围，需要继续遵守原来许可合同的条款。此种方式不仅容易实施，成本较小，而且更符合个人信息财产权转让限制的要求，在实践中可操作性较强。

在沿用财产权路径对信息主体的一般个人信息进行保护时，未经信息主体同意就对其一般个人信息进行商业化利用的行为侵犯了信息主体的财产权。信息主体不仅可以要求侵权人停止侵害，还可以要求其进行财产损

---

〔1〕　刘德良：《论个人信息的财产权保护》，人民法院出版社 2008 年版，第 137 页。

〔2〕　P. Samela Samuelson, "Privacy as Intellectual Property?", Stan. L. Rev., Vol. 52, 2000, pp. 1137~1138; Julie E. Cohen, "Examined Lives: Informational Privacy and the Subject as Object", Stan. L. Rev., Vol. 52, 1999, pp. 1373, 1387~1389.

害赔偿。一般个人信息的初次利用行为和再利用行为都依财产权路径对信息主体的一般个人信息进行保护。在司法实践中，鉴于个人一般信息的商业价值难以估量，在财产损害赔偿责任方面可以在立法中规定赔偿金的最低金额，或者采取惩罚性赔偿责任制度，由被侵权的信息主体自主选择何种方式对其受损的利益进行弥补。这样可以使被侵权的信息主体在侵权人因侵权行为获得的收益、法定数额的赔偿金以及实际损失间作出选择，从而不仅增加了侵权行为人的侵权行为成本，还能够对信息主体的损失进行弥补。

## 第四章

# 大数据时代我国个人信息保护的
# 法律制度分析

目前，我国关于个人信息保护的规定散见于法律、行政法规、地方性法规和规章以及部门规章中，未能形成完整的体系。"徐某玉被电信诈骗案"〔1〕和"清华大学某教授电信诈骗案"〔2〕造成的巨大社会影响力引起了立法机关的高度重视，使得《民法典》增加了关于个人信息保护的规定。虽然我国最新通过的《民法典》人格权编第六章"隐私权和个人信息保护"关于"个人信息保护"的规定有 6 条，但这对我国司法裁判对个人信息保护的助力仍非常有限。

## 第一节　我国个人信息保护的立法现状

自动化机器大量处理各种信息虽然给人类生活带来了诸多便利，但也给信息主体造成了潜在的危害和不必要的损害。随着大数据时代数据技术的广泛应用以及数据挖掘得更深层化、精细化，信息主体的个人信息在数据处理过程中被侵害的风险大大提高，加强对个人信息保护也因此显得尤为迫切。

有学者将对个人信息的保护分为两个阶段：第一阶段是在互联网普及之前。在此阶段，互联网、广播、电视、报纸等是信息传输的途径，但互联网并非主要的传输途径。此时，社会和人们已经认识到了信息的重要性，

---

〔1〕 "徐某玉被电信诈骗案"在本章第 3 节典型案例中详细介绍。

〔2〕 2016 年 8 月 29 日晚 11 时许，中关村派出所 110 接报，海淀区蓝旗营小区清华大学一老师，被冒充公检法的人员电信诈骗人民币 1760 万元。

因而出现了个人信息保护运动。[1]第二阶段是在互联网普及之后，互联网给人们生活带来越来越多的便利，人们也日益意识到个人信息的重要性以及价值，所以世界各国普遍认识到，应该更加重视对个人信息的保护。对个人信息的保护已经成为世界的主要趋势。[2]

我国并未跟随世界个人信息保护运动的潮流及时开启关于个人信息的保护。1986 年制定的《民法通则》虽然规定了较多的人格权，但并未对隐私权和与个人信息相关的内容作出规定。随着 20 世纪 90 年代后期我国互联网兴起才开始在立法层面出现关于个人信息保护的法律法规，最早的规定是 2000 年 12 月 28 日《全国人民代表大会常务委员会关于维护互联网安全的决定》。[3]之后，《民法典》《个人信息保护法》《网络安全法》《全国人民代表大会常务委员会关于加强网络信息保护的决定》，新修订的《消费者权益保护法》《征信管理条例》等都对个人信息保护作出了相应的规定。

## 一、以《个人信息保护法》等为代表的法律规定

登录"北大法宝""威科先行法律信息库""法律法规数据库"，以"个人信息"为关键词检索，经排查，关于"个人信息"的法律记录共有74 条。[4]通过阅读这些法条，按照实施时间的先后将主要涉及的法律条文整理成如下表格：

---

[1] 此阶段主要的代表法律是 1970 年的《德国黑森州个人资料保护法》，继而在 1973 年出现了《瑞典资料法》，是世界上第一部全国性的个人数据保护法。美国于 1974 年制定了《美国 1974 年隐私法》。1977 年，德国制定了全国性的《联邦数据保护法》。这些都是《个人信息保护法》的立法先驱。参见杨立新：《个人信息：法益抑或民事权利——对〈民法总则〉第 111 条规定的"个人信息"之解读》，载《法学论坛》2018 年第 1 期，第 35 页。

[2] 此阶段主要的代表立法有 1984 年英国通过的《英国数据保护法》、欧盟 1995 年通过的《数据保护指令》、韩国 1994 年制定的《公共机关保护个人信息的法律》、1995 年制定的《信用信息的使用与保护法》、韩国 1999 年制定的《有关普及、扩张和促进使用电子产品的法律》以及韩国 2011 年制定的一般性的《个人信息保护法》。这些关于个人信息保护的代表性立法标志着世界性的《个人信息保护法》的完善。

[3] 《全国人民代表大会常务委员会关于维护互联网安全的决定》规定，该决定的主要目的在于：促进我国互联网的健康发展，维护国家安全和社会公共利益，保护个人、法人和其他组织的合法权益，保障互联网的运行安全和信息安全。该决定四（二）："非法截获、篡改、删除他人电子邮件或者其他数据资料，侵犯公民通信自由和通信秘密"构成犯罪的，依照刑法有关规定追究刑事责任。

[4] 以上检索结果的最近时间是 2024 年 8 月 8 日。

**表 1　我国法律中有关个人信息保护的文件梳理**

| 法律规范 | 实施时间 | 涉及的条款 | 规制主体 | 个人信息客体 | 义务 | 法律责任 | 其他内容 |
|---|---|---|---|---|---|---|---|
| 1.《护照法》 | 2007 年 1 月 1 日 | 第 12 条、第 20 条 | 护照签发机关及其工作人员 | 公民个人信息 | 保密 | 行政处分+刑事责任 | |
| 2.《统计法》(2009 年修订) | 2010 年 1 月 1 日 | 第 9 条 | 县级以上人民政府统计机构或者有关部门；统计人员 | 个人信息、具有识别性的资料 | 保密 | 依法处分 | |
| 3.《居民身份证法》(2011 年修正) | 2012 年 1 月 1 日 | 第 6 条、第 13 条、第 19 条 | 公安机关及其人民警察、有关单位及其工作人员 | 因制作、发放、查验、扣押居民身份证而知悉的公民个人信息、履行职务过程中知悉的个人信息 | 保密 | 行政处分+刑事责任 | |
| 4.《出境入境管理法》 | 2013 年 7 月 1 日 | 第 85 条 | 出入境管理工作人员 | 履行职务过程中知悉的个人信息 | 不得泄露 | 依法处分 | |
| 5.《消费者权益保护法》(2013 年修正) | 2014 年 3 月 15 日 | 第 14 条、第 29 条、第 56 条 | 经营者 | 消费者个人信息 | 保密 | 民事责任+行政处罚 | 明示收集、使用目的、方式和范围，并经消费者同意；收集、使用应遵循合法、正当、必要的原则；公开不得违法和违约 |
| 6.《网络安全法》 | 2017 年 6 月 1 日 | 第 37 条、第 41 条、第 42 条、第 43 条、第 45 条 | 网络、关键信息基础设施的运营者；任何组织和个人 | 公民个人信息 | | 行政处罚+民事责任+刑事责任 | 详细内容见表 2 |
| 7.《测绘法》(2017 年修订) | 2017 年 7 月 1 日 | 第 47 条 | 地理信息生产、利用单位和互联网地图服务提供者 | 用户个人信息 | 依法使用 | 依法处分+行政处罚+刑事责任 | |
| 8.《核安全法》 | 2018 年 1 月 1 日 | 第 69 条、第 74 条 | 核安全监督检查人员 | 获知的个人信息 | 保密 | 依法处分 | |

续表

| 法律规范 | 实施时间 | 涉及的条款 | 规制主体 | 个人信息客体 | 义务 | 法律责任 | 其他内容 |
|---|---|---|---|---|---|---|---|
| 9.《国家情报法》（2018年修正） | 2018年4月27日 | 第19条、第31条 | 国家情报工作机构及其工作人员 | 个人信息 | 不得泄露 | 依法处分+刑事责任 | |
| 10.《反恐怖主义法》（2018年修正） | 2018年4月27日 | 第76条 | 公安机关、有关部门 | 真实姓名、住址和工作单位等个人信息 | 不公开 | | 可依其职责收集嫌疑人个人信息 |
| 11.《旅游法》（2018年修正） | 2018年10月26日 | 第52条、第86条 | 旅游经营者、相关的监督检查人员 | 经营或履行职务中知悉的个人信息 | 保密 | 行政处罚+刑事责任+依法处分 | |
| 12.《公共图书馆法》（2018年修正） | 2018年10月26日 | 第43条、第50条 | 公共图书馆及其工作人员 | 读者个人信息 | 不得出售、非法提供 | 责令改正，没收违法所得 | |
| 13.《社会保险法》（2018年修正） | 2018年12月29日 | 第92条 | 社会保险行政部门以及相关工作人员 | 个人信息 | 不得泄露 | 依法处分+赔偿责任 | |
| 14.《电子商务法》 | 2019年1月1日 | 第23条、第24条、第69条 | 电子商务经营者 | 用户的个人信息 | 收集、使用行为应符合法律、行政法规的规定 | 行政处罚+民事责任+刑事责任 | |
| 15.《民法典》 | 2021年1月1日 | 第1034条、第1035条、第1036条、第1037条、第1038条、第1039条 | 任何组织或者个人 | 个人信息 | 处理个人信息，应当遵循合法、正当、必要原则，不得过度处理。不得泄露或篡改。未经自然人同意，不得向他人非法提供，但经过加工无法识别特定个人且不能复原的除外。 | 民事责任 | |

| 法律规范 | 实施时间 | 涉及的条款 | 规制主体 | 个人信息客体 | 义务 | 法律责任 | 其他内容 |
|---|---|---|---|---|---|---|---|
| 16.《预防未成年人犯罪法》 | 2021年6月1日 | 第3条 | 开展预防未成年人犯罪工作的相关工作人员 | 个人信息 | 保护未成年人的个人信息 | 行政处罚+刑事责任 | |
| 17.《未成年人保护法》 | 2021年6月1日 | 第4条、第72条 | 信息处理者 | 个人信息 | 保护未成年人的个人信息 | 行政处罚+民事责任+刑事责任 | |
| 18.《数据安全法》 | 2021年9月1日 | 第38条、第53条 | 国家机关 | 个人信息 | 保密 | 行政处罚+民事责任+刑事责任 | |
| 19.《个人信息保护法》 | 2021年11月1日 | 全文 | 不特定主体 | 个人信息 | 保护个人信息权益 | 行政处罚+刑事责任 | |
| 20.《家庭教育促进法》 | 2022年1月1日 | 第5条 | 家庭教育相关人员 | 个人信息 | 保护未成年人合法权益 | 行政处罚 | |
| 21.《反有组织犯罪法》 | 2022年5月1日 | 第61条 | 公安机关、人民检察院、人民法院 | 个人信息 | 保密 | 刑事责任 | |
| 22.《反垄断法》 | 2022年8月1日 | 第49条、第66条 | 反垄断执法机构及其工作人员 | 个人信息 | 保密 | 行政处罚+刑事责任 | |
| 23.《反电信网络诈骗法》 | 2022年12月1日 | 第5条、第25条、第29条、第49条 | 有关部门和单位、个人 | 个人信息 | 保密+不得为他人实施电信网络诈骗活动提供支持或者帮助 | 行政处罚+刑事责任 | |
| 24.《妇女权益保障法》（2022年修订） | 2023年1月1日 | 第24条、第25条、第28条、第29条 | 相关单位和人员 | 个人信息 | 保密+提供必要的保护 | 行政处罚+民事责任+刑事责任 | |
| 25.《预备役人员法》 | 2023年3月1日 | 第8条 | 有关部门和单位、个人 | 个人信息 | 保密 | 行政处罚+刑事责任 | |
| 26.《反间谍法》（2023年修订） | 2023年7月1日 | 第11条、第69条 | 国家安全机关及其工作人员 | 个人信息 | 保密 | 行政处罚+刑事责任 | |

续表

| 法律规范 | 实施时间 | 涉及的条款 | 规制主体 | 个人信息客体 | 义务 | 法律责任 | 其他内容 |
|---|---|---|---|---|---|---|---|
| 27.《海洋环境保护法》 | 2024年1月1日 | 第29条 | 检查者 | 个人信息 | 保密 | 行政处罚 | |
| 28.《刑法》 | 2024年3月1日 | 第253条 | 不特定主体 | 公民个人信息 | 不得违反国家有关规定，向他人出售或提供。不得窃取或以其他方法非法获取 | 刑事责任 | |
| 29.《会计法》 | 2024年7月1日 | 第32条、第44条 | 财政部门及有关行政部门的工作人员，依法对有关单位的会计资料实施监督检察的部门及其工作人员 | 个人信息 | 保密 | 刑事责任 | |
| 30.《公司法》 | 2024年7月1日 | 第57条 | 股东及其委托的会计师事务所、律师事务所等中介机构 | 个人信息 | 应当遵守法律、行政法规的规定 | 行政处罚+民事责任+刑事责任 | |
| 31.《突发事件应对法》 | 2024年11月1日 | 第84条、第85条 | 有关单位和个人 | 个人信息 | 不得非法买卖、提供或者公开 | 行政处罚+民事责任+刑事责任 | |
| 32.《税法》 | 2024年12月1日 | 第8条、第67条 | 海关及其工作人员 | 个人信息 | 保密 | 行政处罚+刑事责任 | |
| 33.《国境卫生检疫法》 | 2025年1月1日 | 第6条 | 海关 | 个人信息 | 不得侵犯有关单位和个人的合法权益 | 行政处罚+刑事责任 | |

通读以上与个人信息相关的立法，我国关于个人信息保护的立法大致分为三个阶段：第一阶段主要包括《护照法》《统计法》《居民身份证法》《出境入境管理法》。这个阶段的法律只是部分涉及对个人信息的保护，并

且内容都比较概括，如《护照法》仅笼统地概括为"公民个人信息"，[1]并未规定哪些属于受保护的公民个人信息；第二阶段主要包括《消费者权益保护法》《刑法》。该阶段的个人信息保护立法的背景是当时非法买卖个人信息泛滥；第三阶段主要包括《网络安全法》[2]《民法典》《个人信息保护法》《电子商务法》《社会保险法》《测绘法》《旅游法》《公共图书馆法》《国家情报法》《反恐怖主义法》《核安全法》等。其中，《民法典》《个人信息保护法》《网络安全法》《电子商务法》对个人信息的保护发挥着至关重要的作用。这个阶段的立法主要受大数据时代的影响，加之我国将大数据列为国家发展的重要战略，立法机关和人们对个人信息的保护日益重视，但又因为个人信息是大数据时代的数据经济、科技创新的重要原材料，若盲目立法保护有可能会阻碍数据经济的快速发展，故而立法机关采取先通过其他部门法、行政法规、部门规章以及地方性法规的方式对个人信息进行保护，待时机成熟后再通过制定专门的《个人信息保护法》的方式对其进行专门保护。在此时代背景下，全国人民代表大会及其常务委员会全面考虑网络安全，维护网络空间主权和国家安全，并促进经济社会信息化健康发展，保障并完善网络安全保护方面的法律法规就显得十分必要，《网络安全法》应运而生。《网络安全法》适应大数据时代的个人信息保护新特点，对网络运营者关于个人信息的保护进行明确的规定。之后，随着对个人信息保护的日渐重视以及时机的相对成熟，《个人信息保护法》于2021年11月1日正式施行。

**表2　《网络安全法》中涉及个人信息保护的条款梳理**

| 涉及的条款 | 规制主体 | 个人信息的客体 | 义务 | 法律责任 | 其他内容 |
|---|---|---|---|---|---|
| 第37条 | 关键信息基础设施的运营者 | 个人信息 | 应当在境内存储；因业务需要，确需向境外提供的，应当进行安全评估 | 行政处罚+民事责任+刑事责任 | |

[1]《护照法》第12条规定："护照具备视读与机读两种功能。护照的防伪性能参照国际技术标准制定。护照签发机关及其工作人员对因制作、签发护照而知悉的公民个人信息，应当予以保密。"

[2]《网络安全法》涉及个人信息保护的条款参见表2。

| 涉及的条款 | 规制主体 | 个人信息的客体 | 义务 | 法律责任 | 其他内容 |
|---|---|---|---|---|---|
| 第41条 | 网络运营者 | 个人信息 | 遵循合法、正当、必要的原则，公开收集、使用规则，明示收集、使用目的、方式和范围，并经被收集者同意。 | 行政处罚+民事责任+刑事责任 | 不得收集与提供服务无关的个人信息；收集、处理行为不得违法、违约。 |
| 第42条 | 网络运营者 | 个人信息 | 不得泄露、篡改、毁损其收集的个人信息；未经同意，不得向他人提供；应当采取技术和其他必要措施，确保收集的信息安全；在发生或者可能发生个人信息泄露、毁损、丢失的情况时，应当立即采取补救措施，并及时告知用户和主管部门。 | 行政处罚+民事责任+刑事责任 | 经过处理无法识别特定个人且不能复原的除外。 |
| 第43条 | 网络运营者 | 个人信息 | 予以删除或者更正。 | 行政处罚+民事责任+刑事责任 | |
| 第44条 | 任何组织和个人 | 个人信息 | 不得窃取、非法获取、非法出售、非法向他人提供。 | 行政处罚+民事责任+刑事责任 | |

续表

| 涉及的条款 | 规制主体 | 个人信息的客体 | 义务 | 法律责任 | 其他内容 |
|---|---|---|---|---|---|
| 第45条 | 依法负有网络安全监督管理职责的部门及其工作人员 | 在履行职责中知悉的个人信息、隐私和商业秘密 | 不得泄露、出售或非法向他人提供。 | 行政处罚+民事责任+刑事责任 | |
| 第76条 | | | | | 规定个人信息的定义 |

　　在《民法典》的制定过程中，关于个人信息保护的规定经历了一个从无到有、逐步完善的过程。"徐某玉被电信诈骗案"和"清华大学某教授电信诈骗案"造成了巨大的社会影响力，引起立法机关的高度重视。基于此契机，我国立法机关在《民法总则（草案）》中增加了关于个人信息保护的内容。[1]从此以后，个人信息的保护问题更加被立法机关重视，在2017年2月10日"第三次审议稿修改稿"中，立法机关将《民法总则（草案）》"第二次审议稿"第109条的内容修改为两个条文，即第111条[2]和第112条[3]。在提交全国人民代表大会审议的《民法总则（草案）》"大会审议稿"中，上述两个条文又被合并成一个条文，即正式通过的《民法总则》第111条。[4]

---

　　〔1〕 该条文的内容是"自然人的个人信息受法律保护。任何组织和个人不得非法获取个人信息，不得非法出售或者提供个人信息"。2016年9月13日，在《民法总则（草案）》"一审稿修改稿"中，第一次增加了个人信息的条文。参与立法的专家对此都较为赞成，多次修改后形成了2016年12月25日《民法总则（草案）》"第二次审议稿"第109条："自然人的个人信息受法律保护。任何组织和个人不得非法收集、利用、加工、传输个人信息，不得非法提供、公开或者出售个人信息。"这得到全国人民代表大会常务委员会的充分肯定。在《民法总则（草案）》第三次审议稿中，将其规定为第111条，内容基本相同。参见杜涛主编：《民法总则的诞生——民法总则重要草稿及立法过程背景介绍》，北京大学出版社2017年版，第200页、第225页，第309页。
　　〔2〕 第111条规定："自然人的个人信息受法律保护、任何组织和个人不得非法收集、使用、加工、传输个人信息，不得非法买卖、提供或者公开个人信息。"
　　〔3〕 第112条规定："任何组织和个人都应当采取技术措施和其他必要措施，确保依法取得的个人信息安全，防止信息泄露。在发生或者可能发生信息泄露时，应当立即采取补救措施。"
　　〔4〕 杜涛主编：《民法总则的诞生：民法总则重要草稿及立法过程背景介绍》，北京大学出版社2017年版，第388~389页。

在大数据时代背景下，个人数据早已成为电子商务的基础性资源，用户对其个人信息与网络数据保护也日益重视。基于此，2019 年 1 月 1 日我国正式实施《电子商务法》。《电子商务法》在第 23 条[1]、第 24 条[2]、第 69 条[3]都对个人信息保护进行规定。上述三款分别对经营者在电子商务活动中的收集、使用用户信息时的义务、用户为维护其利益可以主张的权利以及国家要保护电子商务用户信息等内容作出了规定。总体而言，《电子商务法》沿袭了《民法总则》与《网络安全法》对个人信息和企业数据分别进行规定的方式，但细化了用户在电子商务活动过程中的具体权能。

我国关于个人信息法律保护的很多基础性问题都还未明确，立法也仍在进程中。电子商务经营者必须在掌握大量用户信息的前提下，对用户信息进行整理、分析才能开展相关的电子商务活动，所以鼓励和促进电子商务数据自由流动与共享，是我国电子商务市场繁荣发展的客观需要。《电子商务法》未对电子商务数据如何定义、用户个人信息与电子商务数据间是何种关系、电子商务经营者该如何使用、流转其收集、占有的电子商务数据以及电子商务经营者的相关权利等问题作出回应，但《电子商务法》采用积极赋权的方式，赋予用户对其个人信息享有控制权和决定权。在条文中体现为用户对自己信息的更正、删除、注销等多项权能。这与以往对个人信息的保护采用消极防御的模式不同。

## 二、以公职获取的个人信息为保护对象的行政法规

通过数据库检索，关于"个人信息"的现行有效的行政法规记录共显示 93 条，剔除跟个人信息保护无关的记录以及国务院规范性文件，共有现

---

[1]《电子商务法》第 23 条规定："电子商务经营者收集、使用其用户的个人信息，应当遵守法律、行政法规有关个人信息保护的规定。"

[2]《电子商务法》第 24 条规定："电子商务经营者应当明示用户信息查询、更正、删除以及用户注销的方式、程序，不得对用户信息查询、更正、删除以及用户注销设置不合理条件。电子商务经营者收到用户信息查询或者更正、删除的申请的，应当在核实身份后及时提供查询或者更正、删除用户信息。用户注销的，电子商务经营者应当立即删除该用户的信息；依照法律、行政法规的规定或者双方约定保存的，依照其规定。"

[3]《电子商务法》第 69 条规定："国家维护电子商务交易安全，保护电子商务用户信息，鼓励电子商务数据开发应用，保障电子商务数据依法有序自由流动。国家采取措施推动建立公共数据共享机制，促进电子商务经营者依法利用公共数据。"

行有效的行政法规记录 18 条。这 18 部行政法规中涉及的规制主体义务主要有保密和不得泄露、出售或者非法向他人提供个人信息。其中，大多数行政法规中涉及个人信息的条款仅有 1 条~2 条，涉及的法律责任则主要是依法处分、民事责任、刑事责任以及其中两者或三者的竞合。其中，个人信息的保护客体主要是行政机关或事业单位在履职过程中知悉的个人信息。

行政法规对个人信息保护的规定，主要集中在公权力行使的领域以及公权力特许的银行、彩票经营、互联网地图服务、戒毒、社会救助等方面。行政法规主要通过对履行职责过程中知悉信息主体个人信息的工作人员设置保密义务并让违反保密义务的工作人员依法承担法律责任的方式对信息主体的个人信息进行保护。然而，对于违反保密义务的工作人员依法应当承担法律责任的规定却非常形式化，如《缺陷汽车产品召回管理条例》（2019 年修订）中规定的法律责任为依法处分。[1]这现行有效的 18 部行政法规与有关个人信息保护的法律均没有上下承接关系。并且，在具体内容上除了涉及身份证、居住证、社会救助等登记信息与信息主体的个人信息有关系外，其他的几乎都是概括规定个人信息。当关于个人信息保护的法律规定比较粗糙并且零星地分散于各部法律时，行政法规则只能增加几个保护个人信息的行政管理领域，没有太大突破。

**表 3　我国行政法规中有关个人信息保护的文件梳理**

| 行政法规 | 实施时间 | 发文字号 | 涉及的条款 | 规制主体 | 个人信息客体 | 义务 | 法律责任 |
|---|---|---|---|---|---|---|---|
| 1.《消费者权益保护法实施条例》 | 2024 年 7 月 1 日 | 国务院令第 778 号 | 第 23 条 | 经营者 | 消费者的个人信息 | 不得过度收集消费者个人信息，不得采用一次概括授权、默认授权等方式，强制或者变相强制消费者同 | |

---

〔1〕《缺陷汽车产品召回管理条例》（2019 年修订）第 25 条规定："违反本条例规定，从事缺陷汽车产品召回监督管理工作的人员有下列行为之一的，依法给予处分：（一）将生产者、经营者提供的资料、产品和专用设备用于缺陷调查所需的技术检测和鉴定以外的用途；（二）泄露当事人商业秘密或者个人信息；（三）其他玩忽职守、徇私舞弊、滥用职权行为。"

续表

| 行政法规 | 实施时间 | 发文字号 | 涉及的条款 | 规制主体 | 个人信息客体 | 义务 | 法律责任 |
|---|---|---|---|---|---|---|---|
| | | | | | | 意收集、使用与经营活动无直接关系的个人信息 | 民事责任+刑事责任+行政处罚 |
| 2.《非银行支付机构监督管理条例》 | 2024年5月1日 | 国务院令768条 | 第33条、第45条、第52条、第56条 | 非银行支付机构相关网络设施、信息系统等依法认定为关键信息基础设施及其工作人员，中国人民银行及其工作人员 | 个人信息 | 保密 | 行政处罚+刑事责任 |
| 3.《人体器官捐献和移植条例》 | 2024年5月1日 | 国务院令第767号 | 第33条、第45条 | 人体器官捐献协调员、医疗机构及其工作人员 | 人体器官捐献人、接受人或者申请人体器官移植手术患者个人信息 | 保密 | 行政处罚+刑事责任 |
| 4.《未成年人网络保护条例》 | 2024年1月1日 | 国务院令第766条 | 第6条、第7条、第19条、第31条、第32条、第33条、第34条、第35条、第36条、第37条、第38条 | 不特定主体 | 未成年人个人信息 | 保护未成年人个人信息权益 | 行政处罚+民事责任+刑事责任 |
| 5.《社会保险经办条例》 | 2023年12月1日 | 国务院令第765条 | 第54条 | 人力资源社会保障行政部门、医疗保障行政部门、社会保险经办机构及其工作人员 | 个人信息 | 不得泄露 | 行政处罚+民事责任 |

| 行政<br>法规 | 实施<br>时间 | 发文<br>字号 | 涉及的<br>条款 | 规制<br>主体 | 个人信息<br>客体 | 义务 | 法律责任 |
|---|---|---|---|---|---|---|---|
| 6.《关键信息基础设施安全保护条例》 | 2021 年 9 月 1 日 | 国务院令第 745 号 | 第 15 条、第 18 条 | 关键信息基础设施及其工作人员 | 个人信息 | 保护个人信息+及时报告 | 行政处罚+民事责任+刑事责任 |
| 7.《医疗保障基金使用监督管理条例》 | 2021 年 5 月 1 日 | 国务院令第 735 号 | 第 32 条、第 46 条 | 医疗保障等机构及其工作人员 | 个人信息 | 不得泄露、篡改、毁损、非法向他人提供 | 行政处罚+刑事责任 |
| 8.《国务院关于在线政务服务的若干规定》 | 2019 年 4 月 26 日 | 国务院令第 716 号 | 第 14 条 | 政务服务机构及其工作人员 | 履行职责过程中知悉的个人信息 | 不得泄露、出售或非法提供 | 依法追究 |
| 9.《社会救助暂行办法》（2019 年修订） | 2019 年 3 月 2 日 | 国务院令第 709 号 | 第 61 条、第 66 条 | 履行职责的工作人员 | 工作中知悉的公民个人信息 | 保密 | 依法处分 |
| 10.《缺陷汽车产品召回管理条例》（2019 年修订） | 2019 年 3 月 2 日 | 国务院令第 709 号 | 第 7 条、第 25 条 | 产品质量监督部门和有关部门、机构及其工作人员；从事缺陷汽车产品召回监督管理工作的人员 | 履职知悉的个人信息 | 不得泄露 | 依法处分 |
| 11.《戒毒条例》（2018 年修订） | 2018 年 9 月 18 日 | 国务院令第 703 号 | 第 7 条、第 10 条 | 戒毒医疗机构 | 个人信息 | 保密 | 依法处分+刑事责任 |
| 12.《全国经济普查条例》（2018 年修订） | 2018 年 8 月 11 日 | 国务院令第 702 号 | 第 32 条 | 各级经济普查机构及工作人员 | 履职中知悉的个人信息 | 保密 | |
| 13.《人力资源市场暂行条例》 | 2018 年 10 月 1 日 | 国务院令第 700 号 | 第 29 条 | 人力资源服务机构 | 在业务活动中收集的个人信息 | 不得泄露或者违法使用 | |
| 14.《残疾人教育条例》（2017 年修订） | 2017 年 5 月 1 日 | 国务院令第 674 号 | 第 20 条 | 残疾人教育专家委员会 | 个人信息 | 保密 | 行政处罚+刑事责任 |
| 15.《居住证暂行条例》 | 2016 年 1 月 1 日 | 国务院令第 663 号 | 第 17 条、第 20 条 | 国家机关及其工作人员 | 履职知悉的个人信息 | 保密 | 依法处分+刑事责任 |

续表

| 行政法规 | 实施时间 | 发文字号 | 涉及的条款 | 规制主体 | 个人信息客体 | 义务 | 法律责任 |
|---|---|---|---|---|---|---|---|
| 16.《地图管理条例》 | 2016年1月1日 | 国务院令第664号 | 第35条 | 互联网地图服务单位； | 用户的个人信息 | 应当明示收集、使用目的、方式和范围，并经用户同意；不得泄露、篡改、出售或非法提供；应当采取技术和其他必要措施，防止用户的个人信息泄露、丢失 | 依法处分+刑事责任 |
| 17.《征信业管理条例》 | 2013年3月15日 | 国务院令第631号 | 第2条、第13条、第14条、第17条、第18条、第19条、第20条、第22条、第38条、第40条、第42条 | 征信机构；国家机关以及法律、法规授权具有管理公共事务职能的组织 | 个人宗教信仰、基因、指纹、血型、疾病和病史信息 | 禁止采集 | 行政处罚+民事责任+刑事责任 |
| 18.《彩票管理条例》 | 2009年7月1日 | 国务院令第554号 | 第27条、第40条 | 彩票发行机构、销售机构、代销者以及其他因职务或业务便利知悉彩票中奖者的人员 | 彩票中奖者个人信息 | 保密 | 行政处罚+行政处分 |

## 三、以公共管理和公共服务为主导的地方性法规、规章

在法律法规数据库中选择地方性法规子数据库，在正文搜索中检索"个人信息"，共检索到16 366条相关记录。通过阅读，剔除无效、与个人信息保护无关的记录，涉及个人信息保护的现行有效的地方性法规、规章数量合计共14 690条。涉及的领域除行政法规、部委规章的领域之外，主要还有：公共管理、公益服务管理、劳动管理、医疗管理、网络信息管理、

弱势群体保护、特种行业管理、监督管理等领域。虽然地方性法规、规章中涉及个人信息保护的领域较为宽泛，但对规制主体涉及的义务主要限于保密、不泄露，法律责任也较为概括。

表4 地方性法规、规章有关个人信息保护的梳理

| 涉及的领域 | 主要内容包括 |
|---|---|
| 公共管理 | 城镇住房保障、公租房保障、公共安全视频监控、流动人口、居民卡制作、道路交通安全、养犬、物业等 |
| 公益服务管理 | 公共图书馆、档案馆、慈善事业、志愿者、献血等 |
| 劳动管理 | 劳动用工、农民工工资保障、人力资源市场、职业技能鉴定等 |
| 医疗管理 | 遗体捐献、胎儿性别鉴定、医患纠纷、精神卫生、农村合作医疗、艾滋病防治等 |
| 网络信息管理 | 电子商务、网络商品交易、计算机信息系统安全、信息化促进等 |
| 弱势群体保护 | 未成年人保护、残疾人保障、劳动用工、人力资源市场、职业技能鉴定、农民工工资保障等劳动管理等 |
| 特种行业管理 | 旧金属收购、出租车、机动车维修、服务租赁中介、邮政、按摩服务业、特种行业治安管理等 |
| 监督管理 | 审计、法律援助、举报监督、违纪处分、人大代表政协委员提案等 |

## 四、以多层次、多维度、多主体为特征的部委规章

在法律、法规数据库中的"国务院部门规章"子库中检索正文关键词"个人信息"，共检索有 202 条记录。其中，现行有效的部委规章共有 152 部。因为涉及的部委规章较多，不再逐一列举。通过阅读上述梳理的规章笔者发现：第一，部委规章在法律、行政法规之外的更大范围内对信息主体个人信息的内容进行保护，包括：《高等学校预防与处理学术不端行为办法》《新闻出版统计管理办法》《普通高等学校招生违规行为处理暂行办法》《食品药品投诉举报管理办法》《食品药品监督管理统计管理办法》《消费金融公司试点管理办法》《家用汽车产品修理更换退货责任规定》《旧电器电子产品流通管理办法》《家庭服务业管理暂行办法》《家电维修服务业管理

办法》等；第二，部门规章的规制主体多样，从网络商品经营者、与网络服务有关的营业者及其工作人员到县级以上人民政府统计机构和执法检查人员到工商行政管理部门。然而，规制主体要承担的义务却很单一，主要是保密。在承担的法律责任方面，有9个部委规章规定的法律责任是依法处分或依照有关规定予以处理，4个并未作出规定，其他规定的法律责任主要是行政处罚，刑事责任或者行政处罚与刑事责任的竞合；第三，部分部委规章已经对个人信息的定义进行界定并对如何保护作出更为详细的规定，如《电信和互联网用户个人信息保护规定》第4条[1]、《互联网个人信息安全保护指南》3.1[2]、《网络交易管理办法》第18条[3]、《旅行社条例实施细则》第50条[4]、《工商行政管理行政处罚信息公示暂行规定》第6条[5]以及《侵害消费者权益行为处罚办法》第11条[6]等。

总体而言，随着个人信息侵权案件的高发，部委规章近年来日益重视关于个人信息的保护，如《儿童个人信息网络保护规定》和《信息安全技术　个人信息安全规范》。英国《金融时报》评价称，在 GDPR 的启发下，

---

[1] 《电信和互联网用户个人信息保护规定》第4条规定："本规定所称用户个人信息，是指电信业务经营者和互联网信息服务提供者在提供服务的过程中收集的用户姓名、出生日期、身份证件号码、住址、电话号码、账号和密码等能够单独或者与其他信息结合识别用户的信息以及用户使用服务的时间、地点等信息。"

[2] 《互联网个人信息安全保护指南》3.1规定："以电子或者其他方式记录的能够单独或者与其他信息结合识别自然人个人身份的各种信息，包括但不限于自然人的姓名、出生日期、身份证件号码、个人生物识别信息、住址、电话号码等。注：个人信息还包括通信通讯联系方式、通信记录和内容、账号密码、财产信息、征信信息、行踪轨迹、住宿信息、健康生理信息、交易信息等。"

[3] 《网络交易管理办法》第18条规定了网络商品经营者、有关服务经营者在收集、使用用户信息时应当遵循合法、正当、必要的基本原则，还需要明示其目的、方式和范围，并经过被收集者的同意。此外，网络商品经营者、有关服务经营者还应当公开其收集、使用规则。

[4] 《旅行社条例实施细则》第50条规定旅游者个人信息资料的保存期限"应当不少于两年"，并且"超过保存期限的旅游者个人信息资料，应当妥善销毁"。

[5] 《工商行政管理行政处罚信息公示暂行规定》第6条规定："工商行政管理部门公示行政处罚信息，应当删除涉及商业秘密的内容以及自然人住所（与经营场所一致的除外）、通讯方式、身份证号码、银行账号等个人信息。工商行政管理部门认为需要予以公示的，应当报请上级工商行政管理部门批准。"

[6] 《侵害消费者权益行为处罚办法》第11条第2款规定："前款中的消费者个人信息是指经营者在提供商品或者服务活动中收集的消费者姓名、性别、职业、出生日期、身份证件号码、住址、联系方式、收入和财产状况、健康状况、消费情况等能够单独或者与其他信息结合来识别消费者的信息。"

中国意外成为亚洲数据保护的领先者。[1]

## 第二节　我国个人信息保护立法的《民法典》路径

### 一、《民法典》总则编个人信息的法益保护路径

1. 总则编采取法益保护路径

《民法典》第 111 条对保护个人信息作出了规定。[2]关于本条的规范意义，学者们持不同观点。有学者认为，本条虽未直接规定"个人信息权"[3]，但本条是保护自然人个人信息的宣示性、确权性规定。[4]有学者认为，本条并未使用"个人信息权"的表述，只是规定个人信息应受法律保护，所以《民法典》并未将个人信息当成一种具体人格权进行保护。[5]还有学者认为，本条是采用法益保护模式对个人信息进行保护。[6]根据该条在《民法典》的位置以及第 127 条关于数据的保护，该条的规定属于民事主体的人格权保护范畴。探讨第 111 条的规范性质，就是判断个人信息的人格利益能否按照独立的人格权利进行保护。[7]

---

〔1〕　Louise Lucas, "China Emerges as Asia's Surprise Leader on Data Protection: Europe's GDPR Rules Prompt Work to Improve Regulation Across the Region", *Financial Times*, May 30, 2018.

〔2〕　《民法典》第 111 条规定："自然人的个人信息受法律保护。任何组织或者个人需要获取他人个人信息的，应当依法取得并确保信息安全，不得非法收集、使用、加工、传输他人个人信息，不得非法买卖、提供或者公开他人个人信息。"

〔3〕　杨立新主编：《中华人民共和国民法总则要义与案例解读：总体说明·逐条释义·案例解读》，中国法制出版社 2017 年版，第 413 页；刘艳红：《民法编纂背景下侵犯公民个人信息罪的保护法益：信息自决权——以刑民一体化及〈民法总则〉第 111 条为视角，载《浙江工商大学学报》2019 年第 6 期，第 21 页。

〔4〕　陈甦主编：《民法总则评注》（下册），法律出版社 2017 年版，第 785 页。冀洋认为：第 111 条虽然没有写明个人信息权，但该条为个人信息所有人之外的他人设定了法律上的义务，因而个人信息所有事实上对个人信息享有法律上的权利。参见冀洋：《法益自决权与侵犯公民个人信息罪的司法边界》，载《中国法学》2019 年第 4 期，第 71 页。

〔5〕　王利明主编：《中华人民共和国民法总则详解》，中国法制出版社 2017 年版，第 456 页；程啸：《民法典编纂视野下的个人信息保护》，载《中国法学》2019 年第 4 期，第 4 页；龙卫球、刘保玉主编：《中华人民共和国民法总则释义与适用指导》，中国法制出版社 2017 年版，第 404 页。

〔6〕　王成：《个人信息民法保护的模式选择》，载《中国社会科学》2019 年第 6 期，第 138 页。

〔7〕　房绍坤、曹相见：《论个人信息人格利益的隐私本质》，载《法制与社会发展》2019 年第 4 期，第 100 页。

从文义和体系解释角度来看，《民法典》第 110 条规定的"生命权、名誉权、隐私权"在表述上都有"权"字，而且在该条的结尾还写明了"等权利"[1]，第 111 条是对"个人信息"的单独规定，其后也没有"权"字。因此，第 111 条并非按照权利保护的模式对个人信息进行保护，不属于确权规范，是对自然人的个人信息利益进行的保护性规定。[2]另外，有学者认为《民法典》第 109 条规定的"自然人的人身自由、人格尊严受法律保护"，具有抽象概括性，可以作为兜底条款为未来新型人格权益的保护提供法律依据。[3]基于此，《民法典》构建出了对自然人人格利益保护的一般条款与具体人格权相结合模式。因此，将《民法典》第 111 条解释为对个人信息利益的保护更为合适。

从实用主义角度来看，在具体人格权的生成中，应当避免具体人格权与其他权利的重合或交叉。然而，个人信息与姓名权、隐私权、名誉权以及肖像权等具体人格权间存在重合。同时，随着数据技术的快速发展，个人信息的范围不断扩张，其与一般人格权重合的部分也在扩大。因此，个人信息权利不能作为一种新的具体人格权，最多算是大数据时代个人信息处理过程中对信息主体人格利益的特别保护。[4]《民法典》第 111 条通过列举的方式规定了行为人依法取得个人信息后应当对其依法获得的个人信息负有安全保障义务。该条对行为人的行为约束有所限定，仅有立法列举的几种情形。基于此，相对人除该条列举禁止的行为类型外，还享有较大的行为自由。有学者认为，如果立法通过权利路径对个人的隐私信息进行保护，那么非隐私的个人信息则可以由个人通过侵权法进行保护，无需对隐私与个人信息给予同等强度的保护。[5]因此，未将个人信息规定为一种具体人格权能够赋予行为人更多的行为自由，将《民法典》第 111 条对个人信息的保护解释为法益保护具有合理性。

---

[1]《民法总则》第 110 条规定："自然人享有生命权、身体权、健康权、姓名权、肖像权、名誉权、荣誉权、隐私权、婚姻自主权等权利。法人、非法人组织享有名称权、名誉权、荣誉权。"

[2] 陈甦主编：《民法总则评注》（下册），法律出版社 2017 年版，第 787 页。

[3] 王利明：《关于制定民法总则的几点思考》，载《法学家》2016 年第 5 期，第 6 页。

[4] 刘召成：《论具体人格权的生成》，载《法学》2016 年第 3 期，第 32 页。

[5] 叶金强：《〈民法总则〉"民事权利章"的得与失》，载《中外法学》2017 年第 3 期，第651 页。

2. 个人信息法益保护模式存在的缺陷

在此模式下,"合法利益"的内涵无法明确。《民法典》第 3 条规定"民事主体的其他合法利益受法律保护",但并未对何为"合法利益"作出规定。[1]唯一对"合法利益"作出清楚表述的是"法释〔2001〕7 号"第 1 条第 2 款中的"隐私"[2],但《民法典》第 110 条和《侵权责任法》第 2 条已经将"隐私"上升为隐私权。除此之外,我国没有明文规定其他类型的合法利益。"合法利益"范围和内容的不明确引发了个人信息是否属于"合法利益"的质疑。

个人信息的法益保护模式难以满足个人信息保护的实际需求。有学者认为,不应当采取德国法上权利和利益相区分的保护模式。[3]我国现有法律体系没有为"合法利益"提供配套的独立保护规范,[4]特别是《侵权责任法》未采纳"法释〔2001〕7 号"对权利和利益进行区分并采用不同的保护的模式,从而仅在学术层面讨论过利益保护的构成要件。[5]加之,《民法典》第 120 条也未对受保护的民事权益保护的构成要件作出明示。基于此,如果对信息主体的个人信息采取法益保护模式则意味着个人信息的保护难以落到实处,这在司法实务中已经得到了证实。[6]因此,《民法典》第 111 条弥补了民法在个人信息保护领域的空白,但采用法益模式对个人信息进行保护存在着先天的不足。

## 二、《民法典》人格权编对信息自决的贯彻

2021 年施行的《民法典》,其人格权编延续了之前《民法典人格权编草

[1]　《民法典》第 3 条规定:"民事主体的人身权利、财产权利以及其他合法权益受法律保护,任何组织或者个人不得侵犯。"

[2]　《最高人民法院关于确定民事侵权精神损害赔偿责任若干问题的解释》第 1 条第 2 款规定:"违反社会公共利益、社会公德侵害他人隐私或者其他人格利益,受害人以侵权为由向人民法院起诉请求赔偿精神损害的,人民法院应当依法予以受理。"

[3]　杨立新:《〈侵权责任法草案〉应当重点研究的 20 个问题》,载《河北法学》2009 年第 2 期,第 2 页。

[4]　王成:《侵权之"权"的认定与民事主体利益的规范途径——兼论〈侵权责任法〉的一般条款》,载《清华法学》2011 年第 2 期,第 56 页。

[5]　于飞:《侵权法中权利与利益的区分方法》,载《法学研究》2011 年第 4 期,第 76 页;朱虎:《侵权法中的法益区分保护:思想与技术》,载《比较法研究》2015 年第 5 期,第 16 页。

[6]　在司法实务中,依据《民法典》第 111 条进行裁判的民事案件很少。参见张新宝:《〈民法总则〉个人信息保护条文研究》,载《中外法学》2019 年第 1 期,第 36 页。

案（一次审议稿）》（以下简称"一审稿"）、《民法典人格权编草案（二次审议稿）》（以下简称"二审稿"）和《民法典人格权编草案（三次审议稿）》（以下简称"三审稿"）的体例专章规定的"隐私权和个人信息保护"，结合《民法典》第111条关于个人信息的规定，构成个人信息保护制度的基础。

（一）《民法典》中关于个人信息的规定

《民法典》关于个人信息保护的规范在第1034条至第1039条，共6条。

第1034条〔1〕规定了个人信息的定义，该条文通过将抽象定义与具体列举相结合的方式对受法律保护的个人信息进行界定。GDPR第4条第1款便采用了此种方式对受保护的个人信息进行定义。该条仍采用识别性作为个人信息的划分标准，将个人信息分为"能够单独识别特定自然人"和"与其他信息结合识别特定自然人"，即直接识别的个人信息和间接识别的个人信息。该条文列举的受民法保护的个人信息的类型除了与《网络安全法》第76条第5项规定的一致外，还增加了"电话号码、电子邮箱地址、行踪信息"，更适应大数据时代下个人信息保护的新需求。此外，我国通过对受保护的个人信息类型进行列举，提高了由大数据时代个人信息范围扩张带来的保护无力感，对司法实务有重要的实用意义。

第1035条〔2〕规定了合法收集、处理自然人个人信息的基本原则、条件以及个人信息处理包括的内容。合法原则是要求收集、处理自然人个人信息行为应当依照法律的规定，此处的法律不局限于民法，还包括其他部门法；正当原则指收集、处理行为除符合法律的规定外，还需符合诚实守信的基本原则，让当事人对收集、处理行为的相关情况有较为全面的了解；

---

〔1〕《民法典》第1034条规定："自然人的个人信息受法律保护。个人信息是以电子或者其他方式记录的能够单独或者与其他信息结合识别特定自然人的各种信息，包括自然人的姓名、出生日期、身份证件号码、生物识别信息、住址、电话号码、电子邮箱、健康信息、行踪信息等。个人信息中的私密信息，适用有关隐私权的规定；没有规定的，适用有关个人信息保护的规定。"

〔2〕《民法典》第1035条规定："处理个人信息的，应当遵循合法、正当、必要原则，不得过度处理，并符合下列条件：（一）征得该自然人或者其监护人同意，但是法律、行政法规另有规定的除外；（二）公开处理信息的规则；（三）明示处理信息的目的、方式和范围；（四）不违反法律、行政法规的规定和双方的约定。个人信息的处理包括个人信息的收集、存储、使用、加工、传输、提供、公开等。"

必要原则主要指不过度收集、处理自然人的个人信息，收集、处理行为应与最初的目的相一致。"处理"一词来源于 GDPR。GDPR 第 4 条第 2 款对数据处理作出了规定，列举的数据处理行为包括数据收集、积累、组织、建构、存储、改编或修改，恢复、查询、使用、通过分发、传播方式进行披露等。虽然我国第 1035 条列举的处理行为只包括使用、加工、传输、提供、公开，但后面一个"等"字扩大了处理行为包括的内涵。随着数据技术的不断发展，处理行为的类型会不断增多，"等"字作为兜底性的规定，将未来可能的处理行为囊括其中，体现我国立法技术的科学性。此外，该条还加强了对无民事行为能力人和限制民事行为能力人的保护，在收集、处理这类人的个人信息时，需要经过其监护人的同意，体现我国法律对行为能力欠缺者的保护。该条第 2、3 款对收集、处理行为的规则、目的、方式、范围等要求行为人进行明示，体现了保障信息主体的知情同意权，从而使信息主体在知情的前提下，基于真实意思作出是否同意的决定。

第 1037 条[1]规定了实现个人信息保护的一些保障性权利。该条规定了自然人享有的查阅权、复制权、异议权、更正权以及删除权。自然人可以向信息控制者行使这些权利。"三审稿"与"二审稿"相比，"三审稿"使用的"控制者"比"二审稿"的"持有者"更加合理，《民法典》延续了"三审稿"中"控制者"的表述。因为信息主体直接向实际管理、支配其个人信息的控制者主张权利，更有利于保护其个人信息权益。该条规定的信息主体享有的这些保障性权利在 GDPR 第三章数据主体的权利一章都有规定，只不过欧盟赋予数据主体更多的权利在我国"三审稿"中并未体现。比如，限制处理权、被遗忘权、可携带权等。在权利对象方面，"三审稿"规定的查阅、抄录、复制对象只有信息主体的个人信息，这与 GDPR 中的规定相比，范围较窄。例如，GDPR 第 13、14、15 条规定的查阅权的对象不仅包括信息主体的个人信息，还包括与个人信息处理相关的其他信息。

---

〔1〕《民法典》第 1037 条规定："自然人可以依法向信息处理者查阅或复制其个人信息；发现信息有错误的，有权提出异议并请求及时采取更正等必要措施。自然人发现信息处理者违反法律、行政法规的规定或者双方的约定处理其个人信息的，有权请求信息处理者及时删除。"

第 1036 条[1]规定了行为人收集、处理个人信息的免责事由。该条第 1
款规定了行为人基于信息主体或其监护人的同意而免责。该条款主要是信
息主体在知情的前提下，基于其真实意思作出同意的决定，所以此时行为
人的收集、处理个人信息的行为合法有效。该条款增加了监护人的同意，
是对行为能力欠缺者的特别保护。该条第 2 款规定了基于收集、处理的个人
信息属于公开的信息而免责。通常认为，已经公开的个人信息已经进入公
共领域，他人可以在合法、合理的范围内自由使用。[2]该项的但书条款
"该自然人明确拒绝或者处理该信息侵害其重大利益的除外"作为公开信息
的例外，主要是因为该公开的个人信息在公开时并未基于其真实意思而被
公开。后者"处理该信息侵害其重大利益"主要是因为在大数据环境下，
信息主体对其个人信息经过处理后会造成何种后果难以作出准确判断，立
法者基于比例原则对处于弱势的信息主体加以保护。该条第 3 款规定了两种
免责的情形：一是公共利益；二是该自然人的合法利益。这与"一审稿"
中规定的"研究、教学和统计目的以及维护公序良俗"相比，更加简洁。
该条款体现了即便是为了维护公共利益或该自然人的合法权益，行为人的
收集、处理行为也仍应当合理实施。

第 1038 条[3]规定了信息收集者和控制者的部分义务。该条第 1 款规
定信息收集者、控制者对其收集、存储的个人信息禁止实施的行为主要包
括三类：泄露、篡改以及未经被收集者同意而向他人非法提供。该条的但
书条款是针对经过处理后已经不能识别到信息主体的匿名化信息。该条第 2
款主要是规定了信息收集者、信息控制者承担的安全保护义务。由此，信

---

〔1〕《民法典》第 1036 条："处理个人信息，有下列情形之一的，行为人不承担民事责任：
（一）在该自然人或者其监护人同意的范围内实施的行为；（二）合理处理该自然人自行公开的或者其
他已经合法公开的信息，但是该自然人明确拒绝或者处理该信息侵害其重大利益的除外；（三）为维
护公共利益或者该自然人合法权益，合理实施的其他行为。"

〔2〕赵宏：《从信息公开到信息保护：公法上信息权保护研究的风向流转与核心问题》，载
《比较法研究》2017 年第 2 期，第 31 页。

〔3〕《民法典》第 1038 条："信息处理者不得泄露或者篡改其收集、存储的个人信息；未经自
然人同意，不得向他人非法提供其个人信息，但是经过加工无法识别特定个人且不能复原的除外。
信息处理者应当采取技术措施和其他必要措施，确保其收集、存储的个人信息安全，防止信息泄
露、篡改、丢失；发生或者可能发生个人信息泄露、篡改、丢失的，应当及时采取补救措施，依照
规定告知被收集者并向有关主管部门报告。"

息收集者、控制者可以借鉴安全保障义务的一般要求，应当采取技术措施或其他必要措施保障信息主体个人信息"在合理的限度内"的安全。[1]该条款后半句是对安全保护义务的延伸，即当发生或可能发生威胁个人信息安全的事件时，信息处理者、控制者应及时采取补救措施，并告知本人，从而保障本人的知情权。部分特别法会明确"及时"的具体含义，故在法无明文规定时需结合具体语境类推适用相似规范。[2]本书认为，为了避免个人信息侵权的范围扩大，此处的"及时"可被解释为"立刻"。[3]该条与第1035条在内容上相互对应，分别从信息主体享有的保障性权利与信息处理者、控制者应当承担的义务两个方面，保障信息主体的知情同意权，提高信息主体对其个人信息的控制力，对信息主体的个人信息进行保护。

第1039条[4]规定了国家机关及其工作人员的保密义务。一般而言，国家机关及其工作人员在履行职务过程中保密义务的规定主要出现在公法当中。例如，《出境入境管理法》第85条，《居民身份证法》第6、13、19条以及《国家情报法》第19、31条等。该条的立法目的可能在于解决国家机关工作人员在履行职责过程中信息主体个人信息保护的问题。

以上6条构成了《民法典》对个人信息保护的基本制度框架。在借鉴国外关于个人信息保护的先进立法经验的基础上，也有我国个人信息保护的特别之处。第一，在个人信息的定义上以识别性为特征，个人信息的定义采取概括性定义并列举受保护的个人信息类型进行规定。其中，"电子邮箱地址、行踪信息"作为非传统意义上的个人信息被列举其中，是顺应大数据时代个人信息保护的新需求，亦是《民法典》关于个人信息保护的重大亮点之一。同时，在列举受保护的个人信息类型时在最后使用一个"等"字进行兜底性规定，从而把大数据时代由于个人信息范围扩张而使受保护的个人信息类型可能发生变化的情况考虑在内；第二，以信息主体的知情同意为前提，对相关的个人信息的收集、处理行为进行规定。在立

---

[1]　刘文杰：《网络服务提供者的安全保障义务》，载《中外法学》2012年第2期，第395页。

[2]　李宇：《民法总则要义：规范释论与判解集注》，法律出版社2017年版，第181页。

[3]　可参考GDPR第33条（1）规定的72小时的时限。

[4]　《民法典》第1039条规定："国家机关、承担行政职能的法定机构及其工作人员对于履行职责过程中知悉的自然人的隐私和个人信息，应当予以保密，不得泄露或者向他人非法提供。"

法上，在保障信息主体知情的前提下，让信息主体基于自由意思作出是否同意的决定，体现了《民法典》对信息主体个人自决权的重视；第三，为信息主体确立了查阅权、复制权、更正权和删除权。这在一定程度上加强了信息主体对其个人信息的控制力。总体来看，《民法典》关于个人信息保护的规定结合大数据时代的特征，以知情同意为前提，强化信息主体对其个人信息的自决权，从而实现对个人信息的保护，具有科学性和合理性。

（二）《民法典》对信息自决的贯彻

从信息主体角度出发，信息主体的信息自决主要体现在个人信息公开前和公开后。在个人信息公开前，信息主体会根据当下所处的情境、社交的需要及想要在该情景下展现的个人社会形象，基于自由意志决定在该情境下要公开的个人信息的内容、范围、程度及方式等。若信息主体无法按照自己的意思决定具体情景下公布的个人信息的内容、方式、程度，则信息主体的自主决定权将受到影响，这将给信息主体人格的自由发展带来影响。在个人信息公开后，信息主体基于其信息自决权可以决定已经公开的个人信息是否接受进一步的处理，以及在接受处理行为之后不被歪曲。个人信息作为信息主体参与社会生活的工具，对于维护个人的社会形象而言具有重要作用。个人信息是社会交往的重要内容，人们通过交换个人信息的方式进行社交活动，通过个人信息的自主使用来促进人格的自由发展。[1]个人信息在公开后进入公共领域，任何人都可基于其已经公开，做进一步处理。但这些处理极有可能歪曲原公开的个人信息，偏离信息主体公开时的预期。在理论上，从保护人格发展和个人信息的自我决定出发，为维护信息主体的合法权益，信息主体有权知悉个人信息的处理情况，从而判断信息处理行为是否合理，并享有对偏离其预期的处理行为进行删除、更正的权利。

从受保护的个人信息范围出发，《民法典》第 1034 条对个人信息的定义作出了明确规定，以划定法律保护的个人信息范围。有学者认为，应当对受法律保护的个人信息范围予以明确，否则可能会导致法律保护本身流

---

[1] 谢远扬：《信息论视角下个人信息的价值——兼对隐私权保护模式的检讨》，载《清华法学》2015 年第 3 期，第 94 页。

于形式，导致保护的滥用，限制技术和社会的发展。[1]该观点有其合理性。因为法律作为社会治理的工具，需要以先进的立法技术作为支撑，以避免很多问题的发生。例如，我国理论界和司法界都承认一般人格权作为一种框架性的权利，对不属于具体人格权的其他受法律保护的人格利益进行保护，司法实践中也常有通过一般人格权填补相关法律漏洞的做法，信用权[2]、祭奠权[3]都是基于此目的而在司法实践中被创设的。但这种做法会导致一般人格权的权利边界泛化，有被滥用的可能，从而导致具体人格权被架空。[4]此外，在司法实践中适用一般人格权保护当事人的合法权益时，由于一般人格权的责任有待进一步明确，因此存在适用困难。[5]然而，信息自决理论下所有的个人信息都与信息主体的人格自由发展相关，都需进行保护。第1034条确认了所有的个人信息都受到法律的保护，这满足了信息自决的要求。

　　从《民法典》的内容出发，《民法典》对个人信息保护的立法理念在于保护信息主体的信息自决。主要体现在以下几个方面：第一，规定个人信息的收集、处理需以信息主体或其监护人的同意为前提。《民法典》第1035条规定了收集、处理自然人个人信息要以同意为前提。第1037条第1款和第1038条规定收集、使用、加工、传输、提供、公开等行为都需在该自然人或者其监护人同意的范围内实施。第1037条第2款对处理已经公开的个人信息，如果信息主体拒绝该处理行为，则行为人不得处理该个人信息。

---

　　〔1〕　谢远扬：《〈民法典人格权编（草案）〉中"个人信息自决"的规范建构及其反思》，载《现代法学》2019年第6期，第138页。

　　〔2〕　参见洛阳市中级人民法院［2010］洛民终字第2331号民事判决书；上海市第一中级人民法院［2009］沪一中民一（民）终字第716号民事判决书。

　　〔3〕　参见上海市第二中级人民法院［2010］沪二中民一（民）终字第971号民事判决书；上海市第二中级人民法院［2011］沪二中民一（民）终字第1778号民事判决书；舟山市中级人民法院［2011］浙舟民终字第86号民事判决书。

　　〔4〕　在实践中存在大量侵害生命健康权的判决却以一般人格权为案由的案例，如重庆市第五中级人民法院［2009］渝五中法民终字第1638号民事判决书；重庆市第五中级人民法院［2009］渝五中法民终字第1414号民事判决书；昆明市第三中级人民法院［2009］昆民三终字第525号民事判决书；重庆市第五中级人民法院［2010］渝五中法民终字第3151号民事判决书；北京市第二中级人民法院［2011］二中民四终字第519号民事判决书；益阳市中级人民法院［2011］益法民一终字第83号民事判决书。

　　〔5〕　李岩：《一般人格权的类型化分析》，载《法学》2014年第4期，第12页。

该条体现了在个人信息公开前和公开后信息主体对其个人信息的收集、处理行为都有决定权。第二，信息主体被赋予查阅权、更正权、删除权等都是信息主体信息自决的具体体现。《民法典》第 1036 条规定信息主体可以通过查阅权知悉信息控制者的处理行为。在此过程中，信息主体可对信息处理行为提出异议，并要求行为人及时采取更正措施或者直接行使删除权，及时制止侵害行为的继续。该条通过赋予信息主体以查阅权，使信息主体与信息控制者或使用者间信息不对称的失衡状态得到缓解，进而保障了信息主体的知情权和信息自决权。此外，删除权和更正权有助于减少由被收集或公开的个人信息出现错误造成的对当事人社会形象的不利影响。第三，法条规定的信息收集者、控制者应当承担的安全保障义务和禁止性义务是信息主体实现其信息自决的保障。《民法典》第 1035、1038 条都以信息主体知悉信息收集者、控制者的收集、处理行为为前提，结合自身的情况自主决定是否同意个人信息被收集、处理。法条中列举的禁止性行为实质上是违背信息主体信息自决的行为。加之信息收集者、控制者的安全保障义务是为了在外部因素上保障信息主体信息自决的行使，这些都为信息主体实现其信息自决奠定了良好的基础。

## 第三节　我国个人信息法律保护的司法现状

法院对个人信息的保护主要以保护信息主体信息隐私的方式展开。由于缺乏统一的个人信息保护规则，不同法院作出的裁判有所差异，甚至出现相同种类的个人信息在不同的法院间作出不同的裁判结果。[1]究其原因，可能在于不同法院采用的划分个人信息的标准不同，才会出现选择适用侵

---

〔1〕　如在"孙某诉学集教育咨询（北京）有限公司隐私权、名誉权纠纷案"（以下简称"孙某案"）中，法院认为，身份证系与个人身份密切相关的信息，学集教育咨询（北京）有限公司作为孙某的用人单位应合理合法地持有和使用该身份信息（参见北京市朝阳区人民法院［2018］京 0105 民初 2738 号民事判决书）。但在"汤某欣与佛山市南海区大沥镇河东村联胜一股份合作经济社、曾某堂隐私权纠纷案"中，法院认为，原告的身份证号在未被告知同意的情形下以张贴判决书的方式进行公示，该行为虽有不妥，但原告的身份证号不具有明显的隐私性质（参见广东省佛山市南海区人民法院［2017］粤 0605 民初 1231 号民事判决书）。这两个案件同为涉及主体的身份证号，但两个法院作出不同的判决结果。

权保护方式的差异。故而，个人信息的分类直接涉及个人信息保护规则的制定和选择。从既有的个人信息保护立法和理论来看，可以基于不同的标准，对个人信息进行不同的分类。区分标准的确定是类型化工作的关键。[1]本书将个人信息划分为直接个人信息和间接个人信息，并在此基础上研究我国个人信息保护的司法现状。

## 一、以隐私权为核心的直接个人信息保护

根据《网络安全法》第 76 条第 5 项[2]对个人信息的规定，笔者将单独就能识别信息主体身份的信息称为直接个人信息。将与其他信息结合才能识别信息主体身份的信息称为间接个人信息。这一分类在国外的个人信息保护立法中亦有所体现，如 GDPR 第 4 条[3]的规定将能否直接识别特定自然人作为个人信息（数据）的分类标准：直接识别到身份的信息与间接识别到身份的信息。在司法实践中，直接个人信息主要包括：身份证信息、护照信息、社保卡信息等。

对于直接个人信息，司法实践主要以隐私权的方式进行保护，在认定侵犯直接个人信息权益的案件中并不要求实际损害的发生。由于直接个人信息与信息主体的关系极为紧密，一旦直接个人信息被泄露，信息主体的隐私权益就有被侵犯的极大可能性。因此，法院仅考量信息主体的个人信息是否被置于不当公开的状态来认定该行为的损害后果，并不要求该行为造成权利人实质性的侵害或有侵害的威胁。[4]与信息主体因为个人隐私被曝光而遭受财产损害或者精神损害这类典型的损害形式相比，司法实践对

---

〔1〕　黄茂荣：《法学方法与现代民法》（第 5 版），法律出版社 2007 年版，第 577 页。

〔2〕　《网络安全法》第 76 条第 5 项规定："个人信息，是指以电子或者其他方式记录的能够单独或者与其他信息结合识别自然人个人身份的各种信息，包括但不限于自然人的姓名、出生日期、身份证件号码、个人生物识别信息、住址、电话号码等。"

〔3〕　"个人数据"是指一个被识别或可识别的自然人（"数据主体"）的任何信息。一个可识别的自然人，是指通过姓名、身份证号码、位置数据、在线身份识别码这类标识，或通过针对该自然人的一个或多个身份、生理、遗传、心理、经济、文化或社会身份等要素，能够直接或间接地被识别。参见京东法律研究院：《欧盟数据宪章〈一般数据保护条例〉GDPR 评述及实务指引》，法律出版社 2018 年版，第 227 页。

〔4〕　李怡：《个人一般信息侵权裁判规则研究——基于 68 个案例样本的类型化分析》，载《政治与法律》2019 年第 6 期，第 153 页。

直接个人信息泄露采取严格保护主义。一旦直接个人信息被泄露，不论其是否造成侵害，都要求相应的行为人承担侵权责任。如在"赵某、张某、宋某与阜新市和谐物业有限公司隐私权纠纷案"中，法院认为，被告在小区内张贴的行政裁定书、民事判决书包含了三原告的身份证号码、住址等信息，被告未对此加以遮盖，其行为侵犯了原告的隐私权，故对三原告要求被告停止侵害的诉讼请求，予以支持。[1]该案件被告的行为虽未对三原告造成实质性损害，但身份证号码属于信息主体的直接个人信息，一旦泄露或被滥用将会对信息主体造成无法估量的伤害。该案三原告的个人信息和资料涉及个人的隐私权，三原告享有维护自身隐私权的权利。任何人或组织都不得非法使用、传输、公开他人的个人信息，行为人因过错侵害他人民事权益，应当承担侵权责任。

部分法院会综合考察行为人在公开信息主体直接个人信息时的目的正当性以及是否尽到谨慎注意义务，但对于行为人主观上是否有过错未曾予以考察。如在"欧某玲与张某伟隐私权纠纷案"中，法院认为，在双方租赁关系存在较大争议，且无法通过自行协商的方式解决房屋腾退等后续问题的情况下，张某伟通过在出租屋门口张贴公告的方式将与欧某玲的租赁处理事宜进行通知的行为本身并无不当，虽其将欧某玲的姓名和身份证号及租赁事宜书写进了公告，但其主观目的系明确租赁合同解除的事宜而并非向社会公众泄露欧某玲的隐私；其次，欧某玲主张其隐私权受到损害，但未提交证据证明损害后果的发生。综上，张某伟的上述行为并不构成对欧某玲隐私权的侵害，对于欧某玲的全部诉讼请求法院不予支持。[2]在该案中，张某伟在无法与欧某玲取得联系的情况下，为解除其与欧某玲之间的租赁关系，不得已而采取公告的方式进行解除。法院综合考虑张某伟披露欧某玲姓名及身份证号时的主观目的，判定张某伟没有侵犯欧某玲隐私权之目的。因此，法院裁判对欧某玲的诉讼请求不予支持，认定张某伟未侵犯其隐私权。

在该类案件的侵权免责事由中，法院认可的仅有信息已经处于公开状

---

〔1〕 参见辽宁省阜新市太平区人民法院［2019］辽 0904 民初 143 号民事判决书。
〔2〕 参见北京市第一中级人民法院［2018］京 01 民终 3927 号民事判决书。

态且此种公开得到了权利人的同意。但在对免责事由进行考量时，亦应考量信息主体的公开范围以及现实信息公开的范围。对于不当扩大的信息公开的范围则不能作为免责事由的范围，依然应当认定为个人信息侵权。在司法实践中，法院认可的同意方式包括默示同意和明示同意。默示同意是指虽然信息主体没有以口头或其他方式明确作出同意的意思表示，但是根据信息主体的行为可以推知其同意。在"陈 A 与上海教育电视台隐私权纠纷上诉案"中，法院认为，陈 A 作为一名完全民事行为能力人，在得知被上诉人记者身份和来访原因后应当能够预知其谈话内容可能被公布在该记者工作的电视节目上。在陈 A 自愿接受该记者采访的情形下，可以推知陈 A 对电视台公布含有其个人信息采访的行为持默示同意的态度。〔1〕明示同意则指权利人明确作出同意的意思表示。在"夏某与北京电视台隐私权纠纷案"中，法院认为，原告在明知被告是媒体的前提下，仍然接受被告采访，那么被告可以对其采访内容予以公开报道。其间，原告的机票行程单是其提供给被告用以拍摄的，故被告拍摄并公开采访内容和机票行程单的行为是经过原告同意的行为。如果原告提出其曾要求被告对该机票行程单做特别处理，则应对此负举证责任。〔2〕虽然信息主体的知情同意对保护其个人信息而言意义重大，但是在上述两个案例中法院对知情同意要件的判定却比较粗糙。具体而言：首先，法院未查明权利人对信息处理者收集、使用的信息的范围、目的、用途等是否知情；其次，法院未查明权利人同意他人使用自己个人信息的范围、用途、持续期间等；最后，法院认可经权利人的默示同意即可收集、利用个人信息的做法还有待商讨。本书认为，对于直接个人信息，应将信息处理的控制权赋予该个人信息的信息主体。这就要求信息处理者在得到信息主体明确、具体的同意且该意思表示以明示的方式作出的情形下才可对直接个人信息作出处理。这样不仅能够确保信息主体对其个人的控制，还能够降低后续处理环节产生的风险。

　　侵犯此类信息的侵权责任方式主要包括消除影响、停止侵害、精神损

〔1〕　参见上海市第二中级人民法院［2012］沪二中民一（民）终字第 374 号民事判决书。

〔2〕　参见北京市朝阳区人民法院［2014］朝民初 28219 号民事判决书。

害赔偿以及赔礼道歉等。根据《侵权责任法》第 22 条的规定[1]被侵权人只有在被造成"严重精神损害"的情形下才可以主张精神损害赔偿，故精神损害赔偿在司法实践中适用较少。在司法实践中：一方面，信息主体处于弱势地位，存在举证困难。另一方面，要证明其精神损害达到"严重"的程度，主要根据法官的自由裁量权对其进行判定。这些因素都导致在裁判中适用精神损害赔偿责任形式的案例较少，主要以其他三种方式担责。

## 二、以实质性损害为导向的间接个人信息保护

与其他信息结合才能识别信息主体身份的信息被称为间接个人信息。间接个人信息通过与特定个人有关的事物，并凭借其他"辅助信息"最终能达到识别特定个人的作用。间接个人信息的范围较广，包括个人微信号码、住址、兴趣爱好、电话号码等。随着信息技术的发展，侵权行为人主要通过滥用其获取的间接个人信息对信息主体的生活安宁、经济安全或人身安全进行侵扰或带来潜在威胁。

间接个人信息主要指信息主体在进行社交活动的过程中产生的不能直接识别其个人身份的信息。个人作为整个社会组成中一员，不可能脱离社会而独立存在。信息主体在参加社会活动的过程中亦要与其他信息主体进行信息交换，从而达到社交的目的，其他信息主体可以通过获取信息主体的间接个人信息加深对其了解、认识，并将其与其他主体区别开来。因此，对于单独获取他人间接个人信息而未滥用或者公开的行为，实践中大多认为不构成侵犯隐私权或侵犯个人隐私。[2]在"满某翠与大城县公安交通警察大队隐私权纠纷、机动车交通事故责任纠纷案"中，法院认为，社会媒体在合理范围内对交通违法行为的报道有助于弘扬社会正气、震慑违法犯罪，为社会公众树立正确的行为规范和价值导向，不构成对个人隐私的侵犯。[3]在该案中，大城县公安交通警察大队虽对原告的姓名进行披露，但原告的名字对于公众来说只是一个代号（社会名人除外），并不能由此确认

---

〔1〕《侵权责任法》第 22 条规定："侵害他人人身权益，造成他人严重精神损害的，被侵权人可以请求精神损害赔偿。"

〔2〕 参见北京市大兴区人民法院〔2017〕京 0115 民初 1958 号民事判决书。

〔3〕 参见河北省大城县人民法院〔2019〕冀 1025 民初 2522 号民事判决书。

原告的具体身份。故意违反交通法规本身就意味着违反者对自身隐私权的不重视和一定程度的放弃。加之原告本身确实存在交通违法行为，通过将其违法行为在一定范围内进行曝光，原告既对社会公众形成了警示作用、产生了强有力的震慑，又平衡了公众利益和个人权益，所以不构成对隐私权的侵犯。

关于司法实践中对间接个人信息的保护，法院一般未专门对行为人的主观过错进行考察，主要结合具体的案情综合判断披露间接个人信息的行为是否构成侵权。如在"施某某等人诉徐某尧隐私权纠纷案"中，法院认为徐某尧通过网络发布施某某的个人信息是为了揭露其遭受虐待的事实，从而保护未成年人施某某的利益并揭露可能存在的犯罪行为，符合社会公共利益和儿童利益最大化原则。此外，法院结合行为的后果、情节严重性等因素，判决被告没有侵犯隐私权。[1]

实践中对侵犯间接个人信息的侵权行为认定需要综合考虑侵权行为、主观目的以及损害后果或可能产生的影响。大多数法院在认定个人信息侵权行为时均需要具有实际性损害，但在个别案件中，法院认为只要行为人导致他人的间接信息处于不特定第三人可知悉的状态或者被不确定的第三人知悉，即构成对信息主体的损害。如在"赵某祥与新丽传媒股份有限公司等隐私权纠纷案"中，法院认为原告的个人信息被被告在电视上公布后，不确定的第三人就已经知悉原告的个人信息，损害即成立。[2]在"朱某芳诉周某艾腾科技有限责任公司案"中，法院认为，被告在未征得原告朱某芳同意的情况下，利用朱某芳的照片及信息作广告宣传，且在其公司的网站上公布原告朱某芳的信息，侵害了原告朱某芳的肖像权、隐私权，故原告朱某芳有权要求被告艾腾科技公司停止侵害，赔礼道歉并赔偿损失。[3]在该案中，被告未经原告同意，使用原告照片侵犯原告肖像权，擅自以公开的方式披露原告的姓名、家庭地址、公司名称、薪资待遇和公司职务等构成对原告隐私权的侵犯。因为被告的侵权行为给原告的生活安宁和私人信息安全造成实质性侵害，而且侵权行为与侵害结果间有因果关系，所以

---

〔1〕　参见南京市江宁区人民法院［2015］江宁少民初7号民事判决书。
〔2〕　参见山东省淄博市临淄区人民法院［2014］临民初字第2429号民事判决书。
〔3〕　参见河南省周口市川汇区人民法院［2019］豫1602民初2573号民事判决书。

法院认定被告的行为构成侵犯隐私权。在"王某与上海你我贷互联网金融信息服务有限公司名誉权纠纷案"中，法院认为原告并未提供充分有效的证据证明被告实施了贬低其人格的行为，同时亦未能举证证明被告的行为使得社会公众对其个人的社会评价持否定、贬斥之态度，亦无降低原告个人的社会评价之现象，故对于原告主张被告的行为已侵害其名誉权，要求被告恢复名誉、消除影响、赔偿损失并公开书面道歉的诉请，依据不足，本院不予支持。[1]

间接个人信息的侵权责任形式主要体现在停止侵害、赔礼道歉、精神损害赔偿、消除影响等上。其中精神损害赔偿需达到对被侵权人的精神造成"严重"侵扰的程度。对于被侵权人而言，该项举证责任证明较难。在司法实践中，法院不仅要根据被侵权人提供的证据依法查验、还要基于自由裁量权判断被侵权人受侵扰的程度是否已达到"严重"程度。虽然被侵权人在主张其精神遭受"严重"侵扰时存在举证困难，但这并不能代表司法实践中不存在该种司法判例。在"张某诉爱奇艺隐私权纠纷案"中，法院认为，新丽公司未尽审慎注意义务，在没有得到张伟允许的情况下，公开其个人信息的行为虽然不存在主观恶意，但此种放任的行为至少存在过失。同时，由于涉案电视剧的影响力，该行为势必侵扰到张某的私人生活安宁，并且还可能对张某造成一定的精神损害。综合上述情况，新丽公司构成对张某隐私权的侵害。张某有权依照《侵权责任法》的有关规定要求新丽公司停止侵害、消除影响、赔礼道歉、赔偿精神损害抚慰金。[2]在"朱某芳与周口艾腾科技有限责任公司肖像权纠纷、名誉权纠纷、隐私权纠纷案"中，针对原告的精神损害赔偿请求，法院认为被告艾腾科技公司的侵权行为不会致使原告朱某芳因此受到精神损害，故对原告朱某芳的该项诉请本院不予支持。[3]在原告提交的一系列证据中，并未有证据证明有因为被告的侵权行为致使原告的精神损害受到"严重"的程度，所以法院对原告的精神损害赔偿不予支持。

---

[1] 参见浙江省绍兴市越城区人民法院［2018］浙 0602 民初 9156 号民事判决书。
[2] 参见北京市海淀区人民法院［2018］京 0108 民初 49569 号民事判决书。
[3] 参见河南省周口市川汇区人民法院［2019］豫 1602 民初 2573 号民事判决书。

### 三、典型案例的出现及评析

（一）徐某玉被电信诈骗案

2016 年，18 岁的徐某玉参加高考，并被南京邮电大学录取。18 日，教育部门电话告知徐某玉，让其办理助学金的相关手续。19 日下午，徐某玉接到一个声称要发放 2600 元助学金给她的陌生电话。之后，她按照骗子的要求，将准备交学费的 9900 元打入了骗子提供的账号。之后，徐某玉发现被骗，她和家人立即去当地派出所报案。在回家的途中，徐某玉突然晕厥，去医院抢救无效死亡。据公安机关出具的死亡报告分析，徐某玉系被诈骗后不良情绪和心理因素导致心源性休克，经抢救无效死亡。在该起案件中，陈某辉从犯罪嫌疑人杜某禹手中购买了 5 万余条山东省 2016 年高考考生信息，并雇佣黄某春、郑某聪冒充教育局工作人员以发放助学金名义进行电话诈骗。该案的发生引起了社会各界的广泛关注。该案的发生正值个人信息买卖泛滥、电信诈骗猖獗之时。公诉机关指控被告人杜某禹通过植入木马等方式，非法侵入山东省 2016 年普通高等学校招生考试信息平台网站，窃取 2016 年山东省高考考生个人信息 64 万余条，并对外出售牟利。[1] 陈某辉等人利用从杜某禹处购买的上述信息实施电信诈骗，骗取他人钱款 20余万元，并造成徐某玉死亡。个人信息关乎个人的财产安全和合法权益，个人信息的安全直接关系社会诚信以及社会的和谐稳定。徐某玉被电信诈骗悲愤之下猝死一案，舆论反应强烈，使立法机关意识到了个人信息保护的重要性，也成了推动我国个人信息立法保护的一个经典案例。

（二）中国 Cookie 隐私第一案

原告朱某称在使用百度搜索关键词后，会在其他网站出现与搜索的关键词有关的广告。原告认为，百度公司在未经本人同意和选择的情况下，记录并跟踪其搜索的关键词，将其兴趣披露在相关网站上，并在网页上投放与之有关的广告，使原告精神紧张，侵犯其隐私权。一审法院认为，朱某的网络活动轨迹属于个人隐私的范围。百度公司未经原告许可收集、利

---

〔1〕　参见山东省临沂市罗庄区人民法院〔2017〕鲁 1311 刑初 332 号刑事判决书。

用了该特定行为产生的信息，侵犯了原告的隐私权。

百度公司不服一审法院的判决，遂向南京市中级人民法院提起上诉。二审法院判定百度公司不构成对朱某隐私权的侵犯。二审法院认为：首先，百度公司收集、利用的原告的数据信息不能识别出原告的身份。其次，百度公司在提供服务中没有将搜索关键词记录和身份信息联系起来。并且，百度公司是通过计算机系统的内部操作完成检索关键词以及提供个性化推荐服务，并未向公众展示基于提供搜索引擎服务而产生的海量数据库和Cookie信息，不符合《最高人民法院关于审理利用信息网络侵害人身权益民事纠纷案件适用法律若干问题的规定》第12条规定的利用网络公开个人信息侵害个人隐私的行为特征。再次，用户在享受便捷、免费服务的同时，应给予该项技术一定的宽容度。百度公司的个性化推荐服务仅发生在特定浏览器与服务器之间，并未对外公开网络用户的上网偏好和网络活动轨迹，并且没有强制用户接受该服务而是提供了相应的退出机制。最后，朱某虽称因为百度公司的行为使其精神紧张，但并没有提供证据证明百度公司的行为造成的实质性损害。因此，事实上，百度公司收集、利用朱某的网络行为信息进行个性化推荐服务并未侵犯原告的隐私权。综合以上分析，二审法院判决百度公司不构成对朱某隐私权的侵犯。[1]

该案争议的焦点在于利用Cookie收集的网络搜索记录、网络活动轨迹是否属于个人信息。根据二审法院的裁判理由，网络搜索记录、网络活动轨迹不能直接识别特定个人，不具有可识别性，故而不属于个人信息。二审法院仅就Cookie收集的信息是否属于个人信息进行讨论，没有对该信息是否属于个人隐私作出判断，未能厘清两者之间的关系。[2]

然而，这类信息虽然不能直接识别用户的身份，但与大量其他信息结合后有可能将这些信息背后的用户身份识别出来。换言之，这类信息不属于直接个人信息，但却属于间接个人信息。法院更倾向于保护能够直接识

---

〔1〕 参见南京市鼓楼区人民法院［2013］鼓民初字第30311号民事判决书；江苏省南京市中级人民法院［2014］宁民终字第5028号民事判决书。

〔2〕 李谦：《人格、隐私与数据：商业实践及其限度——兼评中国cookie隐私权纠纷第一案》，载《中国法律评论》2017年第2期，第125页；朱芸阳：《定向广告中个人信息的法律保护研究——兼评"Cookie隐私第一案"两审判决》，载《社会科学》2016年第1期，第105页。

别用户身份的直接个人信息，而对于间接个人信息则采取宽松的态度，即在未造成实质性损害的情形下，一般不按侵权处理。究其原因在于：其一，大数据技术的发展使个人信息的边界呈扩张之势，主要表现在间接个人信息范围的扩大。当原本不具有识别可能性的信息积累到一定程度后，通过数据挖掘、数据分析技术的应用，这些信息就有可能识别出信息主体的身份，成为间接个人信息。然而，间接个人信息并无固定的评定标准，法官难以对间接个人信息作出准确的判定；其二，间接个人信息的泄露造成的威胁或者伤害是潜在的、难以预料的。间接个人信息的这一特性使得法官在裁判此类案件时难以依据现有的法律判定间接个人信息侵权在未来可能造成的损害结果，所以法官只能以实际的损害结果作为裁判导向，认定被告的行为是否造成实质性损害来判定行为人的行为是否构成侵权；其三，在大数据时代，个人信息成为数据经济的重要原材料，个人信息的利用已经成为无法回避的事实。如何实现对个人信息的保护与合理利用间的平衡才是解决大数据时代个人信息的保护与经济发展间冲突的关键。对未造成实质损害的间接个人信息的利用行为不认定为侵权可以鼓励对个人信息的合理利用，能够在一定程度上化解个人信息保护与合理利用间的矛盾。

（三）郭某某侵犯公民个人信息案

被告人郭某某在某信息技术服务公司工作时，利用工作便利获取公民个人信息。辞职后，郭某某将这些信息上传存储于"腾讯微云"的个人账户内，并利用 QQ 与他人交换这些公民个人信息，出售获利 4000 元。[1]目前，由于互联网的普及使各种电商平台服务于人们生活的方方面面，从而使得这些互联网平台掌握大量的用户个人信息。一旦内部的工作人员利用工作之便，窃取用户个人信息，谋取不正当利益，将会给用户人身、财产安全带来难以预测的风险、伤害，亦有可能具有更大的社会危害性。由于该案例代表了服务行业工作人员凭借在提供服务过程中掌握的公民个人信息牟利的非法行为，故而该案例被最高人民检察院列为侵犯公民个人信息罪典型案例之一。

---

〔1〕　参见福建省厦门市思明区人民法院〔2017〕闽 0203 刑初 28 号刑事判决书。

（四）典型案件评析

基于对以上典型案例的分析，我国对个人信息的保护主要是通过民法的信息主体隐私权以及刑法的侵犯公民个人信息罪对信息主体进行救济。在法院的司法裁判中只用"个人信息"一词，并未出现"直接个人信息""间接个人信息"的表述，但是通过对关于个人信息侵权案件的分析，笔者发现法官在个案的裁判过程中会先根据该个人信息能否识别到特定人的身份做初步判断。如果该个人信息能够直接识别特别人的身份，即该信息属于直接个人信息，那么被告实施的与该信息相关的被诉行为有极大可能构成侵犯隐私权。法官还会结合其他因素加以分析，从而裁判被诉行为是否侵犯隐私权。如果不属于直接就能够识别出特定人身份的信息，但与信息主体有关，并且与其他信息结合之后有识别特定人身份的可能性，则该类信息属于间接个人信息。此时，法官通常会以是否存在实质性的损害结果为标准，界定受诉行为是否侵害信息主体的隐私权。这点主要体现在"朱某诉百度公司案"中，二审法院认为 Cookie 收集用户网络浏览记录以及网络轨迹信息不属于个人信息。在此基础之上，结合百度公司的行为并未给朱某造成实质性损害，而后，判定百度公司的行为不构成侵犯隐私权。本书认为，Cookie 收集用户网络浏览记录以及网络轨迹信息虽然不属于能够直接识别信息主体身份的直接个人信息，但属于与其他信息结合能够识别信息主体身份的间接个人信息。在判断侵犯间接个人信息的行为是否构成侵权时，需根据是否有实质性的损害结果加以考量。

对个人信息侵权案件的裁判，看似有赖于司法裁判和法学理论的合力，但由于法学理论未能及时顾及并回应司法裁判的需求，所以对个人信息侵权案件的司法裁判反而成了个人信息保护的法理研究素材。现有立法规范均未有关于隐私权内容和范围的规定，这个"粗陋的缺陷"导致对是否侵犯隐私权以及侵犯何种隐私权所保护的对象在司法裁判中缺乏足够的指引。[1]通过对司法案例的整理、分析，我们可以发现在关于个人信息的范围、个

---

〔1〕 张建文、高悦：《从隐私权的立法与司法实践看新兴权利保护的综合方式》，载《求是学刊》2019 年第 6 期，第 111 页；方新军：《一项权利如何成为可能？——以隐私权的演进为中心》，载《法学评论》2017 年第 6 期，第 118 页。

人信息侵权行为认定以及证明标准等基本问题未明晰的情况下，法院很难为信息主体的保护提供强有力的支持。法院只能以是否对原告造成实质性损害后果作为判案的主要指标。对于社会危害性大、影响范围广的侵犯个人信息的行为，法院应通过刑法对侵犯公民个人信息罪予以严惩；对给公民的生活安宁或个人隐私造成严重侵扰的行为，以侵犯隐私权予以救济；对于其他侵犯信息主体个人信息的行为该如何予以救济则并未明确。因此，我国对信息主体个人信息的保护薄弱，对信息主体的救济手段也相对有限。

## 第五章

# 大数据时代我国个人信息法律保护的完善

互联网已经成为一个开放性的公共空间，调取和发布信息快速、便捷，信息的传播也摆脱了时间和空间的限制。但是，信息主体与信息处理者、控制者间由于信息不对称造成的地位不平等，使得信息主体几乎无法参与其个人信息流转的过程，信息主体对其个人信息的控制权日益被削弱。现在，我国虽然已经公布并施行《民法典》，但随着大数据技术的飞速发展和个人信息作为数据产业的原材料被大量且普遍地收集，个人信息的法律保护处于迫在眉睫的特殊时期。故而，如何完善我国的个人信息法律保护成了实现大数据时代我国个人信息保护与合理利用的关键。

## 第一节　个人信息法律保护的制度理念重述

目前，我国已经迈入大数据时代，互联网应用的普及使个人、社会、政府间的联结被加强。为解决个人信息保护与合理利用间的冲突，应当首先在理念上对大数据时代如何实现个人信息的法律保护进行重述。

### 一、以个人信息保护与合理利用的激励相容为制度设计的核心

我国正处在经济发展的转型期，这一时期以大数据促进经济发展为主要特征。这一时期我国在选择发展的道路时需要参考近年来国际上政府改革的普遍经验并将这些经验与我国的基本国情相结合。[1]在当今复杂多变的社会背景下，鼓励多元社会主体合作，共同应对各种社会问题，并在社

---

[1]　陈振明：《评西方的"新公共管理"范式》，载《中国社会科学》2000 年第 6 期，第 73 页。

会治理方面获得了优异的业绩。[1]法律作为传统的治理社会的工具，是必须遵守的规范，其基本特征是令行禁止。故而，传统的立法规制社会治理模式主要以颁布法律的方式设立义务性或禁止性规范。这种社会治理模式有诸多缺陷：一方面该模式需要强大的执法能力，以避免命令被漠视。然而权力的集中也会带来权力滥用的可能。另一方面法律的滞后性也会导致市场主体创新能力受影响。基于此，传统的命令控制式规制受到了许多批评。在全球行政改革浪潮中，激励性监管模式由于避免了传统命令式规制模式的诸多弊端，使各方利益得到均衡、提高合规能力并且极大地降低执法成本等优势而在社会治理中备受推崇。[2]因此，该社会治理模式实施的关键就在于设计这种激励相容机制。

国内外理论研究和实践发展都证实，如果立法与政策不能相互结合、激励，将会形成"管理型"立法。[3]我国制定《个人信息保护法》，为避免或者少走弯路，可以从全球改革的大趋势和我国改革开放的基本经验中挖掘启示。个人信息的商业价值使得信息收集者、处理者对获取大量个人信息的需求日益强烈，若此时不加强对信息主体个人信息的保护，势必会导致不当或非法利用个人信息的问题更加严重，从而损害信息主体人格的自由发展。如果法律规则只是简单施加各种强制性或禁止性规定，不能因势利导，可能会影响实施的效果。因此，法律规则除了命令、禁止以外，还要发挥引导作用。

大数据时代，个人信息的保护与大数据的发展之间存在冲突。"收集、利用个人信息是以牺牲信息主体的利益为代价。"[4]个人信息作为大数据的原材料，是由信息主体产生。然而，个人信息本身具有公共产品才具有的非独占性、非排他性特点，这导致其不会因为使用行为导致个人信息价值的减损，反而会因为个人信息在反复的挖掘、再开发中迸发出新的生机。个人信息的这一特性使信息控制者、处理者对个人信息的保护不如其他私

---

〔1〕 张康之：《社会治理创新与服务型政府建设——论主体多元化条件下的社会治理》，载《中国人民大学学报》2014年第2期，第6页。

〔2〕 ［美］朱迪·弗里曼：《合作治理与新行政法》，毕洪海、陈标冲译，商务印书馆2010年版，第25页。

〔3〕 张守文：《政府与市场关系的法律调整》，载《中国法学》2014年第5期，第69页。

〔4〕 A. Michael Froomkin, "The Death of Privacy", Stan. L. Rev., Vol. 52, (2000), p. 1462.

有财产保护那般受到重视。在网络空间环境下，个人信息敏感程度的差异使得如果对所有的个人信息都给予同等程度的保护，不仅需要支付高额的成本，而且在现有的技术基础上难以实现。[1]个人信息在收集、处理的过程中受侵害的情形非常复杂，并且个人信息侵权中最终的受害者是信息主体。基于此，信息处理者追求的是个人信息的最大化利用，而信息主体则需要对其个人信息进行保护。加之对个人信息的保护会使个人信息的利用受到一定程度的限制，故而为化解个人信息的保护与利用间的冲突，在个人信息保护与合理利用的制度设计上应该以激励相容为核心。

激励相容为核心的个人信息治理之道能够兼顾信息主体与信息处理者的不同需求。在大数据环境下，个人信息被收集、利用是大趋势。如果缺乏外部监管机制，势必会产生"丛林法则"和对个人信息的肆意滥用。[2]如果外部监管机制过严，会抑制大数据的开发利用。当今，个人信息的经济价值被高度重视，信息控制者与信息主体间的失衡现象会愈发突出，那么以激励相容为核心的个人信息保护制度便愈发重要。因此，大数据时代的个人信息保护问题，并非只是单靠制定《个人信息保护法》就能解决，应先理顺立法要求与信息控制者内在激励之间的关系，通过科学的立法与制度设计实现个人信息保护与合理利用间的激励相容，从而使个人信息保护成为信息控制者的内在需要。

## 二、合理引入场景风险规则

"场景理论"（context）是美国学者在讨论信息隐私保护时提出的著名理论，该理论认为不同的具体场景会使受保护的信息隐私边界发生改变且在动态变化当中。[3]在实现信息隐私保护时，不应坚持传统的"全无或全有"的二元判断规则，而是应根据具体的情景，综合考量多种因素，从而达到保护信息主体合法权益的目的。隐私权益会因为具体场景的不同而发

---

〔1〕 Martin Hilbert, "Big Data for Development: A Review of Promises and Challenges", Dev. Policy Rev. , Vol. 34, (2016), p. 139.

〔2〕 周汉华：《探索激励相容的个人数据治理之道——中国个人信息保护法的立法方向》，载《法学研究》2018 年第 2 期，第 6 页。

〔3〕 Helen Nissenbaum, "Privacy as Contextual Integrity", Wash. L. Rev. , Vol. 79, (2004), p. 118.

生变化。[1]与传统的隐私侵权保护不同，大数据时代的个人信息保护主要在于防范和化解因计算机、网络技术带来的个人隐私利益被侵犯的直接或间接风险。有时，我们可以预见新技术的使用将带来有害影响，因此我们需要预见这些后果并制定政策，以最大限度地减少这种影响。[2]脱离特定场景谈论个人信息权益或者隐私权益可能会引发隐私权益保护目的与效果的错位。另外，隐私权益总是与特定对象有关，针对不同的对象，设定的隐私权益的保护限度不同，所以"场景理论"可以很好地解决基于不同社群，隐私权益的保护标准不同的问题，这使得为保护信息主体的隐私权益，个人信息保护的边界处于动态变化当中。"场景理论"与大数据时代技术快速进步带来的个人信息保护动态性和场景性特征相契合。

在适用场景理论保护信息主体的信息隐私时，对场景的理解至关重要。隐私权益保护的边界，需要根据具体场景中人们普遍预期的隐私利益和受保护的个体的不同而加以确定。隐私权益保护在外在形式上表现为防御第三人在未经同意的前提下私自介入信息主体的私人空间，从而使信息主体参与的共同体成员间能够更好地交流信息，并非让其成为信息孤岛。故而，信息主体所处场景的差异必然会导致其隐私权益受保护的力度不同。[3]具体而言，就是要判断在具体的场景下哪种个人信息被披露是符合信息主体的合理预期的，即信息披露的场景适当性（Appropriateness）。[4]此外，还应考量场景的完整性（Contextual Integrity），即将这一具体场景中影响个人信息保护的各种要素都纳入考虑范围。有学者将其归纳为以下几种：①维持基本社会秩序；②当事人自主和自由；③信息不平等；④维持重要的人际关系；⑤防止基于信息的损害。[5]信息披露的场景适当性是以信息主体与他人间的社会关系为基础，结合信息主体所处的特定场景，判断此情形下信息主体的行为方式以及披露的信息内容，从而使信息主体在不同场景以及

---

〔1〕　倪蕴帷：《隐私权在美国法中的理论演进与概念重构——基于情境脉络完整性理论的分析及其对中国法的启示》，载《政治与法律》2019年第10期，第149页。

〔2〕　马长山：《智能互联网时代的法律变革》，载《法学研究》2018年第4期，第37页。

〔3〕　丁晓东：《个人信息私法保护的困境与出路》，载《法学研究》2018年第6期，第204页。

〔4〕　Helen Nissenbaum, "Privacy as Contextual Integrity", Wash. L. Rev., Vol. 79, (2004), p. 120.

〔5〕　Helen Nissenbaum, "Privacy as Contextual Integrity", Wash. L. Rev., Vol. 79, (2004), p. 128.

社会关系中维持自身不同的社会形象。

有学者认为，实现"场景性公正"是隐私保护的合理路径，即将信息主体的隐私保护置于特定的场景中加以判断。[1]例如，在关系亲密的小团体中，由于成员间亲密的关系，彼此对隐私的相互分享有着较高的接受度。在陌生的环境中，由于成员间关系疏远，彼此不了解，各成员在此环境下都比较警惕。在此情景下，人们对隐私保护的预期显然高于关系亲密的小团体。由于现代科技的兴起改变了传统的信息流通方式，所以信息中蕴含的隐私信息在流通的过程中极易被侵害，成了当今社会的严重问题。虽然这种信息流通的方式给人类社会带来了诸多便利，但是这未必是合理和公平的。只有在实现信息主体个人隐私保护的基础上，再讨论在此场景中是否实现信息的合理流通才有意义。因此，实现信息主体隐私的"场景性公正"是场景理论在个人信息保护中的具体展开。"场景理论"在个人信息保护方面的应用，试图基于不同的具体场景，充分考虑各方利益，构建保护信息主体隐私的制度。然而，现有的场景理论研究只是着重在具体个案中判断隐私利益是否受到保护时需要考虑不同的场景以及相关目标。在实践中，隐私利益的权利边界判断标准不具确定性，故而在实践适用中有一定的难度。

尽管如此，引入场景理论不仅可以巩固知情同意原则之适用，亦顺应个人信息保护的国际趋势。一方面，场景理论塑造的规则并不完全排斥同意规则。在场景一致的情形下，个人信息的处理行为无需重新得到信息主体的同意，这不仅可以提高企业的工作效率，还能够避免因反复取得信息主体的同意而增加企业成本。在场景不一致的情形下，不仅需要进行风险评估，还需重新取得信息主体的同意。因而，场景理论在大数据环境下是对知情同意原则的完善和补充。另一方面，场景理论体现的数据利用规则也符合欧盟最新立法的精神。GDPR 第 6 条数据处理的合法性原则将公共利益、履行法定义务、订立和履行合同等都作为除取得信息主体同意之外的信息处理行为的合法性依据，具体体现在欧盟审议的《隐私与电子通信条

---

[1] 丁晓东：《个人信息私法保护的困境与出路》，载《法学研究》2018 年第 6 期，第 204～205 页。

例（草案）》中。该草案允许用户自己设置个性化隐私选项，使 Cookie 同意规则被简化，并且扩大其例外情况。

### 三、以加强信息主体对个人信息的控制权为制度设计的理念

在我国，比较早地介绍西方个人信息保护制度并对我国个人信息保护立法提出建设性意见的当属郑成思先生，[1]但其关于个人信息立法保护的探讨未能引起学界的关注，直到近十年，才另有学者从民法隐私权的角度探讨对个人信息的保护。[2]进入 21 世纪以来，个人信息的立法保护讨论逐渐进入状态，但有一个值得关注的现象，即从民法角度研究的成果占据多数，并且有个人信息保护民法的专著性成果。这一方面可能是因为民法学者率先关注个人信息保护在我国的重要性，另一方面也是因为宪法学者参与个人信息研究的关注度有限，这致使学界未能从最本质层面上探究个人信息保护的权利基础。所幸的是，2006 年，中国社会科学院法学研究所接受国务院信息办委托研究《个人信息保护法（专家意见稿）》，及其立法研究报告对《个人信息保护法》立法的权利基础进行相当有益的探索。研究报告指出："根据国际社会的普遍经验和本法规定的内容兼及政府机关与其他个人信息处理者的实际，个人信息权利被当作一项宪法上的基本权利对待。"[3]另也有学者以宪法上的"人格尊严"作为我国个人信息立法保护的权利基础。[4]

个人信息立法保护，从域外经验来看，有将其纳入民事法律规范的，也有将其纳入行政法律规范的。就我国而言，由于没有正式的《个人信息保护法》，因此对个人信息立法保护的法律属性也限于理论上的探讨，而理论上的探讨与不同的学者、不同的立法理念密切相关。因此，有多种观点当属正常现象。但本书不认可将《个人信息保护法》认为是宪法性法律这一观点。在有统一宪法典的国家里，宪法性法律这个概念本身存在误区，

---

〔1〕　姚岳绒：《宪法视野中的个人信息保护》，法律出版社 2012 年版，第 315 页。

〔2〕　张新宝：《隐私权的法律保护》，群众出版社 1997 年版，第 60 页。

〔3〕　周汉华：《中华人民共和国个人信息保护法（专家建议稿）及立法研究报告》，法律出版社 2006 年版，第 51 页。

〔4〕　孙平：《政府巨型数据库时代的公民隐私权保护》，载《法学》2007 年第 7 期，第 11 页。

其究竟是宪法还是法律？这在逻辑上有难以自圆其说的地方。我国通常将组织法、选举法、代表法等视为我国的宪法性法律，这是因为这些法律涉及国家的根本制度、基本原则或公民最基本的权利。但是，就法律位阶而言，其只能是法律的一种，而无法成为宪法本身的一部分。[1]退一步讲，即使承认宪法性法律，个人信息立法保护的权利基础属于基本权利，也并不能说所有保护公民基本权利的法律就是宪法性法律。从最根本意义而言，所有的法律都是在保护宪法所确立的公民基本权利，无非保护关系的远近有区别而已。

虽然"信息自决"饱受争议，实践中信息主体对其个人信息的自决权利有限，但这并不能动摇其作为一项法律原则的重要地位。个人信息作为信息主体人格利益和财产利益的集合，是实现信息主体对其个人信息的自主决定，亦是其人格尊严和自由的体现。因此，为保护信息主体的人格尊严和自由，坚持信息主体的"信息自决"尤其必要。[2]在制度设计上，不能仅拘泥于"信息自决"的各项具体要求，可以在充分考虑相关各方利益平衡的前提下，让信息主体尽量实现对个人信息的自主决定。[3]就大数据时代的个人信息保护而言，"信息自决"并非其唯一目的，维护信息主体的合法权益，实现个人信息保护与利用间的平衡才是当前时代背景下个人信息保护的主要目标。

### 四、立法与行业自律相结合

目前，我国虽然已经公布并施行了《个人信息保护法》，但在个人信息法律保护方面仍有诸多不足，比如应该选择何种个人信息保护模式、如何设计该模式才能实现对信息主体个人信息的有效保护，这些都是我们需要考虑的问题。世界各国在制定个人信息保护方面的法律时都受本国的文化传统、意识形态、核心价值观以及具体国情等因素的影响，所以不同国家制定的个人信息保护相关的法律呈现不同的特征。故而，研究、学习国外个人信息保护的典型立法及成功经验能够为我国将来完善个人信息的法律

[1] 姚岳绒：《关于中国宪法渊源的再认识》，载《法学》2010年第9期，第76页。
[2] 王利明：《数据共享与个人信息保护》，载《现代法学》2019年第1期，第45页。
[3] 程啸：《论大数据时代的个人数据权利》，载《中国社会科学》2018年第3期，第102页。

保护提供参考。

（一）个人信息法律保护模式的比较法考察——以欧盟和美国为对象

1. 以欧盟为代表的统一立法模式

对个人信息的保护，欧洲从上到下都采取对隐私的强保护模式，表现为统一立法的自然权利主义特征。[1]起初，欧洲一些国家基于保护个人数据的目的，制定各自的《个人信息保护法》，如《英国数据法》《法国信息、档案与自由法》以及《德国联邦个人资料保护法》。直至1995年，欧盟采取统一立法模式，通过颁布《数据保护指令》对个人数据进行保护，要求成员必须通过国内立法对其加以适用。之后欧盟于2002年、2006年相继通过个人数据保护系列法令，[2]2016年欧盟又通过了GDPR，于2018年直接适用于欧盟成员。以欧盟为代表的统一立法模式以个人数据隐私的人权特性与社会价值为中心，以人格保护为重点，国家通过立法的方式对其进行全方位的保护。欧盟采用该模式是受多种因素影响。对于欧洲人而言，由于其文化传统，他们的隐私观念强烈，将隐私视为一项基本人权。加之，公民在第二次世界大战中被监控、跟踪而产生的影响，欧洲民众更加注重保护私生活的安全和隐私。综上，欧盟通过立法对个人信息进行保护，赋予信息主体对其个人信息的控制权。除了欧盟及其成员立法，包括冰岛、列支敦士登、挪威和那些尚未加入欧盟的欧洲国家都采取该模式。另外，阿根廷、新西兰、瑞士等也深受欧盟立法影响，已经制定了类似的《个人信息保护法》。

（1）欧盟个人信息保护的立法理念。

欧盟关于个人信息保护的立法是以保护信息主体的权益为中心，将隐私与个人数据保护问题视为一项基本人权与自由。信息主体对其个人信息拥有的自主控制权被认为是一项基本权利，信息主体可基于自主控制权控制其个人信息的收集、处理和利用，进而实现维护信息主体的隐私权和人

---

〔1〕　吴伟光：《从隐私利益的产生和本质来理解中国隐私权制度的特殊性》，载《当代法学》2017年第4期，第50页。

〔2〕　参见《欧洲会议和欧盟理事会2002年7月12日关于电子通信领域个人数据处理和隐私保护的指令》和《欧洲会议和欧盟理事会2006年3月15日关于保留公用电子通信服务或公共通信网络中处理或生成的数据以及修改指令2002/58/EC的2006/24/EC指令》。

格尊严的目标。从处理行为来看，保护信息主体个人信息的行为贯穿于整个过程，即个人信息的收集、储存、使用以及删除等。在具体制度设计上，关于个人信息的各种自动化处理，都必须得到信息主体的同意并在收集之初的目的范围内进行。否则，须重新获得信息主体的同意。基本人权的保护在该模式下较之经济发展和机会选择处于绝对的优先地位。欧盟在2018年实施的 GDPR 中赋予数据主体知情权、不受约束权、删除权、修改权、反对权、进入权等多项权利，这些权利都与数据主体的人格尊严与自由密切相关，因此这些权利都不可转让或被剥夺。

在执行体制上，欧盟设立了国家数据保护机构——欧盟数据保护委员会（European Data Protection Board，EDPB），并要求从事数据处理的企业或组织配备专门的数据保护专员（Data Protection Office，DPO）。基于此，通过国家公权力监督为主导的自上而下的方式，实现对信息主体个人信息的严格保护。EDPB 负责监督从事数据处理的企业或组织，并对违法的企业或组织进行调查、处罚、审计和制裁。DPO 则需要接受 EDPB 的管理，在其所在的企业或组织涉及个人信息违规操作时承担相应的责任。

（2）对待个人信息商业价值的立场。

欧盟将个人信息保护作为基本人权的内容，并以保护基本人权为立法的基本理念。宏观上，以 GDPR 为代表的欧盟立法在私法理论上继续秉承传统的隐私权观念，并将个人信息视为隐私的组成部分。故而，个人信息被视为一种存在于信息主体内部、与信息主体的人格尊严及自由密切相关的基本权利。可见，其将个人信息视为人格权的客体，运用人格权–隐私权理论对其进行保护，不具有经济价值。微观上，GDPR 规定的关于信息主体的各项权利，如知情同意权、查阅权、可携带权以及被遗忘权等，这些权利都不具有财产权的特征。其中，因数据处理者未经信息所有人同意擅自处理其个人信息而导致受到经济损失时，信息所有人可以要求信息处理者给予补偿。此处是 GDPR 中唯一涉及"财产或物质"内容的损害赔偿请求权。信息所有人需要证明是该非法信息处理行为给其造成财产损失，否则将无法实现该请求。这种损害赔偿请求权并不包括对直接损失——个人信息本身商业价值流失——的赔偿请求权。因此，GDPR 给予信息所有人的这些权利本质上仍然属于人格权范畴，信息所有人不能对其个人信息的财产价值行使支配权，不享有积极的财产权。因此，欧盟对于个人信息的商业价值是持否定态度的：既不承认个人信息的商业价值，也不认为个人信息是个人的财产。

（3）对欧盟统一立法模式的评析。

欧盟的统一立法模式是以政府为主导在国家层面通过立法实现对信息主体个人信息的保护。

首先，统一立法模式使信息主体对其个人信息所享有的权利成了一项基本权利。GDPR赋予信息主体的个人信息权主要有数据主体自决权、数据访问权、限制处理权、数据可携带权、删除权（被遗忘权）、反对权、更正权等。这种以立法的方式将信息主体的个人信息权予以确立，有利于信息主体对其个人信息的支配、控制，并且可以依法排除他人的侵害。

其次，统一立法模式可以使信息主体的权利保护更加统一化、规范化。在统一立法模式下以政府为主导，通过统一立法的方式对欧盟境内个人信息的收集、储存、处理、利用等行为作出强制性规定，使这些个人信息处理行为更加统一化、规范化，进而更加有效地实现保护信息主体人格尊严和自由的目的。鉴于统一立法模式能够从宏观上把控个人信息保护的方向和力度，这使得欧盟境内关于个人信息保护的价值理念和保护方式较为相似。法律规范并非彼此无关地平行存在，期间有各种脉络关联。欧盟各成员在统一立法的影响下，各自制定符合本国国情并且与欧盟个人信息保护理念一致的个人信息保护法律，进而克服自治性规范强制力不够、实效不理想的不足。

最后，统一立法模式可以为信息主体提供更加有力的权利救济。由于法律规范具有权威性且有国家强制力保障实施，通过立法的方式对个人信息进行保护可以弥补自治规范的不足，对侵害信息主体个人信息权益的侵权行为给予相应的法律制裁，建立起切实有效的权利救济机制，为弥补当事人受损的个人信息权益提供强有力的保障。这种法律责任通常被分为民事责任、刑事责任和行政责任三种。统一立法模式下的行为规范更容易得到普遍的遵从，在此基础上形成的救济机制让受侵害的个人权利得以被补救，更有助于对个人信息的保护。

2. 以美国为代表的分散立法模式

以美国为代表的分散立法模式是以实用主义[1]为导向、以个人信息的经济特性和个人价值为中心，采取分散立法。美国对信息主体的个人信息保护是按照行业进行联邦立法（如通讯、金融、教育、保险和儿童上网隐私等），没有颁布专门的法典。

（1）美国个人信息保护的立法理念。

在美国，信息自由或言论自由的价值高于其他，被认为是美国民主和法治的基础。隐私亦受法律保护，但其地位高度不如言论自由和信息自由。美国对隐私的保护主要是为了避免政府公权力的侵犯。故而，个人信息被视为商品，通过市场调节信息主体同企业间的利益关系并且可以在市场上自由流通。[2]即个人信息被置于促进经济发展和电子商务的理念之下。因此，美国的个人信息保护制度是以促进经济发展为优先的。

美国的个人信息保护主要通过分散立法和行业自律共同组成。[3]美国的民间组织尤其是行业组织发达，美国的企业几乎都要参加行业组织和行业协会，只是不同的企业，参加的协会或组织不同。这些行业协会和行业组织力量雄厚，在民众和企业的心中认知度颇高，极受民众和企业的信赖。在美国，商业领域只执行行业规范而无相关法律进行规制属于常规做法。因此，这就形成了美国在商业领域实行行业自律模式。所谓行业自律模式，"是由公司或者产业实体制定行业的行为指引或行为规章，为行业的网络隐私保护提供示范的行为模式"。[4]美国的行业自律模式是在政府主导下的自律模式，监管上采取行业自律的模式更符合高效、便捷、与时俱进的市场需求。美国的行业自治性规范比立法更具针对性和可操作性。因为这些行

---

〔1〕 实用主义为导向的个人信息立法主要指在个人信息保护制度的设计上，以市场和经济发展为其基本价值取向，倾向于利用经济学上的成本——收益分析模式作为其制度和规制取舍的主要依据的一类立法。参见刘德良：《论个人信息的财产权保护》，人民法院出版社2008年版，第54页。

〔2〕 孔令杰：《个人资料隐私的法律保护》，武汉大学出版社2009年版，第170页。

〔3〕 关于个人信息保护的立法主要有：《美国1974年隐私法》；有关电子信息处理的《电脑资料对比与隐私保护法》《电子通讯隐私权法》《录像带隐私保护法》《有线电视通讯政策法》；规范私人机关收集、处理、储存、处理个人信息的《公平信用报告法》；保护学生教育信息的《家庭教育权利与隐私法》；以及《儿童隐私保护法》和《金融隐私法》，还有2015年6月2日通过并生效的《美国自由法案》。

〔4〕 蒋坡主编：《国际信息政策法律比较》，法律出版社2001年版，第433页。

业规范是由该组织中从事该行业、熟知相关法律知识并且能够针对该专业领域的各种问题提出相应解决方案的专业人士制定。此外，加入行业自律组织或行业协会的成员都是基于自愿，所以成员对自治性规范的遵从具有更强的内在动力。

　　美国个人信息保护行业自律的成因主要在于美国以经济发展为主导，所以对于个人信息保护持宽容、支持利用个人信息的态度，主张用市场自身的理论来解决个人信息保护中遇到的问题。其次，保障公民权利和限制政府权力的理念被贯穿于美国宪法和法律的始终，并且美国公民有着较高的自觉和自律意识。以上因素都为美国在个人信息保护的行业自律模式的形成提供了可能。美国作为信息技术最为发达的国家，其在数据跨国流通中获益最大，所以为了数据产业的长远利益采取较为宽松的立法保护。[1]在个人信息的保护方面，主要分为公的领域和私的领域。在公的领域，政府可通过立法实施政府干预，对个人信息进行保护。在私的领域，主要通过行业组织制定伦理规范来实现对个人信息的保护，即通过行业自律的方式实现保护信息主体个人信息的目标。目前，美国为促进数据产业的快速发展主要采用行业自律的方式，将政府的介入限定在最小的范围内，并以民间组织为主导实现对个人信息的保护。然而，行业自律模式的实质是在法定框架内，基于政府的引导而开展的行业自律，并非完全任其所为，其与政府也有着密切的关系。只是在此模式下，政府将其干预力度降至最低，以避免数据产业因受到诸多限制而阻碍其发展。

　　美国对个人信息的保护是建立在隐私权基础之上的，强调市场调节在个人信息保护中的作用。通过市场的去中心化使政府干预降到最低，从而更有助于信息主体实现其自身的信息自由和言论自由。[2]美国的个人信息保护模式着眼于经济发展，强调尽量避免对个人信息的滥用。一旦消费者曾经被该公司承诺对其个人信息给予特别保护但并未做到，那么该公司的行为就会被视为虚假陈述或欺诈，应当承担相应的法律后果。这实质上是一种间接规制。美国的个人信息法律是由公权力机关分别制定单行法予以

　　[1] 张平：《大数据时代个人信息保护的立法选择》，载《北京大学学报（哲学社会科学版）》2017年第3期，第146页。
　　[2] 刘德良：《论个人信息的财产权保护》，人民法院出版社2008年版，第56~57页。

保护，没有将个人信息保护的立法权赋予统一的立法机关。美国依托消费者身份利用现有机制加强信息隐私监管的实用主义路径成本较低，与其普通法传统相契合。[1]

美国没有统一的个人信息法，没有专门的个人数据保护机构，对侵犯个人信息的行为主要通过民事诉讼予以救济。故而，对美国个人信息的保护更具有民法性质。欧盟各国将个人数据保护法视为公法的范畴，更具有行政法的性质，通过专门机构执法以及建立严格的登记制度对个人数据处理行为进行行政管理。此外，欧盟个人数据保护法关注信息主体的个人基本权利和与之相关的社会利益，尤其是行政效率、多元化经济发展、民主和政治。[2]

（2）对待个人信息商业价值之立场。

在此模式下，美国的个人信息保护制度更注重信息主体的言论自由，立法政策上优先考量经济发展，尤其是考量能否促进网络电子商务市场的发展，同时兼顾个人信息保护。立法默认信息主体是其个人信息的所有者，并将个人信息看作是商品，承认其经济价值。市场本身就具有盲目性，若完全不对其加以限制，在面临类似人工智能的威胁或者全球变暖的潜在危险时，市场就有可能会失灵。[3]

美国不仅注重信息的自由流通，还注重个人信息保护与合理利用之间关系的平衡。美国对私法主体和公共机构给个人信息保护带来的威胁并未采取同样的态度。美国认为，个人信息保护的主要威胁来自公共机构对个人信息的处理，所以更重视规范公领域的个人信息处理行为。在私领域，主要采取行业自律的方式，通过制定规章或行为指引对信息主体的个人信息进行保护。《美国 1974 年隐私法》在美国个人信息保护立法中居于比较重要的地位，该法以政府为规范对象。[4]美国大多数的个人信息保护立法

〔1〕 刘泽刚：《大数据隐私的身份悖谬及其法律对策》，载《浙江社会科学》2019 年第 12 期，第 21 页。

〔2〕 齐爱民：《拯救信息社会中的人格——个人信息保护法总论》，北京大学出版社 2009 年版，第 16 页。

〔3〕 ［以色列］尤瓦尔·赫拉利：《未来简史》，林俊宏译，中信出版社 2017 年版，第 341 页。

〔4〕 Devries, "Protecting Privacy in the Digital Age", Berkerley Tech L. J., Vol. 18, (2003), pp. 283~290.

都是针对某个部门或特定领域，例如未成年人领域、个人征信领域、医疗领域、电信领域以及金融领域等。[1]因为这些部门或领域都掌握大量敏感度高的个人信息，并且极易发生侵害信息主体合法权益的信息处理行为。对于其他领域个人信息的保护，则通过行业自律。

（3）对美国分散立法模式的评析。

这种模式不仅与数据经济的发展需求相契合，而且能够避免因严格立法而导致对技术和经济发展以及社会进步产生不利影响。另外，立法权力被分散于不同的行政机关，从而有效规避由权力过于集中而可能引发的问题，这也体现了美国"权力制约"的法律传统。同时，该种立法模式可对社会生活中出现的新的侵犯个人信息的问题及时、快速地作出回应，缓和信息社会快速发展与法律的滞后性之间的矛盾。法律只会对已经出现的问题提出解决方案，对于未出现和刚出现的问题都未能及时作出规定。并且，为了保持法律的权威性和稳定性，立法者不能频繁修订法律。行业自律通过市场这一调节器，快速均衡数据行业发展与信息保护间的关系，具有灵活缓和法律滞后与信息社会快速发展之间矛盾的优势。

其次，自治性规范顺应美国政府对个人保护的立场。在个人权利保护和商业发展的平衡问题上，美国政府认为经济发展对于信息主体而言是利大于弊，所以个人必须牺牲某一些方面的隐私以换取经济的发展。美国政府坚信借由技术的进步以及行业自治性规范和特定领域的特别立法可以增强对隐私权的保护。[2]此外，自治性规范还能有效缩减保护个人信息的成本。

再次，个人信息保护有助于实现信息主体和信息处理行业的双赢。消费者的信息对于数据行业的发展有着至关重要的作用。如果消费者的个人信息不被有效保护，其对信息行业不再信任，那么在相关企业对个人信息进行收集时势必会遇到障碍，这不利于信息行业的健康发展。这也是行业保护个人信息的内在动因。自治性规范能够缓和网络的快速发展性与立法

---

〔1〕 这些立法主要有《公平信息纪录报告法案》《格雷姆-里奇-比利雷法》《有限通讯法案》《电子通讯隐私法案》《电信通讯法案》《个人可识别性健康信息隐私标准》以及《儿童网上隐私保护法案》等。参见杨芳：《隐私权保护与个人信息保护法——对个人信息保护立法潮流的反思》，法律出版社 2016 年版，第 139 页。

〔2〕 齐爱民：《大数据时代个人信息保护法国际比较研究》，法律出版社 2015 年版，第 161 页。

滞后性间的矛盾。其一，法律具有滞后性。伴随数据处理技术的突飞猛进，个人信息的侵权问题日益多样化。然而滞后的立法已难以满足飞速发展的数据技术带来的各种问题的需求。其二，行业组织因其有实务和业务知识方面的优势，能够对当下出现的各种关于个人信息保护的新问题作出快速回应，由此制定和解释规范，并且这样执行的成本也相对较低，这些成本都由行业组织自己承担。以上原因共同导致美国公众支持自治性规范。

最后，自治性规范是基于行业特点而制定适合其特点的信息保护政策。不同的行业收集与处理个人信息的情况是不同的。当下，美国联邦贸易委员会认为对所有收集处理个人信息的行业设立一个统一的标准是不可能的。但是，行业可以根据自身特点制定适合自己的保护个人信息的政策。

该种模式也存在不足。由于未能形成统一的个人信息保护制度，美国在欧盟范围内进行数字交易时遇到诸多障碍。加之，美国以市场为导向，促进数据跨区域、跨国家流通，将个人的信息保护置于较为次要地位的立场，与欧盟严格保护个人的信息权利的立场不相符，这些都是影响欧盟成员与美国贸易通畅的原因。在行业自律层面上：一方面，行业自律模式依托于技术规范。技术规范作为技术层面保障信息主体个人信息安全的手段，当个人信息数据被泄露时，仅可以通过屏蔽或者删除的技术手段对信息主体的个人信息安全进行救济。对此，美国的网络隐私认证计划中提及的最高处罚仅是对参与保护的网络行业不予认证，很少关注如何救济个人权利。这意味着如果行业自律的技术出现问题，那么个人只能寻求私力救济。

另一方面，私主体仅依靠行业的自我约束，强制力不够，并且投诉和争端解决机制不完善。行业自律模式对私主体的自律性令人担忧。愿意参与行业自律的私主体根据行业的规定对个人信息进行保护，但这些规定并不具有强制性。对于那些不愿参与行业规定的私主体该如何规制，并未有明确的规定，只能依靠市场对其进行调整。这不禁令人担忧。此外，市场也存在失灵的可能性。市场这一"看不见的手"使社会从中获得收益并引导着市场中的买者和卖者，但是市场也有可能失灵。一般认为，导致市场失灵的原因包括不完全信息、公共物品、外部性和垄断等因素。[1]同时，信

---

〔1〕 纪红任等编著：《物流经济学》，机械工业出版社2007年版，第46页。

息处理者与信息主体间的信息不对称使行业自律模式极有可能失败。

3. 典型立法之比较——GDPR 与 CCPA

大数据时代，用户数据作为互联网经济的核心，其对企业发展和产业升级都具有非常重要的作用。为促进数据产业健康、可持续发展，立法机关通过立法的方式在国家层面对其加以规范。CCPA 不仅承接了 GDPR 的主要精神和一些规范性内容，还在此基础上有所补充和创新，这使得 CCPA 与美国以往针对特定行业或特定隐私权事项的法案相比，显得更加特别。

（1）两者的一致性。

在立法目的上，两者都是为加强对个人数据和隐私的保护，通过规范企业处理数据的行为，强化数据企业的责任，并设定较为严格的处罚。在具体内容上：第一，两者都为作为信息主体的个人赋予一些权利，如数据可携带权、删除权（"被遗忘权"）；第二，两者都要求企业告知用户收集、利用、共享数据的具体信息，并及时修改隐私政策，定期更新并确保在适当时间收到所需的通知；第三，两者都对儿童数据的同意作出具体规定，并设定较严格的处罚方式，为个人提供了自行维权的途径。

（2）两者的差异性。

第一，立法目的不同。GDPR 是以监管者的立场，以保护基本人权为立法目的，强调有关责任主体主动规范数据处理的行为；而 CCPA 则以保护消费者的权益为目的，侧重于规范数据的商业化利用。CCPA 对个人数据的使用是"原则上允许，有条件禁止"，而 GDPR 则是"原则上禁止，有合法授权时允许"。

第二，适用对象不同。GDPR 的适用对象是拥有欧盟公民个人数据的组织。CCPA 约束的是处理加利福尼亚州居民个人数据的营利性实体，并且该实体还需要满足以下要求：年度总收入超过 2500 万美元或为商业目的出售、购买、分享超过 50 000 个消费者、家庭或设备的个人信息，或通过销售消费者个人数据取得的年收入超过总收入 50%。

第三，对"个人数据"或"个人信息"的范围界定不同。与 GDPR 以抽象概念定义模式相比，CCPA 结合抽象定义与不完全列举两种方式，一方面通过抽象定义对个人信息的管辖范围划定边界，另一方面通过具体列举为企业提供了相对明确的判定指引，以在一定程度上避免交易双方对"个人数据"范围达不成一致的情况，也针对诸如面部识别、声纹识别、虹膜识别等新技术领域出现的存在标识属性的个人信息进行更加明确的界定。GDPR 第 4 条第 1 款规定"个人数据"是指一个被识别或可识别的自然人（"数据主体"）的任何信息。[1]之后，CCPA 通过列举的方式对个人数据的类型进行列举。CCPA 在第 1798.145 节用"定义+不完全列举"的方式对消费者"个人信息"进行具体的规定。[2]其中尤需注意的是，CCPA 将家庭、身份关联的和设备的信息纳入了个人信息的范畴。

在 GDPR 的基础上，CCPA 所列举的"个人信息"的范围更加宽泛。首先，与 GDPR 关注"特定个人"的信息不同，CCPA 将"特定家庭的信息"也纳入了管辖范围。其次，与 GDPR 强调数据对"特定个人"的指向性不同，按照 CCPA 的规定，如果一些信息可以直接指向"设备"，那么这些信息也受 CCPA 的管辖。再次，CCPA 将一些 GDPR 适用过程中易产生争议的数据类型明确列举进 CCPA 的管辖范围。如"音频、视觉、热、嗅觉或类似信息""包括意图或实际购买商品或服务的记录、消费历史记录或消费趋势"等。最后，CCPA 针对个人信息的种类进行了更加细致的列举式说明。例如 CCPA 对生物信息的内涵做了如下说明："包括个体的 DNA、虹膜、视网膜、静脉图案成像、录音图像、面部印记、声纹、以及包含识别信息的击键模式、节奏、步态模式或节奏。"

第四，关于个人权利的规定不同。GDPR 规定了信息主体享有知情权、访问权、更正权、清除权（被遗忘权）、限制处理权、拒绝权等权利。在 CCPA 中，消费者的权利包括有权要求企业披露收集到的个人信息的类别、具体要求、目的以及与之共享信息的第三方；有权要求企业删除收集的有关消费者的个人信息；有权选择不出售个人信息等。

关于"被遗忘权"，GDPR 适用"原则+例外"的方式。GDPR 第 17 条规定，数据主体有权删除其个人数据。但数据主体在某些情形下无法行使

[1] 京东法律研究院：《欧盟数据宪章〈一般数据保护条例〉GDPR 评述及实务指引》，法律出版社 2018 年版，第 227 页。

[2] 个人信息是指能够直接或间接地识别、描述与特定消费者或家庭相关或合理相关的信息，包括但不限于真实姓名、别名、邮政地址、唯一的个人标识符、在线标识符、互联网协议地址、电子邮件地址、生物信息、商业信息、地理位置数据以及教育信息等。

被遗忘权，并列举不适用的具体情形，如为了行使言论和信息自由权，遵守法律义务，在公共健康领域执行有公共利益的任务或行使控制者被授予的官方权力，为公共利益、科学或者历史研究目的、数据统计目的，或者为了法律辩护需要时等。此外，在 GDPR 说明条款的第 47、48 条对于被遗忘权不能适用的情形也有规定，如为了防止欺诈而对个人数据进行严格处理；企业集团为了内部管理的目的而在企业集团内部进行个人数据传输；公共机构、计算机应急反应小组（CERT）、计算机安全事件响应小组（CSIRT）、电子通信网络和服务提供者为了确保网络和信息安全、提高信息系统抵抗能力、规避意外事件而进行紧急个人数据处理。

CCPA 对"被遗忘权"也有规定，但其对被遗忘权的执行设置了更为确定的例外情形，包括该信息对于完成数据主体请求的交易，或对于履行协议来说是必要的；该信息对于侦察安全事件、防止欺诈、欺骗、不法行为、鉴定或修复错误、促进言论自由、公共利益的科学性、历史性或统计性的研究等来说是必要的；如果该信息对某个公司的内部使用（且该使用被消费者合理地期待）来说是必要的；该信息以与搜集目的相匹配的形式被内部利用。GDPR 与 CCPA 都对被遗忘权设置了诸多障碍。比较而言，CCPA 为数据主体"被遗忘权"的行使设置的标准高于 GDPR，这主要是基于 CCPA 促进数据自由流动和便捷交易的价值取向。

第五，对同意的规定不同。GDPR 采取选择加入的方式，将"同意"作为数据处理的正当性基础，在第 7 条第 3 款[1]以及说明条款的第 69 条[2]分别对数据主体的"撤回同意权"和敏感数据处理的反对权进行规定。而 CCPA 则采取选择退出的方式，消费者有权指示企业停止向第三方出售其个人信息。数据的处理以"通知数据主体"为原则，数据主体的主动授权和同意时常并非必需，数据主体仅有"选择退出权"（Opt-Out），侧重于促进数据的流动和高效商用。

---

[1] GDPR 第 7 条第 3 款规定："数据主体有权随时撤回同意。同意的撤回不应影响在撤回前基于同意做出的数据处理合法性。"

[2] GDPR 说明条款第 69 条规定："数据主体应有权利反对特殊情形的个人数据（即宗教、种族、工会成员等敏感数据）的处理，应当由控制者来证明控制者不可抗拒的合法利益与数据主体的利益或者基本自由或权利产生冲突。"

与 GDPR 不同，CCPA 并未将用户的"同意"作为数据处理最重要的合法基础，而是仅仅规定了企业在出售个人信息之前有义务"通知"数据主体。同时，在一定条件下，用户有权自愿选择退出数据处理。CCPA 在第 1798.120 条规定了"自愿退出权"：向第三方出售个人信息的企业应当通知消费者该信息可能会被出售，并且消费者有权从个人信息被出售的情境中自愿退出。CCPA 第 1798.135 条规定"自愿退出链接"：在企业的互联网主页上提供标题为"不要向互联网网页出售我的个人信息"的明确而明显的链接，该网页促使消费者或消费者授权的人能够自觉不出售消费者的个人信息。

第六，对儿童个人信息处理的规定不同。GDPR 对儿童持严格保护的态度。其在第 8 条中规定，未满 16 周岁儿童的个人信息，应征得监护人的同意或在其授权范围内的数据处理行为才合法。[1]CCPA 在第 1798.120 条（c）将儿童的权利分成 13 周岁以下和 13 周岁至 16 周岁两种情况：①若儿童未满 13 周岁，则只有在其父母或者监护人授权的情况下，企业才能向第三方出售该儿童的个人信息；②若儿童满 13 周岁但未满 16 周岁，则只要儿童自己明确授权，企业就可向第三方出售该儿童的个人信息。综上，GDPR 倾向于默认 13 周岁到 16 周岁的儿童对个人信息的处理行为不具备完全认知能力，因而需要监护人的授权，企业方能处理其个人信息。而 CCPA 则倾向于默认 13 周岁到 16 周岁的儿童具备一定的行为能力，即其作为消费者有权授权他人处理自己的个人数据。

第七，对数据传输的规定不同。GDPR 第 45、46、47、48、49 条都对数据传输作出了规定。其一，数据输入者所在国是否被列入"充分性认定清单"。根据 GDPR 第 45 条的规定，由欧盟委员会以"实施法案"方式确定数据跨境传输的"充分性认定清单"。一旦欧盟以外的某国家或地区（也包括国际组织或行业）进入该"清单"，那将意味着欧盟境内的个人数据可以更加自由地传输到该国家或地区（国际组织或行业），而不再受 GDPR 中

---

〔1〕 GDPR 第 8 条规定："直接向儿童提供信息社会服务的，只有对 16 周岁以上儿童的个人数据处理合法。儿童未满 16 周岁时，处理在征得监护人同意或授权的范围内合法。成员国可通过法律对上述年龄进行调整，但不得低于 13 岁。考虑现有技术，控制者应当做出合理努力证明此情况下已取得监护人同意或授权。"

诸如数据跨境传输协议、BCR 认证等严格条件的限制。"充分性认定"的门槛和标准比较高，而且欧盟在判定、审查、修改、撤销等程序时自由裁量权十分大，目前全球范围内也仅有瑞士、以色列、日本等少数国家获得了欧盟"充分性认定"。其二，若所在国未进入上述"充分性认定清单"，则控制者或者处理者在当且仅当其提供了适当的保障，且已提供可执行的数据主体的权利和给予数据主体有效的法律救济的情况下，可以将个人数据传输给第三国及国际组织。[1]其三，若企业不满足前两项规定，则判断企业集团内部是否建立起有约束力的公司规则（BCR）并被监管机构批准。[2]其四，若不满足以上三项，那么向第三国或国际组织传输个人数据仅能在满足如下条件时才能发生：数据主体已经在充分了解在缺少充分性认定和适当保障的情况下的传输对数据主体可能会导致的风险时，明确同意传输；为履行数据主体和控制者之间的合同的目的而传输；跨境传输对于履行其他人之间的合同是必要的；当数据主体客观上或法律上不能作出同意时，该传输对于保护数据主体或他人的重要利益是必要的；或者向第三国或国际组织的传输不是重复的、仅与少数的数据主体相关、为了实现控制者追求的令人信服的合法利益、该利益不与数据主体的权利和自由相互冲突、目的是必要的等。[3]其五，上述第四项判断标准的前提是，必须要通过"必要性测试"和"偶然性判定"。根据欧盟数据保护委员会（ED-PB）对跨境传输的解释，上述第四项提到的跨境传输的合法性基础的适用，前提条件一般都是要通过比较繁琐的"必要性测试"以确定该数据跨境传输的必要性，并确定这些数据的跨境传输是偶发的而并不是常态化的，这样才能适用上述第四项中的跨境传输合法条件。然而，实践中，真正能够通过"必要性测试"和"偶然性判定"的跨境传输屈指可数，这也体现出了 GDPR 及其执法机构对于跨境传输采取严格限制的立场。

　　CCPA 对数据的跨境传输管控持放任的态度，并未对该问题进行明确规定。究其原因：主要在于美国的互联网及信息产业均在全球处于领先地位，因而从价值取向上更加鼓励数据的跨境流动，跨境流动越自由，美方在数

---

〔1〕　GDPR 第 46 条。

〔2〕　GDPR 第 47 条。

〔3〕　GDPR 第 49 条。

据资产控制和利用方面就越主动。欧盟互联网和信息产业发展相对于美国较为滞后，因此与 GDPR 为数据跨境流动设置层层关卡相比，CCPA 并未对数据跨境流动设置限制。

第八，管辖权原则不同。根据 GDPR 第 2 条、第 3 条及说明条款第 23 条的规定，GDPR 的管辖权原则为"属地管辖"＋"属人管辖"＋"保护性管辖"的结合。CCPA 中"加州消费者"的定义参照加利福尼亚州税法的规定。该法规定的"居民"包括"以非临时目的居住在加州境内的自然人"以及"以临时目的居住在加州境外的加州居民"。[1]与 GDPR 不同的是，CCPA 明文指出了不受 CCPA 管辖的情况——如果企业的商业行为每个方面完全在加利福尼亚州以外进行，则不受 CCPA 的管辖。其中，"商业行为每个方面"，包括"消费者所在地""个人信息出售行为发生地"等方面。我们应针对这些方面对个案综合判断企业是否落入加利福尼亚州 CCPA 管辖。相比而言，GDPR 的管辖较广泛，管辖逻辑复杂，只要与欧盟、欧盟居民、向欧盟输出产品服务或监控欧盟个人等因素相关，即大概率落入 GDPR 管辖范围。相反，CCPA 管辖逻辑简明，聚焦于管辖"以营利目的处理个人信息的企业"，为被管辖实体设置了"年收入金额门槛"和"消费者、家庭和设备数量门槛"，注重对于风险影响程度和范围较大的实体进行管辖，执法的针对性就更强。

（二）我国的选择——对欧盟模式和美国模式的折中

法律文化根植于传统文化的土壤之中，各国独特的传统文化环境塑造出了各自不同的社会价值观，产生不同的价值选择。[2]我国个人信息的私法保护采用何种模式除了考察国外立法，还需要结合我国的文化背景、历史传统以及我国的具体国情，综合加以考量。

1. 以行业自律的保护模式不适合我国的基本国情

行业自律是在法律框架内的规范体系，其不是脱离法律的监督而独自存在。西方行业协会是市场经济产生和发展的产物，它最主要的作用就是

---

〔1〕 崔丽莎：《GDPR 与〈2018 加州消费者隐私法案〉对比及对我国个人信息保护立法的启迪》，载 http://www.jinciwei.cn/d269561.html，2024 年 6 月 25 日访问。

〔2〕 丁国民、连浩琼：《我国在个人信息保护模式上的价值选择——以美、德比较法为视角》，载《北京邮电大学学报（社会科学版）》2019 年第 3 期，第 5 页。

制定自治性规范，实施行业自律。行业协会往往是依据相关法律制定和实施自治性规范。纵观西方国家，英国为帮助行业协会实施行业自律颁布了大量的法律，比如《英国1974年消费者信用法》《英国1978年消费者安全法》《英国1976年消费者交易秩序法》。美国之所以能在商业领域实施行业自律保护个人信息，是因为美国宪法有关于隐私保护的严格规定和各种判例，最重要的是美国有《美国1974年隐私法》对国家机关处理个人信息进行规范。加之，美国有着发达的行业组织，并且这些组织与政府间的互动密切，所以大多数网络服务商都会主动参加各种行业组织，由此产生了多种行业自律形式。[1]行业自律模式的优势在于：一方面可以根据行业的不同而对个人信息收集、处理、利用行为进行分类保护；另一方面可以避免过早立法而限制将来信息的应用。[2]

我国的国情与这些西方国家不同，当前期望通过行业自律实现个人信息保护的时机并未成熟。虽然我国的经济日益发达，民间组织的种类有所丰富，其数量也有所增加，但我国民间组织的发展仍处于初级阶段，各项机制并不完善。从民政部门管理的角度来看，中国民间组织包括两类，一类是民办非企业单位，另一类是社会团体。但有些民间组织本身就面临着严重的合法性问题。由于中国目前实行民间组织双重登记制度，有相当一部分民间组织未曾进行登记或到工商部门注册，而且一些合法的民间组织也存在财务混乱、内部管理不善、欠缺相应对外协调能力甚至违法犯罪等问题。例如，我国的红十字会因为管理不善而频频被曝出资金流向不明的丑闻。所以，现阶段，我国的民间组织不能单独胜任个人信息保护的职责。

2. 我国应采取立法与行业自律相结合的保护方式

美国的行业自律模式虽然有利于信息行业的发展，但其有效实施与美国的历史文化传统及经济发展模式有着重要的关系。"个人对其个人信息有所有权，并且如同财产的所有人那样，有权控制对其个人信息的任何使

---

〔1〕蒋坡主编：《国际信息政策法律比较》，法律出版社2001年版，第449页。

〔2〕徐美：《再谈个人信息保护路径——以〈民法总则〉第111条为出发》，载《中国政法大学学报》2018年第5期，第93页。

用。"〔1〕即，在美国，个人信息包括隐私信息都被当成一种财产受保护。在大数据时代个人信息的保护问题上，美国法学界争论的只是选择财产法还是侵权法更有利于对个人信息的保护。故而，美国的行业自律模式不适合我国的基本国情。反观欧盟的国家立法模式，虽然有利于保护个人权利，但政府的立法过于严格，可能会阻碍行业的自由发展。基于此，本书认为，我国可采取立法与行业自律相结合的保护方式，引导民间组织的自我发展并通过立法对个人信息进行专门的保护。

立法模式与行业自律分属于两种规制模式，都对整个电子商务行业的快速发展发挥着重要的促进作用。在立法模式下，国家强制力可以为保护个人信息提供保障，但其缺陷在于立法的滞后性与现有技术飞速发展引发的新问题间的矛盾。行业自律恰恰能弥补立法滞后的不足。美国基于此主张由行业自治主导电子商务发展。行业自律具有的灵活性在能够满足大数据时代信息收集者、控制者对个人信息处理的多样化需求的同时，还能保障信息主体的合法权益，然而对行业自律最大的诟病之处就是其缺乏对信息主体的权利的救济措施。我国可以采取立法与行业自律相结合的规制方式，并通过设置评估机构的方式对行业组织进行必要的评估。此外，还可以在行业自律机制中增设一些具体的惩罚措施，比如行业警示、公示、黑名单等，规范信息行业的行为，以达到保护个人信息的目的。〔2〕

## 第二节　个人信息法律保护的制度基础：确立个人信息权

大数据时代，信息主体对个人信息的控制日益弱化，个人信息的侵权行为频繁发生。我国现有的个人信息法律保护制度已经难以满足信息主体对其个人信息保护的需求，因而需要通过确立个人信息权的方式将个人信息上升到权利层面进行保护。

---

〔1〕　Jerry Kang, "Information Privacy in Cyberspace Transaction", Stan. L. Rev., Vol. 50, (1998), pp. 1193~1246.

〔2〕　姜盼盼：《大数据时代个人信息保护的理论困境与保护路径研究》，载《现代情报》2019年第6期，第154页。

## 一、个人信息权性质的法理分析

个人信息保护在大数据时代的核心问题在于如何改变信息主体与信息处理者间力量的悬殊，使得信息主体对个人信息失去控制权，同时又缺少恰当的法律制度扭转信息主体弱势地位的现状。科技的进步促使社会信息化程度的加深，个人的工作、学习、社交等活动都能够以信息的形式呈现，使得现今社会面临转型。个人信息作为与个体密切相关的信息和资料的总称，成了法律保护的对象。在大数据环境下，个人信息作为一种资源被信息处理者广泛地收集、处理、利用，个人信息上承载的人格利益被侵害的风险加大，但在该时代背景下，信息主体无法参与信息流转的过程，故而需要将信息主体的个人信息权益上升到权利层面进行保护。

"个人信息权"本质上是私权，是一种新兴民事权利。随着《民法典》第111条将个人信息正式纳入民法的保护范围，"个人信息权"的私权利地位被正式确立。由于个人信息的人格属性和财产属性，个人信息的权利性质问题有诸多争议。由于涉及管理个人信息的行政部门众多，不能因为个人信息与公法关联较多，就想当然地得出个人信息是公权的结论。个人信息权作为一种新兴的权利不能用传统民法非财产权即人身权的观点对权利的类别进行划分。个人信息作为信息主体人格利益和财产利益的载体，其本身就具有复合性。与之相对应的个人信息权则不能简单地被界定为人格权或财产权。本书认为，在大数据时代，对个人信息的法律保护可以将个人信息权界定为一种框架性权利。框架性权利（Rahmenrecht）作为一种特殊的权利，与传统权利的特征有诸多不同。[1]框架性权利的首创者肯切尔教授认为："框架性权利只是一个框架或模糊的范围，其边界实际在哪里，我们事先并不知道，法官在个案中进行利益衡量之后，才知道是否应当为其提供保护。"[2]基于此，框架性权利具有边界模糊、内容不确定、法官具有自由裁量空间以及兜底性等特点。

个人信息作为信息主体在社会交往中标识自己，将其与他人进行区分

---

〔1〕　于飞：《论德国侵权法中的"框架权"》，载《比较法研究》2012年第2期，第69页。

〔2〕　于飞：《论德国侵权法中的"框架权"》，载《比较法研究》2012年第2期，第74页。

的工具，在社会交往的过程中被使用。大数据时代，信息主体的个人信息以多种方式被大量收集、处理并利用的现象变得更加普遍。这些都让个人信息无法绝对排除他人使用，而且数据技术的发展让个人信息的边界不断扩张，个人信息的保护范围难以确定，从而让他人的信息处理行为缺乏明确的指引。并且，大数据时代，个人信息侵权行为的隐蔽性、复杂性和普遍性有时难以确定是否构成对信息主体合法权益的侵害。在司法实践中，法官需要在具体案件中通过利益均衡进行裁判。随着技术的进步、个人信息范围的扩张，与之相关的个人信息权的内容也将发生改变。基于此，将个人信息权界定为一种框架性权利，不仅可以实现个人信息保护与个人信息利用间的平衡，还可以满足大数据时代个人信息法律保护的新需求。

## 二、个人信息权确立的必要性

### （一）个人信息权确立的现实必要性

首先，从保护公民基本权利的角度出发，确立个人信息权有利于保护信息主体的人格尊严和自由。个人信息被各种 APP 违规收集、个人信息被泄露、公民被垃圾短信骚扰及算法歧视等现象层出不穷，信息主体的知情权难以得到保障，从而使其无法基于自己的真实意思作出个人信息如何被利用的决定，有损信息主体对其个人信息的自主价值。信息主体的人格尊严和自由主要体现在个人信息的自主价值上，然而实践中信息主体的自主价值常被忽视。信息处理者凭借收集的信息塑造信息主体的数字人格，这些无不体现信息主体在网络环境下难以维护自己的人格尊严和自由。基于此，可以通过确立个人信息权维护信息主体在网络空间的人格尊严和自由。

其次，从推进数据产业发展的角度出发，个人信息权的确立有利于缓和个人信息保护与个人信息利用间的冲突，促进数据产业健康、持续发展。互联网的普及使信息的流转突破了地域空间的限制，扩宽了人们获得信息的渠道并大幅度降低了信息流转的成本。个人信息作为大数据产业发展的原材料，谁掌握更多的信息谁就拥有更强的竞争力，其蕴含的经济价值在被多次挖掘、利用中被激发。基于此，个人信息成了商家争相收集的对象，商家甚至不惜通过非法途径获取。个人信息的自主使用是信息主体实现其人格自由发展的手段，在实践中表现为是否同意他人收集其个人信息、通过交换个人信息进行社交活动以及主动披露个人信息，从而获得某些社会资源。然而，大数据时代，信息主体与信息处理者在信息流转过程中力量的悬殊，使得信息主体实际上根本无力控制个人信息的利用，信息主体的个人信息亟待被保护。此时，就需要借助外力提高信息主体的弱势地位，化解个人信息保护与利用间的冲突。故而，可通过确立个人信息权加强对信息主体的保护，同时使信息处理者明确个人信息处理的边界。个人信息权的确立有利于重建信息主体与信息处理者间的信任关系，从而促进信息的自由流通和共享，推进信息化的进程。

最后，从全球大数据发展趋势来看，个人信息权的确立有利于维护信息主体跨境信息流通中的权益。数据经济在全球范围的繁荣促使许多国家和国际组织制定了专门的《个人信息保护法》，如 GDPR、《日本个人信息保护法》《欧盟－美国隐私盾框架原则》等。我国 2023 年末全国总人口已达到 14.189 99 亿。[1]针对如此庞大的人口，我国虽然已经公布并施行《个人信息保护法》，但这对于个人信息的保护而言仍十分有限。数据经济的发展打破了传统信息传输的方式，推动全世界信息的流通。基于互联网的开放性和对象的不特定性，一旦发生个人信息被侵犯则影响的范围将难以确定，对信息主体造成的伤害将难以弥补。公民个人信息的跨境流通涉及国家主权及国家安全，因而许多国家关于个人信息的跨境流通会有诸多规定，以加强对公民个人信息安全的保护。例如，数据可携带权。因此，推动个人信息权的确立是全球在个人信息保护方面的发展趋势。

（二）个人信息权确立的法律必要性

个人信息设权的目的在于加强对个人信息的保护。确立个人信息权的必要性就在于论证现有的制度已经无法满足客观的社会需求，需要新的法律制度为其必要的权益提供恰当的保护。[2]

个人信息权的确立有利于加强对信息主体的保护。大数据时代，各种先进的计算机技术能够时刻收集各种信息，生活在这个时代的人类，看似

---

〔1〕　国家统计局网站：https://www.stats.gov.cn/search/s? qt＝%E4%BA%BA%E5%8F%A3，2024 年 7 月 14 日访问。

〔2〕　谢远扬：《个人信息的私法保护》，中国法制出版社 2016 年版，第 215 页。

各自独立生活、拥有独立空间和自由，却早已在大数据技术的应用下变成"透明人"，无处遁形。现今，我们如同生活在一个看不见的"监狱"当中，我们的各种行为时刻被记录下来，这些行为也会成为数据企业的分析对象。个人信息被不当或不合理利用的现象严重，加之数据技术的固有缺陷使个人信息在被处理时会出现错误，这些都可能会给信息主体的正常生活安宁及身体健康状况带来侵扰，对人的人格尊严和人格自由发展造成影响。个人信息保护的目的就在于维护信息主体的人格尊严和人格自由。个人信息作为信息主体的外在延伸，是其人格的要素和特征。大数据时代，个人信息乃至人格尊严和自由都受到了前所未有的威胁，对个人信息的保护已经无法停留在保护个人秘密或者事后寻求救济的层面。[1]一旦个人信息权被确立，信息主体不仅可以凭借此权利被动对抗国家的行为，而且也为国家在受到第三人威胁时设定了主动作为的义务。在国家采取的措施明显不足以履行其保护义务或者根本不履行保护义务时，相关人可以基于客观性保护义务提起诉讼以主张请求权。[2]因此，确立个人信息权的目的就在于加强对个人信息的保护，这也是对信息主体人格尊严和人格自由的维护。

个人信息权的确立有利于对人格权体系的完善。个人信息权保护的是个人信息中与信息主体人格要素和特征密切相关的人格利益。虽然个人信息权与隐私权存在交叉，但两者间有诸多不同。第一，从权利性质方面来看，根据权利相对人的义务不同将人格权划分为积极性人格权和消极性人格权，积极性人格权是可以要求权利相对人予以作为或给付的权利，权利相对人履行作为义务。消极性人格权的权利相对人与他人行使权利相对应的义务是尊重和容忍等不作为义务。[3]个人信息权属于积极性人格权，而隐私权属于消极性人格权。第二，从保护内容方面来看，隐私权保护的是

〔1〕 常健：《论人格权法（编）中的个人信息权的制度完善——评〈中华人民共和国民法人格权编（草案）·民法室室内稿〉相关规定》，载《四川大学学报（哲学社会科学版）》2018年第3期，第35页；张里安、韩旭志：《大数据时代下个人信息权的私法属性》，载《法学论坛》2016年第3期，第129页；戴昕：《数据隐私问题的维度扩展与议题转换：法律经济学视角》，载《交大法学》2019年第1期，第36页。

〔2〕 张建文：《新兴权利保护的基本权利路径》，载《河北法学》2019年第2期，第27页。

〔3〕 陈奇伟、刘倩阳：《大数据时代的个人信息权及其法律保护》，载《江西社会科学》2017年第9期，第190页。

不希望他人知悉、介入的私人空间和信息。由于个人信息中包括涉及隐私利益的个人信息和与隐私利益无关的个人信息，所以其内容与隐私权不同。第三，从救济措施方面，个人信息的权利人既可以排除他人对其个人信息的收集、处理以及利用，又可以主动行使权利。例如，在个人信息侵权中，信息主体可以行使更正权、被遗忘权、删除权等权利。然而，隐私权的保护主要通过精神损害赔偿的方式进行事后救济。虽然个人信息权与肖像权、姓名权以及名誉权等具体人格权间存在耦合，但这些权利未能完全包含个人信息权。因此，隐私权不能替代个人信息权，个人信息权作为一项人格权，通过立法予以单独确立，有利于完善我国的人格权体系。[1]基于此，运用人格权制度保护个人信息有利于强化信息主体对个人信息的控制，实现大数据时代保护个人信息的目标。

个人信息权的确立有利于改变信息主体的弱势地位。大数据时代个人信息被侵权现象严重，究其原因主要在于信息主体与信息处理者或信息控制者间谈判能力的悬殊。数据技术的快速发展加剧了两者间力量的悬殊，使得信息主体与信息处理者或信息控制者间的谈判更加不平等。无论是信息主体、信息处理者还是信息控制者都不可能通过谈判来商定个人信息的定价。虽然信息处理者或控制者在收集信息主体的个人信息时依照法律或行业规定在得到信息主体的同意后才能实施收集行为，但信息主体并没有协商的空间和议价的能力。在现实生活中，信息主体大多数都会选择同意被收集个人信息。因为只有在同意被收集个人信息后才能使用数据产品服务，从而给生活、工作、学习等活动带来诸多便利。然而，拒绝被收集个人信息意味着无法使用产品或服务，为此信息主体或许要付出其他更高额的代价，如支付额外费用、由无法使用该数据产品或服务带来的不便。因此，信息主体在所谓的个人信息经济利益方面根本就没有谈判议价的可能性。为调整这一失衡状态，我国可以选择较强的权利化保护模式，在制度

---

〔1〕　王利明：《论个人信息权的法律保护——以个人信息权与隐私权的界分为中心》，载《现代法学》2013年第4期，第69页；蒋怡：《论个人信息权在民法中确立的必要性》，载《昆明大学学报》2008年第4期，第7页。

安排上对处于弱势一方的信息主体予以倾斜性保护。[1]在权利本位理念下，赋予信息主体个人信息权，是一种权利宣示。[2]从信息主体角度来看，确立个人信息权有助于改变信息主体的弱势地位。从企业角度来看，个人信息权能明确信息主体与企业间的权利义务关系，从而为大数据产业的发展提供明确的指引。

## 三、个人信息权的内涵

大数据时代，个人信息被收集、存储、处理、利用等无法避免，这已经成了社会常态。法律赋予信息主体个人信息权是为保护信息主体的个人信息在被他人收集、存储、处理、利用等信息处理过程中自主决定的利益。通过确立个人信息权，有限度地赋予信息主体以相关信息权利，从而避免信息权利的泛化与极端化。[3]从内容上看，可从以下两个方面展开：

（一）大数据时代个人信息权的积极权能

本书认为，个人信息权有如下三项积极权能：知情同意权、查阅权、可携带权。

1. 知情同意权

大数据时代个人信息保护的关键问题就在于缓和信息主体与信息处理者间由技术进步带来的力量悬殊，使信息主体能够参与个人信息的流转，突破信息主体个人信息的控制权被架空的局面。

知情同意权可被分为知情权和同意权。知情作为同意的前提，是信息主体行使其合法权利的起点。知情权是指信息主体有权知道与其个人信息处理行为有关的一切相关信息，包括处理范围、处理时间、处理目的、处理类型、可能带来的影响、信息处理者的身份信息以及是否向第三人或境外传输等。[4]信息主体只有在知情的情况下才能基于其真实意思表示作出

〔1〕 吕炳斌：《个人信息权作为民事权利之证成：以知识产权为参照》，载《中国法学》2019年第4期，第45页。

〔2〕 程啸：《论大数据时代的个人数据权利》，载《中国社会科学》2018年第3期，第115页。

〔3〕 丁晓东：《论个人信息法律保护的思想渊源与基本原理——基于"公平信息实践"的分析》，载《现代法学》2019年第3期，第108页。

〔4〕 叶名怡：《论个人信息权的基本范畴》，载《清华法学》2018年第5期，第152页。

合法有效的同意决定。故而，知情是同意的前提，同意是知情的目的。我国《网络安全法》第41条规定网络运营者应当"公开收集、使用规则，明示收集、使用信息的目的、方式和范围"，这属于对被收集信息的信息主体知情权的规定。在信息主体知情的前提下，"并经被收集者的同意"，以此获得信息主体基于信息收集行为的知情而作出同意被收集的决定。一切行使的信息处理行为都可以成为同意的对象。比如，改变初始目的利用、删除、存储、查阅、建构、匹配等。即使是为了公共利益或科学研究、教学、国家机关统计等收集个人信息也要经过信息主体的同意。知情权是个人信息权其他权能的前提和基础。虽然在大数据时代知情同意权被虚化，但目前还没有找到能代替知情同意权的其他有效方法。

2. 查阅权

查阅权（right to access）是指个人有权对其个人资料进行了解、查阅并在某些情形下可以要求封存、修改或删除资料。主要包括三方面的内容：其一，知悉个人资料是否被处理；其二，若个人资料被控制者持有，则个人有权从控制者处获取其个人资料以及与资料处理有关的信息；其三，在具体情形下，个人有权要求封存、修改、更新、完善以及删除其个人资料。[1]查阅权可以避免或减少不当处理对信息主体造成的损害，从而保障信息主体个人信息的完整性和准确性。

查阅权是由信息主体主动行使，并由控制者负责具体执行的权利。资料当事人首先应向信息控制者提出查阅其部分或全部资料的请求，说明欲查阅的信息。收到申请后，资料控制者决定是否以及如何执行资料当事人的查阅权，为其查阅资料提供便利。在查阅资料的过程中，个人应同控制者进行必要的配合。若拒绝或不当执行资料当事人的资料查阅请求，控制者应说明理由，资料当事人可以通过资料保护机构寻求救济。查阅权是信息主体主动行使其知情权的积极权能，该权利贯穿于整个信息处理过程。知情权要求信息收集者或信息处理者履行对信息主体的告知义务。查阅权则是知情权的进一步深化，使信息主体能够主动参与个人信息的流转。

---

[1]　孔令杰：《个人资料隐私的法律保护》，武汉大学出版社2009年版，第217页。

### 3. 可携带权

可携带权（right to data portability）是 GDPR 新设的一种权利类型，实质上是数据主体有权获得和要求移转与其相关的特定数据。[1]根据 GDPR 的规定，数据可携权的对象是自动化处理的信息。GDPR 规定的可携带权包括数据的获得以及数据的传输两个方面，即副本获取权和数据转移权。可携带权的基本理念在于个人数据或资料能够被信息主体无障碍地从一个信息服务者那里转移到另一个信息服务者那里。[2]立法者希望通过可携带权增强信息主体对其个人信息的控制力，进而保障信息主体对其个人信息自由转移的权利。该项权利有助于欧盟本土的互联网企业打破市场准入障碍。虽然可携带权增强了信息主体对其个人信息的控制力，但可携带权的行使不能侵害第三人的删除权或被遗忘权。总体而言，数据可携权的价值在于兼具激发市场活力和强化个人数据控制力。

可携带权是信息自决权的重要体现，可携带权进一步增强了个人的信息控制权，但也有观点认为，信息控制者按照该权利要求给信息主体提供的通用机读格式的信息，可能会与以后的具体格式要求不同，为此信息控制者需要在之后的操作中作出调整，这会增加信息控制者的成本。[3]此外，该权利使得信息主体转移其个人信息的难度降低，会导致信息控制者之间的市场竞争程度更加激烈。用户可以自由地转移其个人信息意味着在选择服务提供者时有更多的选择权。事实上，数据竞争是企业竞争的重要部分，各企业通过产品、技术和服务的优化与创新来改善用户体验，获得更多的用户和数据，是一种良性竞争形态。中小型互联网公司进入互联网服务市场的壁垒被打破，可凭借真正的实力与大公司公平竞争。然而，像微软、Google、淘宝、京东等大型互联网公司则难以基于原有的市场优势维持现有的市场规模和客户数量。因此，该权利除了可能增加信息控制者技术上的

---

〔1〕 京东法律研究院：《欧盟数据宪章〈一般数据保护条例〉GDPR 评述及实务指引》，法律出版社 2018 年版，第 63 页。

〔2〕 Peter Swire and Yianni Lagos, "Why the Right to Data Portability Likely Reduces Consumer Welfare: Antitrust and Privacy Critique", Md. L. Rev., Vol. 72, (2013), p. 335.

〔3〕 刘云：《欧洲个人信息保护法的发展历程及其改革创新》，载《暨南学报（哲学社会科学版）》2017 年第 2 期，第 80 页；温昱：《个人数据权利体系论纲——兼论〈芝麻服务协议〉的权利空白》，载《甘肃政法学院学报》2019 年第 2 期，第 92 页。

成本外，还有可能引发企业之间为争夺客户而开展不正当竞争的风险。如何避免和规制由此引起的恶性数据竞争，还需要后续实践进行检视。

（二）大数据时代个人信息权的消极权能

个人信息权的消极权能仅在个人信息的私密性、完整性、准确性遭破坏时才体现出来，其功能在于降低信息主体的个人信息被侵害的可能性，包括表征信息主体排除侵害的可能性，它包括更正权、限制处理权以及删除权（被遗忘权）。

1. 更正权

更正权是信息主体可以对其已经被收集、存储的个人信息中有瑕疵或者不真实的信息作出改变的权利。信息主体在发现被他人获取的个人信息有错误、瑕疵或发现该信息不是最新信息时，有权请求占有、使用其个人信息的组织和个人进行更正。个人信息的更正有两种情况：第一种是由信息主体主动行使个人信息更正权。在此情形下，需要信息主体自己对其个人信息存在不真实、瑕疵或信息已经更新等情形进行举证。第二种是信息控制者或信息处理者主动行使的个人信息更正权。此种情形主要被用于信息控制者或信息处理者根据掌握的最新的个人信息状态进行更新。更正个人信息的方法包括：补充、删除、变更。补充用于对信息控制者或信息处理者已经掌握的个人信息添加新的信息，从而保证信息的完整性和最新性；删除用于从信息控制者或处理者的数据库中删除自己的个人信息；变更用于对个人错误、有瑕疵或未及时更新的个人信息进行改变。更正权有助于确保信息主体个人信息的准确性和完整性。对于社会而言，更正权的行使会减少错误、不准确的信息，从而提高信息流转的效益。对于信息控制者而言，信息控制者获取的个人信息的准确性会直接影响到个人信息处理带来的商业价值。对于信息主体而言，更正权的行使直接减少了错误或不准确的个人信息，避免因个人信息错误或不准确给其造成的伤害。

2. 限制处理权

GDPR 第 18 条规定：在某些情形下，数据主体有权限制数据控制者的处理行为。这些情形主要包括：数据主体质疑个人数据准确性、数据处理违法但数据主体仅要求限制数据使用反对清除个人数据、数据控制者基于特定处理目的已经不再需要但这些个人数据是数据主体提起诉讼或应诉所必需的、数据主体行使过拒绝权的个人数据等。[1]有学者将限制处理权称为信息锁定权。信息锁定权，是指个人信息权的权利人有权请求获取和使用自己的个人身份信息的组织和个人暂停对其个人信息的处理，在未取得权利人的书面同意之前，该组织或者个人不可以再对该信息进行处理。[2]限制处理权主要体现为信息主体对其个人信息的自主决定。

3. 删除权与被遗忘权

删除权（right to erasure）是指信息主体有权在特定条件下，要求信息控制者及时删除其个人信息。特定条件包括：信息被非法处理、信息收集目的已实现或无法实现、主体撤回同意或有充足理由反对处理、控制者履行法定义务所必需等。[3]针对与其相近的被遗忘权，有学者将其定义为："允许当事人对自己或他人在互联网上披露的关于自己的数据信息或者照片予以删除的权利。"[4]故而，有学者认为删除权与被遗忘权可以等同视之，并且还可以用删除权替代被遗忘权的表述。[5]被遗忘权的概念和立法主要源于欧洲。1995年欧盟议会与欧盟理事会颁布的《关于涉及个人数据处理的个人保护以及此类数据自由流通的第95/46/EC号指令》（以下简称《指令》）中的目的性限制原则、删除权等条文，已成为探讨被遗忘权的源头。[6]被遗忘权来源于《指令》的删除权，但《指令》中的删除权与被遗忘权不同。[7]《指令》中的删除权是指数据主体在无法约定被处理或出现数据错误等情形时，要求控制者删除数据的权利，主要针对的是缺乏法律基础的信息。而

---

〔1〕 高富平：《个人数据保护和利用国际规则：源流与趋势》，法律出版社2016年版，第234页。

〔2〕 杨立新：《个人信息：法益抑或民事权利——对〈民法总则〉第111条规定的"个人信息"之解读》，载《法学论坛》2018年第1期，第42页。

〔3〕 叶名怡：《论个人信息权的基本范畴》，载《清华法学》2018年第5期，第155页。

〔4〕 吴飞、傅正科：《大数据与"被遗忘权"》，载《浙江大学学报（人文社会科学版）》2015年第2期，第72页。

〔5〕 伍艳：《论网络信息时代的"被遗忘权"——以欧盟个人数据保护改革为视角》，载《图书馆理论与实践》2013年第11期，第7页。

〔6〕 满洪杰：《被遗忘权的解析与构建：作为网络时代信息价值纠偏机制的研究》，载《法制与社会发展》2018年第2期，第200页。

〔7〕 蔡培如：《被遗忘权制度的反思与再建构》，载《清华法学》2019年第5期，第170页；廖磊：《被遗忘权视角下搜索引擎服务商的个人信息保护义务研究》，载《网络信息法学研究》2017年第1期，第329页；付新华：《我国个人信息法律保护的应然路径》，载《学术前沿》2019年第10期，第86页；鞠晔、凌学东：《大数据背景下网络消费者个人信息侵权问题及法律救济》，载《河北法学》2016年第11期，第54~55页。

被遗忘权所针对的是有合法基础的信息，其体现了一种动态的利益平衡，即某数据在初期的披露处理和使用价值可能较高。但随着时间的推移，此类数据的披露、处理和使用价值会逐渐降低，此时继续公开此种数据的价值要远远低于该数据可能给数据主体带来的不利影响，则此时应赋予数据主体要求将该数据予以删除的权利。

GDPR 第 17 条将被遗忘权（right to be forgotten）的含义规定为，数据主体有权要求控制者无不当延迟地删除其个人数据。具体情形包括：数据对于收集或处理时的目的已经不再必要、数据主体撤销个人数据处理的同意且在法律上没有其他支持个人数据处理的依据、数据主体行使拒绝权、个人数据被非法处理以及根据 GDPR 第 8 条第 1 款的规定提供社会服务信息时。[1]大数据改变了社会的记忆机制，使信息难以被遗忘，被遗忘权正是在这样的背景下应运而生的。[2]

实际上，信息并不会因为信息主体行使"被遗忘权"而消失，仅仅只是与社会隔离了，无法再通过低成本、便捷的方式被随意取得。只要不是基于欺骗他人或者逃避法律之目的而行使"被遗忘权"，就可被视为正当。"被遗忘权"类似于"破产"制度，着眼于未来，给了人们重新开始的机会。[3]为加强线上环境的被遗忘权，删除的权利应当扩大到控制者应删除个人数据的任何链接、复印件或者复制品。控制者应当采取合理的措施，比如考虑可用的科技和手段，包括技术性措施，向处理个人数据的控制者通知数据主体的请求。

## 第三节　个人信息法律保护的关键环节：完善知情同意原则

鉴于知情同意原则在个人信息法律保护中的重要作用，在完善个人信息的知情同意原则时，应当以个人信息的保护与合理利用相平衡为目标，保护信息主体的自主价值，并结合大数据时代的特征，采取分层同意和动

---

〔1〕　高富平：《个人数据保护和利用国际规则：源流与趋势》，法律出版社 2016 年版，第 233 页。

〔2〕　丁晓东：《被遗忘权的基本原理与场景化界定》，载《清华法学》2018 年第 6 期，第 107 页。

〔3〕　孙政伟：《大数据时代个人信息的法律保护模式选择》，载《图书馆学研究》2016 年第 9 期，第 74 页。

态同意的全新模式。

## 一、以完善知情同意原则为基本立场

大数据成了当今出现频率最高的词汇之一，为促使数据经济的发展，扩大个人信息的利用范围成了当下盛行的时代思潮。但是，知情同意原则作为个人信息处理的正当性前提被认为是束缚大数据的藩篱。大数据时代知情同意原则地位被动摇主要原因在于信任关系的瓦解。个人信息被泄露、个人隐私被窥探、个人信息买卖等侵犯个人信息的行为在当下经常发生。若因此而舍弃知情同意原则，则需要通过其他手段代替知情同意原则缺失带来的更加严重的信任危机，即期望凭借外部力量实现对信息主体个人信息的保护，例如主管机关的监督。在此逻辑下，若信息主体未因个人信息的处理行为而受到伤害，即达到保护个人信息的目的，这显然具有片面性。即使是"无害"的信息处理，若并非本人所愿，也并非出自信息主体的意思自治，则是对法的基本价值的违反。换言之，这种情形的个人信息处理，即使是"无害"的，也是对信息主体人格尊严的侵犯、对基本人权的违反，不具有正当性。实际上，同意的功能和作用无须被无限夸大，其必要性也不可断然否定。[1] 除了知情同意原则，还未能找到保护个人信息更加有效的方法。

在坚持知情同意原则的前提下，要结合大数据时代个人信息处理行为的特点，完善知情同意原则才能破除困境。"在信息处理者和个人的不对等关系中，权利人的知情同意是一个最好的制约性权利。"[2] 在处理好法律原则坚守与创新的关系的基础上，通过制度设计消除对大数据的不适，探寻大数据时代更为合理的知情同意模式。

## 二、知情同意原则中法的价值选择

在大数据受追捧的时代，揭开大数据的面纱和重申法的价值操守至关

---

〔1〕 蔡星月：《数据主体的"弱同意"及其规范结构》，载《比较法研究》2019年第4期，第85页。

〔2〕 徐丽枝：《个人信息处理中同意原则适用的困境与破解思路》，载《图书情报知识》2017年第1期，第110页。

重要。大数据关乎国计民生，为个人、社会、国家带来诸多便利，对于提升公共服务能力、助力城市发展及促使企业转型等具有重大的战略性意义。然而，大数据可能被神化了，导致法的固有价值受到质疑。换言之，以有效发挥个人信息的潜在价值之名推翻原本存在的基础性法律原则，即将利用置于保护之上、将效率置于公平之上。基于此，知情同意原则的存在价值被否定。从实践层面来看，大数据时代个人信息的知情同意原则地位被动摇，从根源上看是保护主义与利用主义之争。从法的价值层面来看则是大数据时代的公平与效率之争。[1]因此，为摆脱知情同意原则的困境，首先应明确知情同意原则的价值定位。

大数据时代，个人信息的法律保护以自主价值为核心价值。个人信息作为大数据产业发展的原材料，使得个人信息被利用难以避免，由此引发信息主体的个人权利保护与个人信息的利用间的冲突。大数据应用场景的多元化使得该冲突表现在公共利益与个人利益的冲突、权利保护与促进经济发展的冲突、权利保护与科技进步的冲突等诸多方面。随着数据成为推动社会经济改革的新动能，合法、合理的个人信息利用行为具有正当性。故而，如何化解个人权利保护与个人信息利用间的冲突成了解决问题的关键所在。然而，无论何时，人的尊严始终应被置于最高地位。大数据时代，人的尊严也应被置于首要地位。所以，在具体情形中，个人信息的保护与个人信息的利用间发生冲突并难以调和时，个人信息的保护应居于首要地位。因此，大数据时代，知情同意原则的重塑以平衡各种利益、价值的冲突作为基本理念，既要维护信息主体的个人尊严，又要考虑大数据时代的发展趋势，避免对数据利用造成不合理的阻碍。当个人信息的保护与利用间发生冲突且难以调和必须作出选择时，应选择个人信息的保护。因此，大数据时代，在坚持知情同意原则的前提下，以个人自决作为个人信息法律保护的核心。

---

〔1〕 张平：《大数据时代个人信息保护的立法选择》，载《北京大学学报（哲学社会科学版）》2017 年第 3 期，第 143 页。

### 三、大数据时代知情同意原则的完善：以分层同意和动态同意为中心

（一）大数据时代完善知情同意原则的基本定位

在坚持知情同意原则的前提下，完善知情同意原则应结合大数据时代个人信息处理的特点，改变原来僵化的知情同意模式，从而形成能够应对大数据时代挑战的新型知情同意原则。新型知情同意原则应当具有足够的灵活性，能够应对多样化的场景，在完善知情同意原则从而形成新型知情同意原则的过程中需明确以下新变化：

首先，信息主体的角色从消极的被保护者转变为信息治理的参与者。在大数据时代以前，个人信息未被大规模收集、处理、利用，个人信息仍能够处于信息主体的控制之中，信息主体是消极的被保护者。在大数据时代，单个个人信息的价值较为有限，大数据真正的价值在于对海量个人信息的积累后的处理、利用。基于此，在倡导大数据经济带动整个社会经济创新发展的同时，个人信息的生产者（即信息主体）的利益也应当受到重视。在此时代背景下，信息主体应当摆脱以往消极的被保护者角色，成为个人信息利用行为的直接利益相关者，参与对个人信息的保护和利用。

其次，应对场景的多样化。在大数据背景下，个人信息的收集行为无时无刻不在发生，与之相随的信息处理行为也更加批量化、深层化、智能化，这些都使以往僵化的知情同意原则在适用时面临困境。为此，在以往一刀切的僵化模式下，新型知情同意原则要体现更多的弹性和适应性，以适应大数据环境下个人信息处理行为频繁发生、场景多样化以及目的难以预先确定等特征。因此，应当将具体的情景纳入知情同意原则的设计。

最后，自我保护与外部保护相结合。美国虽然没有成文的个人信息保护法，但其对个人信息的保护颇有成效，其中一个重要原因就在于行业自律协会的管理。我国也可借鉴美国的经验，借助国家和社会的力量推动对个人信息的保护。

（二）基于信息分类与场景风险评估的同意分层

随着技术的进步，传统的知情同意原则已经不能满足大数据时代个人信息处理行为频繁和多次利用的需求。互联网空间的开放性和不确定性使

得信息主体个人信息面临的风险也处于动态变化之中，知情同意原则作为信息处理的前提，实行分层的同意已成为大数据时代保护个人信息的有效途径。

首先，信息本身的敏感程度是同意分层的基础。在对知情同意原则进行重塑时，需要根据个人信息的不同种类来设计分层的标准。虽然各国关于个人信息的定义以及范围的规定有所不同，但都将识别性和相关性作为个人信息的主要特征。理论界关于个人信息的分类有多种分类方法，本书认为过于细致的划分容易导致混乱，所以选择将个人信息划分为一般个人信息和敏感个人信息两种。其中，敏感个人信息作为与信息主体身份密切相关的信息是法律重点保护的对象。然而，一般个人信息和敏感个人信息间并非泾渭分明，各国（地区）法律规定的敏感个人信息的范围也不相同，具有本土化特点，并且该概念随着科学技术的进步也在不断发展变化当中。《印度 2019 年个人数据保护法》第一章 3（36）规定敏感个人数据包括：生物特征数据、基因数据、性生活、性取向、财务数据、健康数据、官方识别符、跨性人身份、种姓或部落、宗教、政治信仰、联盟等。[1]《美国-欧盟隐私安全港原则》规定的敏感信息包括：人种与种族、个人性信息、医疗与健康、政治观点与宗教信仰、贸易组织的成员资格等。[2]比较而言，敏感个人信息具有更强的人身属性，一旦受到侵害，会给信息主体造成极大的危害，所以应当加强对敏感个人信息的保护。敏感个人信息在信息处理时的同意标准应当更加严格，而一般个人信息则可以适用更宽泛的同意标准。有学者提出，强化一般个人信息的利用，强化对敏感个人信息的保护，即个人信息的"两头强化"策略。[3]我国在未来的个人信息保护立法中，可以参考他国的先进经验，完善对个人信息的科学分类。基于此，明确敏感个人信息的种类，并加强对敏感个人信息的保护，对敏感个人信息设定更加严格的知情同意标准。

---

[1]　《2019 个人数据保护法》，载 https://mp. weixin. qq. com/s/0yB7r＿foSFErpdidS－jh＿A，2024 年 5 月 16 日访问。

[2]　齐爱民：《大数据时代个人信息保护法国际比较研究》，法律出版社 2015 年版，第 139 页。

[3]　张新宝：《从隐私到个人信息：利益再衡量的理论与制度安排》，载《中国法学》2015 年第 3 期，第 51 页。

　　其次，场景的风险评估。同意模式设置的严格程度与个人信息在被处理的过程中面临的风险大小直接相关。故而，明晰个人信息保护的风险评估机制至关重要。在大数据环境下，信息主体面临的个人信息利用场景多样化、复杂化，即使是同种类的个人信息，基于信息主体、所处的环境以及利用行为等因素的差异，也会产生不同程度的风险。例如，明星的年龄、手机号码、家庭住址等个人信息被披露带来的风险比普通人的这类个人信息被披露带来的风险大。公司收集员工的基因信息与个人从市场上购买基因检测服务所衍生的风险显然不同。前者可能会引发基因歧视涉及劳动者的就业权，会受到法律的制裁。2008 年美国颁布的《基因信息反歧视法》对保险和就业领域的基因信息利用作出了特别规定。我国《涉及人的生物医学研究伦理审查办法》规定了生物医学研究背景下的基因信息保护，属于单一场景性规范。[1]因此，立法可以通过类型化的方式对个人信息的利用场景进行分类，并对典型的利用场景作出相应规范。

　　以风险为导向对个人信息进行区别保护是个人信息保护法发展的最新动向，这点从最新的欧盟和美国的个人信息保护立法中亦有所体现。鉴于大数据环境下数据处理技术的专业性，风险评估的主体可以多元化，有观点主张独立的第三方机构负责风险评估。[2]本书认为，除了个人信息主管机关可以作为风险评估主体外，独立的第三方评估机构在此应当扮演重要角色。根据风险评估的时间不同，可将风险评估分为事前评估、事中评估和事后评估。学者对于何时进行风险评估、具体如何实施以及风险评估扮演何种角色等问题，则有不同看法。有学者主张通过事中的风险评估代替事前的知情同意，有学者则认为风险评估可以作为信息主体作出同意决定的参考，知情同意不能被风险评估替代。[3]本书认为，知情同意不能被风险评估的结果取代，信息主体应当知悉风险评估的结果并以此作为知情同

---

　　〔1〕　田野：《大数据时代知情同意原则的困境与出路——以生物资料库的个人信息保护为例》，载《法制与社会发展》2018 年第 6 期，第 131 页。

　　〔2〕　Alessandro Mantelero，"Regulating Big Data. The Guidelines of the Council of Europe in the Context of the Europe- an Data Protection Framework"，*Computer Law & Security Review*，Vol. 33（2017），p. 587.

　　〔3〕　田野：《大数据时代知情同意原则的困境与出路——以生物资料库的个人信息保护为例》，载《法制与社会发展》2018 年第 6 期，第 132 页。

意决定的参考。此外，基于场景的动态性，随之而来的风险也处于不断变化当中。故而，基于场景的风险评估也应当是动态的。

最后，信息主体的特别需求也应被纳入同意的分层设计。信息主体的个体差异导致个体对需要告知同意的行为类型有所不同。相关统计结果证明了信息主体对于需要告知同意的行为类型的多样性。[1]有的信息主体对频繁的接收是否同意选择感觉抵触，只接受特别同意；有的信息主体希望能够获得全面的信息披露；有的信息主体希望对信息处理行为作出宽泛同意的授权。在众多的同意模式选择中有些可能会被多数人所接受，然而知情同意实质上是信息主体自决权的问题，与大多数人持不同意见的少数人的利益也应当予以考虑。因此，在重塑知情同意原则的设计中，可以有征询信息主体特别需求的设计。

考虑到大数据时代数据技术的快速发展和信息利用行为的多样化，在重塑知情同意的整个体系当中，同意的模式也应当具有弹性，应当达到满足绝大多数信息主体的同意需求的目标。根据涉及的个人信息的敏感程度，再结合具体的情境评估处理该类信息带来的风险，以此涉及同意的严格程度。在不违背法律的强制性规定的前提下，可以不限于概括同意、推定同意、特别同意等类型，以满足信息主体的个性化同意需求。至于应当包括几种同意模式，难以作出明确计量，其涉及的类型可从最严格的特别同意到限制较少的概括同意等。总体而言，知情同意模式主要存在三种机制：法定机制、约定机制和酌定机制。立法对敏感程度高、利用风险极大，单凭信息主体个人的能力难以对其利益有效保护的情形，可以依照较为严格的知情同意模式作出规定。约定机制是以信息自决为理念的，基于当事人间的意思自治对同意的范围、形式、期限等内容达成合意。该机制因尊重当事人的意志自由，被置于优越地位。在信息处理涉及重大公共利益或其他特殊情形时，法律可作出豁免或者相应限制。在既无当事人约定也无法律规定时，可以根据知情同意原则的一般原理作出解释适用。在实践中，知情同意模式是否适当应当根据个案进行斟酌。

---

〔1〕 Zubin Master et al.，"Bio banks, Consent and Claims of Consensus"，*Nature Methods*，Vol. 9，(2012)，pp. 885～888.

（三）同意分层基础上的宽泛同意

大数据时代下，重塑知情同意原则需要明确的问题是如何解决知情同意明确具体性要求与大数据处理的目的不确定性间的冲突。若信息处理者的每一次数据处理行为都需获得信息主体的同意，将会导致信息主体与信息处理者都陷入各种同意的负累。基于此，宽泛同意的适用有其优越性。大数据处理目的的不确定性使信息主体无法在个人信息被收集之初即对未来的信息处理行为作出全面、准确的预估。因此，要求信息主体在个人信息收集之初同意的处理行为与信息处理者经过信息处理之后的利用行为间保持一致的可能性很小。为解决这一问题，需处理好同意的宽泛与具体之间的关系。

宽泛同意是一个框架性概念，指对信息披露和同意标准要求较低的高度概括的知情同意模式，主要包括：概括同意、推定同意、空白同意、开放同意四种。[1]概括同意是对信息使用的大概范围进行限定，但其中并无具体的使用目的；推定同意指未获得形式上的同意，假定信息主体已同意；空白同意是只有同意的外观，其内在并未有实质同意的内容；开放同意主要用于将信息置于开放的数据库中，他人可以自由使用。宽泛同意可增加同意的涵摄性，从而包含更多的处理行为。然而，无节制的宽泛同意会使同意原则被架空。因此，宽泛同意在适用时需要与其他手段相结合。具体而言：第一，对宽泛同意应有严格的监督审查相配套。在生物学领域，伦理委员会的审查是概括同意模式的必经程序。基于此，在大数据时代个人信息的保护中，对个人信息处理的宽泛同意也可以引入监督机构对其进行审查、监督。第二，宽泛同意作为多层同意体系中的一层，信息处理者在获得信息主体的宽泛同意之后，还需要继续进行持续有效的信息披露。在此过程中，信息主体根据具体的场景和获取的信息，基于自己的真实意思作出继续同意使用的决定或拒绝继续使用其个人信息的决定。第三，信息主体享有随时撤回同意的权利。信息主体有权随时撤回其同意的决定是信息主体自决权的体现，也是个人信息利用中信息主体对其个人信息控制力

---

[1] 田野：《大数据时代知情同意原则的困境与出路——以生物资料库的个人信息保护为例》，载《法制与社会发展》2018 年第 6 期，第 134 页。

变强的表现。概言之，宽泛同意还需结合随后信息处理者持续有效的信息披露以及特定场景的风险评估等方法，共同作用，从而重塑大数据时代的知情同意原则。

（四）持续有效的信息披露与动态同意

信息处理者应对其信息处理行为进行持续性的披露，而非一次性告知。有学者指出，有效同意需要以信息的对称性与公平性为前提，否则这种同意的合法性就值得怀疑。[1]实践当中，信息主体通过签署知情同意书的方式授权信息处理者获得处理其个人信息的权利。若信息处理者改变其最初目的对收集的个人信息改做其他形式的利用时，信息主体对此并不知情，且信息处理者对该信息的其他处理行为未经信息主体的同意。因此，传统的知情同意是一次性的，无法应对大数据时代信息多次利用和处理频繁的情形。大数据时代同意适用的困境在于信息主体与信息处理者间的信息不对称，即知情的困境。信息主体获取信息的能力有限让信息主体与信息处理者间的信息不对称程度加剧，所以解决信息主体与信息处理者间的信息不对称成了重塑大数据时代知情同意原则的关键。鉴于该时代背景下个人信息处理行为频繁和信息被多次利用的特点，在制度设计上应当打破传统知情同意的僵化，建立一个缓解信息主体与信息处理者间信息不对称的长效机制，从而实现对信息主体的有效保护。在传统的知情同意模式下，"知情"仅发生在信息的收集阶段，信息主体对被收集的个人信息的后续处理行为无从知晓。为此，应通过持续披露的方式增强信息主体的知情能力，并根据信息利用的情况重新评估风险，作出新的决定。[2]在此机制下，信息主体的同意不是一次性的，可以基于信息处理行为风险的变化及时作出调整。

信息处理者应提升信息披露的有效性。信息处理者主要通过发布隐私政策的形式向信息主体履行告知义务，然而隐私政策篇幅冗长、含有大量专业术语、内容乏味难懂使大多数信息主体没有耐心阅读，即使有少数信

〔1〕　王雪乔：《论欧盟 GDPR 中个人数据保护与"同意"细分》，载《政法论丛》2019 年第 4 期，第 141 页。

〔2〕　金耀：《消费者个人信息保护规则之检讨与重塑——以隐私控制理论为基础》，载《浙江社会科学》2017 年第 11 期，第 67 页。

息主体阅读后质疑具体内容，但由于隐私政策大多数是以格式合同的形式提供，信息主体难以与信息处理者达成修改意见。因此，信息主体并非真正知情。为解决信息主体对其个人信息利用行为的知情问题，需从提升信息主体的理解能力和获取信息的能力两个方面着手。首先，信息处理者需明确需要向信息主体披露的信息内容。在明确向信息主体披露的信息内容方面，信息处理者可借助大数据技术对可能影响信息主体同意的决定造成影响的信息进行筛选、过滤，从而避免过量信息对信息主体的正常生活带来侵扰。其次，信息处理者应当以信息主体能够理解并容易接受的方式实施信息披露。对于隐私条款中涉及信息主体的关键条款应当采取信息主体能够理解、引起信息主体主义的方式标注。比如，标红、字体加粗。信息主体可以基于信息处理者持续有效的信息披露，改变其同意的决定。鉴于信息利用行为和场景的动态性、复杂性，信息主体可以改变其同意的决定，即撤回之前对信息处理者处理其个人信息的同意、当信息处理者改变最初利用方式时对同意决定的更改、修改同意决定的范围等。

为实现信息的持续披露及动态同意，信息处理者需要在技术方面为信息主体提供一个良好的沟通平台，方便信息主体获取信息、管理信息、撤回和更新同意。持续的信息披露和动态同意可能会带来成本的增加，但随着数据技术的进步，知情同意的电子化可以降低企业成本。良好交流平台的建设有利于信息主体与信息处理者间信息关系的再次建立，为信息处理者对个人信息的利用提供便利。

## 第四节　个人信息法律保护的最后环节：救济性规则的重构

救济性规则作为信息主体权利保护的最后一道防线，对个人信息的法律保护至关重要。大数据时代，个人信息侵权行为的多样化、侵害后果难以认定以及被侵权人举证困难等特征，使得如果继续使用以往的侵权救济规则将难以实现对个人信息的侵权救济。故而，应当结合大数据时代个人信息侵权行为的特征对个人信息侵权的救济性规则进行重构。

## 一、将过错推定责任原则作为归责原则

侵权法的归责原则是承担责任的基础。[1]侵权责任法的核心就在于解决侵权行为的责任承担，而归责原则又是界定责任的关键，因而可以说侵权责任法的全部内容都奠基于归责原则的基础之上。[2]因此，在侵权法的救济中，应先明确个人信息侵权责任的归责原则。目前，各个国家和国际组织对个人信息侵权的归责原则适用并不统一。

（一）比较法视野下个人信息侵权责任的归责原则

1. 欧盟：单一的归责原则

欧盟秉承了一贯重视人格尊严和人格自由等基本人权的思想[3]，在个人信息侵权的归责原则上采取无过错原则。作为较早的、对个人信息保护有重要影响的1995年指令第三章第23条，[4]主要基于对信息主体在个人信息处理中的弱势地位考虑，在个人信息侵权归责原则上采用无过错原则。在个人信息侵权归责原则上，欧洲许多国家都采取无过错责任原则，如奥地利、荷兰、葡萄牙等。[5]在之后实施的GDPR第82条继续采用了无过错原则。值得注意的是，第78、79条规定：信息主体可以针对监督机构对其作出具有法律约束力的决定以及信息主体认为数据控制者或处理者的数据处理行为违反该条例规定的信息主体享有的权利时，均有权请求司法救济。当上述侵权行为涉及多个数据控制者或数据处理者时，除非能够证明其不存在侵权责任，否则将承担连带责任。[6]

---

〔1〕 谭启平主编：《中国民法学》（第2版），法律出版社2018年版，第656页。

〔2〕 王利明：《侵权责任法研究》（上卷），中国人民大学出版社2010年版，第197页。

〔3〕 欧洲国家之所以高度重视和维护人格尊严与人格自由，一个很重要的原因在于：欧洲经历了两次世界大战并发生过法西斯大规模侵害人权的惨剧。See James Q. Whitman, "The Two Western Cultures of Privacy: Difnity Versus Liberty", *The Yale Law School Faculty Scholarship Series*, Vol. 113, 2004, p. 1165.

〔4〕 《数据保护指令》第23条规定："1. 成员国应该规定，因不法数据处理行为或违反依照本指令制定的国内法而遭受损害的任何人有权从数据控制者处获得损害赔偿。2. 如果数据控制者能证明他对引起损害的事件不负责任，则可以全部或部分免除他的责任。"参见高富平：《个人数据保护和利用国际规则：源流与趋势》，法律出版社2016年版，第155页。

〔5〕 周汉华主编：《域外个人数据保护法汇编》，法律出版社2006年版，第112~113，264，290~292页。

〔6〕 高富平：《个人数据保护和利用国际规则：源流与趋势》，法律出版社2016年版，第281页。

在欧盟重视人格尊严和人格自由保护的理念下，基于对信息主体弱势地位的考量，在个人信息的侵权归责原则上采取无过错责任具有合理性。故而，该立法理念能够被欧洲的其他国家所采纳。然而，大数据时代，个人信息作为一种重要的资源，成了推动经济发展的新动力。此时，信息的流通成了全球化趋势。在此背景下，欧盟"一刀切"的个人信息侵权归责原则面临的压力将会与日俱增。[1]

2. 美国：自律模式下为主的归责原则

网络技术先进和崇尚自由的美国，习惯于依靠市场自身来解决问题，这与其有着发达的行业自律体系有着密不可分的关系。在许多领域，美国没有专门的立法而是主要通过政府引导制定行业自律规则，从而用行业自律组织进行管理。在个人信息保护方面，美国采取行业自律结合特殊领域专门立法的方式对信息主体的个人信息进行保护。在美国行业自律结合特别领域单独立法的个人信息保护模式下，关于个人信息侵权归责原则的规定很少。例如，《美国1974年隐私法》在第七章第1条规定信息主体可以针对政府违反义务提起民事诉讼，[2]但该法案的适用对象仅是联邦部会以上的机构，对其他公务机构和非公务机构不适用。因此，该法案仅对政府公务机关在个人信息保护方面适用无过错责任原则。在此种个人信息保护模式下，美国在数据经济上的高速发展得益于信息的自由流通，并且为了数据经济的长远发展在个人信息的立法保护方面保持较为宽松的态度。美国关于个人信息侵权责任原则的规定并不多，即使在部分法律中有所涉及，针对的也仅是公务机关。

3. 德国：多元归责原则

在个人信息保护方面，德国把个人信息处理者划分为公务机关和非公务机关，并对两者分别适用不同的归责原则。根据《德国联邦个人资料保

---

〔1〕 周汉华主编：《个人信息保护前沿问题研究》，法律出版社2006年版，第27页。

〔2〕 《美国1974年隐私法》第七章第1条规定："（一）当任何机关；1. 依据本条第4款第3项决定不按个人要求修改其档案内容或未能依照该款规定进行审查时；2. 拒绝满足个人依据本条第4款第1项提出的要求时；3. 未能在根据与个人有关之档案内容决定该个人的资格、身份、权利、机会或救济等问题上，确保公正所必需的准确性、相关性、适时性和完整性，而且导致了对该个人不利的决定时；4. 未能遵循本条的其他规定及据此制定的任何规章并对个人产生不利影响时。该个人可以对该机关提起民事诉讼，而合众国地区法院应有权审理与本款规定有关的案件。"

护法》第 7 条、第 8 条的规定：非公务机关的侵权责任归责原则适用过错责任原则，采用举证责任倒置，避免因计算机技术的壁垒导致当事人举证困难。公务机关的侵权责任归责原则适用无过错责任原则，明确最高限额，不适用全额赔偿。[1]德国在坚持个人信息保护归责原则基础上基于信息处理者角色的不同进行区分，并将由技术原因导致的举证困难纳入考量范围。因此，该多元归责原则有其合理性，避免了单一制归责原则在解决大数据时代个人信息保护的僵化。

（二）我国个人信息侵权责任的归责原则之确立

根据对国外个人信息侵权归责原则的分析并结合大数据时代个人信息侵权行为的多样性，有学者认为，要求受害人证明加害人的过错存在举证困难，并且为拯救受害人的弱势地位，我国在个人信息侵权领域应适用无过错原则。[2]然而，无过错原则会让信息处理者承担过多的责任，从而提高个人信息处理的成本。从长远来看，这不利于个人信息合理利用的可持续发展。因此，欧盟的无过错责任原则不适合我国，我国可从美国和德国的个人信息侵权归责模式中作出选择。由于美国发达的行业自律体系及民间组织众多的国情与我国的现状不符，所以美国的行业自律结合特定领域单独立法的个人信息保护模式下的个人信息侵权责任归责原则不适合我国国情。另外，本书仅从私法角度讨论我国信息主体的个人信息保护问题，所以公务机关不在本书的考虑范围之内，仅就当前的非公务机构以及个人对信息主体的个人信息侵权问题进行探讨。

大数据时代，算法自动化决策的技术优势间接造成了争讼双方举证和诉讼能力上的差异。在一般过错原则下，对于经济、技术实力处于弱势地位的信息主体而言，证明信息处理者或网络服务提供者在侵权纠纷中存在

---

[1]　《德国联邦个人资料保护法》第 7 条规定："如果数据控制人收集、处理、使用了本法或其他数据保护规定不允许或不当的个人数据而侵害了数据主体的利益，数据控制人或者其负责机构有义务赔偿该个人的损失。如果数据控制人尽到了具体情形下应尽的注意义务，其可以免除损害赔偿义务。"第 8 条规定："如果数据控制人（公权机关）通过不为本法或者其他数据保护规定所允许的或者不正确的数据自动收集、处理使用而侵害了数据主体的利益，该数据控制人的责任机构有义务赔偿数据主体的损失，无论其是否存在过错。"

[2]　程啸：《论侵害个人信息的民事责任》，载《暨南学报（哲学社会科学版）》2020 年第 2 期，第 43 页。

过错难度较大。[1]在司法实践中，对个人信息侵权案件的救济依据主要是《民法典》第 1034 条、第 1165 条，《个人信息保护法》第 69 条。其中，在涉及规模化处理个人信息的信息处理者侵权时则适用《个人信息保护法》第 69 条的过错推定责任原则。除此之外，在涉及个人信息侵权案件时则主要适用《民法典》第 1034 条、第 1165 条的一般过错原则。随着大数据技术的飞速发展和信息收集行为逐渐凸显出更加隐蔽化、规模化的特征，本书认为，我国的个人信息侵权归责原则可统一采用过错推定责任原则。

大数据时代个人信息处理的批量化、深层化、智能化等使得信息主体对信息处理的过程无从知晓，个人信息几乎脱离信息主体的控制，从而使信息主体难以保护其自身的合法利益。另外，大数据背景下，信息主体对侵权行为举证困难，侵权行为难界定，使信息主体难以通过诉讼方式救济其合法利益。故而，统一采用过错推定责任原则较为合理。此外，我国《侵权责任法》第 36 条对网络侵权责任的归责原则也采用了过错责任原则，这使得过错责任原则在网络个人信息侵权领域依然适用。有学者认为"利用网络侵害他人权益，通常都是有过错的"[2]，所以个人信息网络侵权的侵权人主观上的过错比较容易判断。另外，由于网络服务提供商无法对互联网空间中海量的信息逐一进行审查，所以在对网络侵权行为的认定中未主动实施侵权行为的网络服务提供者主观上是否有过错认证不足。通过被侵权人通知网络服务提供者采取断开链接、删除、屏蔽等必要措施再次判断网络服务提供者主观上有无过错比较容易。如果网络服务提供者在接到被侵权人通知时及时、有效地采取相关措施避免被侵权人损失的进一步扩大，则可以认为网络服务提供者主观上没有过错。反之，则可认定该网络服务提供者主观上具有过错。基于此，在网络环境下认定侵权人的主观过错并不十分困难。若是信息处理者或控制者实施了个人信息侵权，那么信息主体只需证明侵权事实的存在即可。此时信息处理者或控制者需要证明自己无过错或有免责事由才可免于承担侵权责任，否则推定其有过错，需要承担相应的侵权责任。

---

〔1〕 陈吉栋：《个人信息的侵权救济》，载《交大法学》2019 年第 4 期，第 49 页。

〔2〕 王利明：《侵权责任法研究》（上卷），中国人民大学出版社 2010 年版，第 129 页。

## 二、将自身可诉性损害作为认定损害事实的标准

在对个人信息侵权行为的分析中，一般都是按照违法行为、损害事实、主观过错以及因果关系等共同加以判断。

### （一）违法行为

违法行为是行为人承担民事责任的前提条件。基于个人信息处理的流程，可将个人信息的违法行为分为三大类：不当收集行为、不当处理行为、不当利用行为。其中，个人信息的不当收集行为包括对个人信息的过度收集和个人信息的非法收集；个人信息的不当处理行为包括对其掌握的个人信息进行超越目的范围的挖掘、修改、加工等以及在个人信息存储时发生的信息泄露；不当利用行为包括未经信息主体同意将其掌握的个人信息与第三人共享或传输给第三人。随着数据技术的进步和互联网空间积累的数据量增加，未来的个人信息处理技术会更加发达、处理行为会更加精细化，与之相关的个人信息违法行为会更加多样化。

### （二）损害事实——引入自身可诉性损害

损害赔偿请求权以受有实际损害为要件，若无损害，则无赔偿。[1]具体到个人信息侵权中，包括人格利益的损害和财产利益的损害。个人信息的人格属性使得在个人信息侵权行为中，信息主体首先受到的是人格利益的损害，但该侵权行为并不必然导致信息主体的财产性损害。个人信息侵权导致的财产利益的损害包括由侵权行为导致的直接财产减损，由侵权行为导致的人格利益受损引发的财产减损。个人信息侵权导致的人格利益损害主要包括由名誉受损导致的社会评价降低、姓名侵权、他人的生活安宁引起的精神痛苦、侵犯他人的人格尊严和自由等。对由该人格利益损害造成的信息主体精神痛苦以及精神伤害的界定则较为困难。因为部分侵权行为对信息主体的生活安宁和精神侵扰并未引起明显的身体健康状况的不良反应。除非信息主体发生了明显的身体病症，如流产、脑出血、心脏疾病等，此时法律可以要求信息主体举证证明该损害事实的存在，否则大部分

---

[1]　王泽鉴：《侵权行为》，北京大学出版社2009年版，第176页。

情形下是难以证明的。这是个人信息侵权和其他具体人格权受侵害后，信息主体的精神性人格利益受损所共同面临的问题。欧洲一些国家在人格权的损害证明问题上适用"只要存在人格权受损的侵害事实就可以予以补偿"。[1]英美侵权法将其称为自身可诉性损害（damage per se）。自身可诉侵权指原告或受害人仅向法院证明被告实施了侵权行为，即可要求被告承担相应责任的侵权行为类型，无需具体证明自己因被告的行为所遭受的损害。[2]

在个人信息的侵权中，结合个人信息侵权行为的特点，将自身可诉性损害引入我国的个人信息侵权，即只要证明侵权人实施了个人信息侵权行为即可。这不仅能够克服现有制度对个人信息保护的无力，还能改变大数据环境下信息主体对个人信息侵权举证困难的现实。大数据时代，个人信息侵权主要发生在个人信息处理的过程中。如果将自身可诉性损害制度应用到个人信息侵权则信息主体只需证明信息处理者实施了个人信息侵权行为即可，如信息主体的个人信息一旦在网上公布，即可认定为信息处理者实施了个人信息侵权，而信息主体无需证明该信息公布行为给自己造成的实际损害。

### （三）主观过错

过错是应受谴责的一种心理状态。在客观上，其表现为未尽注意义务或违反义务。[3]关于过错的认定，有主观说和客观说两种：主观说认为过错本质上是一种受谴责的心理状态。客观说则把过错看成是违反社会准则的行为意识状态。从过错概念的发展来看，过错的确是对加害人内心主观心态的描述。但过错认定是为了解决侵权行为中加害人在实施加害行为时其主观的意识状态问题。因此，可采用主客观相结合的模式对其心理状态进行判断。有学者认为："过错就是行为人未尽自己应尽和能尽的注意义务，因而为法律所不容忍的行为意识状态。过错的实质是行为的不可原宥性。"[4]

---

〔1〕 张新宝：《侵权责任构成要件研究》，法律出版社2007年版，第137页。

〔2〕 转引自胡雪梅：《英美侵权法行为"自身可诉"侵权制度及其合理借鉴——以我国〈侵权责任法〉的完善为中心》，载《现代法学》2011年第1期，第143页。

〔3〕 谭启平主编：《中国民法学》（第2版），法律出版社2018年版，第666页。

〔4〕 王卫国：《过错责任原则：第三次勃兴》，中国法制出版社2000年版，第253页。

这种不可原宥的意志通过行为人的外部活动表现出来，即这种意识状态不符合当下的社会评价。因此，过错在侵权行为的判定中是对那些足以表明行为状态的客观事实的综合性判断。[1]

在个人侵权中，行为人的主观过错分为故意和过失两种。故意是行为人对行为的危险性特意追求的心理状态。在外在表现形式上，故意导致的侵权行为一般具有直观性。过失是侵权后果并非行为人特意追求。所以一般按照是否履行注意义务来判断行为人在实施侵权行为时是否存在过失。目前，注意义务的判断主要有善良管理人和法定标准两种方式。善良管理人标准是在没有法定或行业标准的前提下，行为人需对他人的个人信息尽到在当时情形下一般理性人应当达到的注意程度。这在我国《侵权责任法》第 36 条针对网络侵权责任的规定中已经有所体现。由于网络用户通过互联网对受害人实施侵权行为时，与之有关联的网络服务提供者对该侵权行为是否有过错难以判断。所以，在判断网络侵权责任的承担者时，通过网络服务提供者在接到被侵权人通知后是否采取必要措施（删除、屏蔽、断开链接等方式）来判断网络服务提供者是否有过错。如果损害后果显然是由信息处理者的信息处理行为所致，则信息主体只需证明该损害事实即可。

（四）因果关系

因果关系的存在是责任正当性的基础。[2]这也是确定损害赔偿责任的客观基础，只有证明个人信息侵权行为与损害结果间因果关系之存在才能表明归责正当。个人信息侵权中，因果关系是指以个人信息处理者的违法行为为原因，以损害事实为结果，在原因和后果之间存在的客观联系。个人信息侵权的因果关系较难判断，主要原因在于：一方面个人信息作为信息主体进行社会交往的工具，本身就容易被公开，一旦公开即难以再次被控制。另一方面个人信息作为信息主体精神性个人利益的载体，部分个人信息侵权行为通过社会舆论或心理影响对信息主体产生侵害，并非直接产生损害事实。[3]在大数据时代，信息主体的个人信息被大量收集、处理、

---

[1] 王泽鉴：《侵权行为法》（第 1 册·基本理论·一般侵权行为），中国政法大学出版社 2001 年版，第 294~296 页。

[2] 王利明：《侵权责任法研究》（上卷），中国人民大学出版社 2010 年版，第 135 页。

[3] 谢永志：《个人数据保护法立法研究》，人民法院出版社 2013 年版，第 216 页。

利用的现象频发，利益关系复杂，涉及的行为人较多，所以究竟是哪一处理行为导致个人信息侵权的损害结果难以确定。因此，在个人信息侵权因果关系的认定上，只要侵害信息主体个人信息权之违法行为一经公开，即被他人知悉，就构成人格损害与侵权行为的因果关系。[1]在涉及个人信息侵权的多因一果关系，难以确定直接原因时，可以采用相当因果关系理论加以甄别。

### 三、将惩罚性赔偿引入侵权责任的承担

我国主要有八种侵权责任形式，但这些侵权责任形式并非都适用于个人信息侵权。本书将能够适用于个人信息侵权的责任形式分为两大类：非损害赔偿责任和损害赔偿责任。非损害赔偿责任则主要包括恢复名誉、停止侵害、消除影响、赔礼道歉和消除危险；损害赔偿责任则包括填平性损害赔偿和惩罚性损害赔偿。

（一）非损害赔偿责任

非损害赔偿责任作为非财产性质的赔偿方式，成了个人信息侵权首先要考虑的责任承担方式。在个人信息侵权中，消除危险与停止侵害属于事中和事前具有防御性质的责任。恢复名誉、消除影响和赔礼道歉具有事后补救性质，能够使信息主体的个人信息权益通过这些行为尽可能恢复到原来的状态。停止侵害、消除危险适用于制止已经发生的侵权行为和预防可能发生的侵权行为。赔礼道歉是运用法律工具将道德义务予以规定。通过赔礼道歉而产生的痛苦是精神和心理上的，其目的就在于引发侵权人的自我悔悟，可被视作一种对越轨行为的矫正方法。[2]在个人信息侵权中，由于信息主体的人格利益极易受到侵害，所以赔礼道歉对信息主体人格利益受到损害引起的精神上的伤害具有抚慰作用。赔礼道歉的履行方式主要有口头道歉和书面道歉。大数据时代，赔礼道歉这种非损害赔偿责任形式被广泛应用于网络个人侵权中。因为互联网传播信息的速度快，影响范围广，

---

〔1〕 杨立新主编：《电子商务侵权法》，水利水电出版社2005年版，第76页。
〔2〕 黄忠：《赔礼道歉的法律化：何以可能及如何实践》，载《法制与社会发展》2009年第2期，第123页。

通过书面方式在网络上对个人信息侵权行为进行赔礼道歉成了当下比较流行的非损害赔偿责任承担方式。这在一定程度上起到了对个人信息侵权的约束作用。

### （二）损害赔偿责任

赔偿损失是实现侵权法弥补损害之立法目的的最基本的责任方式，也是被运用得最为广泛的责任方式。[1]损害赔偿作为侵权责任的主要方式之一，是对被侵权人的补偿，用于弥补被侵权人因侵权行为造成的损失。由于个人信息侵权的特殊性，损害赔偿作为重要的责任承担方式，包括填平性赔偿和惩罚性赔偿。

#### 1. 填平性赔偿责任

填平性赔偿原则，也可被称为完全赔偿原则。[2]侵权法作为民事主体主要的权利救济路径，其设立的主要目的就在于弥补被侵权人的损失。在个人信息侵权中，若仅适用赔礼道歉、恢复名誉、停止侵害等非损害赔偿责任并不足以填补信息主体的损害，那么信息主体受侵害的人格利益和财产利益都应受到救济。因为人格利益遭受的损失无法用现有的标准进行衡量，所以现实生活中由个人信息侵权造成的精神损害即主要是人格利益的损害，很难得到补偿。个人信息侵权行为造成的财产利益损失，即财产损害包括：因侵权行为造成的财产损失、侵权行为侵害人格利益而在具体情形下产生的财产损失，如因侵权行为造成信息主体精神异常需要去医院接受治疗而产生的误工费、医疗费、交通费等。

精神损害赔偿已经在部分国家获得认可。精神损害赔偿是用金钱手段抚慰被侵权人因侵权行为造成的精神伤害。《德国联邦个人资料保护法》第8条、我国《消费者权益保护法》第51条以及《最高人民法院关于确定民事侵权精神损害赔偿责任若干问题的解释》第1条等都对精神损害赔偿进行规定。然而，在我国要请求精神损害赔偿救济，需要达到"严重"的程

---

〔1〕 谭启平主编：《中国民法学》（第2版），法律出版社2018年版，第684页。

〔2〕 完全赔偿原则，是指在任何产生损害赔偿请求权的场合，不管损害的类型如何、加害人的过错程度如何，均应先确定受害人所遭受的损害，然后由赔偿义务人通过相应的赔偿方法为赔偿权利人提供一定的利益，以求全部填补损害，使受害人恢复到尚未遭受损害时应处之状态。程啸、王丹：《损害赔偿的方法》，载《法学研究》2013年第3期，第55页。

度。在个人信息侵权中，该标准不利于对个人信息的保护。首先，《侵权责任法》第22条规定的"严重精神损害"的标准难以界定。其次，个人信息的侵权行为虽然没有达到《侵权责任法》规定的严重程度，但因为个人信息涉及信息主体的隐私利益，所以仍会对信息主体造成相当程度的伤害。因此，在个人信息侵权领域，对精神损害赔偿的判断不宜适用"严重精神损害"这一标准。在精神损害赔偿的适用方面还需考虑适用主体的差异性。在个人信息侵权中，法官还需根据具体案件行使自由裁量权。在赔偿数额方面，法官需要综合侵权人获利程度、侵权的手段和规模、侵权人的过错程度、被侵权人当地经济水平、信息主体精神损害程度等因素决定精神损害赔偿的数额。精神损害赔偿的适用不仅能够抚慰信息主体因侵权行为带来的伤害，对大数据时代频繁发生的个人信息侵权行为起到惩戒的作用，还能够让信息主体通过精神损害赔偿获得适当补偿，从而缓和信息主体与侵权人间的冲突。

2. 惩罚性赔偿责任

惩罚性赔偿制度滥觞于英美法系，该制度不仅可以补偿被侵权人的损失，还能够对违法行为起到威慑作用。在英美法系，该制度适用于"被告具有恶意、欺诈、轻率或者滥用权力"的情形；在大陆法系，该制度仅在法律存在特别规定时才予以使用，适用范围较窄。[1]我国《侵权责任法》第47条[2]规定了惩罚性赔偿适用与产品责任。《商标法》第63条[3]，《消费者权益保护法》第55条[4]对惩罚性赔偿也有所规定。大数据时代，个人信息经挖掘后产生的商业价值使其成了企业大量收集的对象。其中，互联网公司是主要的信息收集者和处理者，其大多经济实力雄厚、内部关系复杂，由此引发的个人信息侵权影响程度高。个人信息被处理后广泛应

---

〔1〕 舒媛：《知识产权惩罚性损害赔偿制度研究》，载《武汉大学学报（哲学社会科学版）》2014年第3期，第34页。

〔2〕《侵权责任法》第47条规定："明知产品存在缺陷仍然生产、销售，造成他人死亡或者健康严重损害的，被侵权人有权请求相应的惩罚性赔偿。"

〔3〕《商标法》第63条规定："……对恶意侵犯商标专用权，情节严重的，可以在按照上述方法确定数额的一倍以上五倍以下确定赔偿数额。……"

〔4〕《消费者权益保护法》第55条规定："经营者明知商品或者服务存在缺陷，仍然向消费者提供，造成消费者或者其他受害人死亡或者健康严重损害的，受害人有权要求经营者依照本法第四十九条、第五十一条等法律规定赔偿损失，并有权要求所受损失二倍以下的惩罚性赔偿。"

用于商业领域，由此引发了诸多个人信息侵权纠纷。在个人信息侵权中，由于一些个人信息侵权行为并未达到法律规定的"严重"程度，信息主体无法得到损害赔偿救济。加之，在大数据背景下，数据技术的发展带来的个人信息侵权行为多样、侵权行为举证困难、侵权行为较难认定等特征使得单独的损害责任赔偿无法实现对信息主体受侵害利益的救济。

　　本书认为，在个人信息侵权的救济性规则中引入惩罚性赔偿制度，能够弥补侵权责任法上单一的损害赔偿责任对信息主体救济的不足。然而，惩罚性赔偿的适用需要法官基于个案进行自由裁量，所以在引入个人信息侵权领域时需秉承慎重的立法理念，防止法官滥用自由裁量权。在适用惩罚性赔偿时需要同时满足以下两个条件：①侵权行为人主观上是直接故意。②受害人因侵权行为造成巨大的损失或对侵权人造成严重困扰。[1]只有同时满足以上两个条件才可适用惩罚性赔偿。

---

[1]　舒媛：《知识产权惩罚性损害赔偿制度研究》，载《武汉大学学报（哲学社会科学版）》2014年第3期，第37页。

# 结　语

　　大数据技术的快速发展为数字经济的创新带来了新的契机。个人信息自身蕴含自主价值、商业价值和公共管理价值，但单个的个人信息价值较小，只有当个人信息的数量积累到一定程度时，才通过信息处理技术，使这些原本没有联系的、单个的、碎片化的个人信息间产生连接，进而使其价值得以展现。随着个人信息的商业价值日益受到重视，其成了商家争相追逐甚至非法获取的对象，个人信息成了被待价而沽的商品。个人信息侵权案件频频发生，但我国的个人信息法律保护框架已经难以实现对个人信息的有效保护。同时，在大数据时代，个人信息作为促进数字经济发展的原材料，对个人信息的利用已经成为无法避免的事实。在此背景下，如何解决信息主体个人信息的保护与合理利用间的冲突，成了法律亟须解决的问题。

　　目前我国《民法典》已经颁布施行。针对《民法典》中关于个人信息保护的规定，本书认为可以从以下几个方面进行完善：

　　总体而言，大数据时代的个人信息法律保护应当先理顺立法要求与信息控制者内在激励之间的关系，通过科学的立法与制度设计使个人信息保护成为信息控制者的内在需要，从而实现个人信息保护与合理利用间的激励相容。大数据时代对个人信息的利用已经无法避免，这使得个人信息法律保护的目的不在于禁止个人信息的利用，而是在于防止对个人信息的滥用，因而可以对个人信息进行区分保护。将个人信息区分为敏感个人信息和一般个人信息，沿用隐私权路径，加强对敏感个人信息的保护，沿用财产权路径，强化对一般个人信息的合理利用。

　　在防范数据技术飞速发展给个人信息法律保护带来的风险方面，应当合理引入场景风险规则。与传统的隐私侵权保护不同，大数据时代的个人信息法律保护主要在于防范和化解由数据技术带来的个人隐私利益被侵犯的直接或间接风险。脱离特定场景谈论个人信息权益或者隐私权益，可能会引发隐私权益保护的目的与效果的错位。场景风险规则可以很好地解决基于不同社群、场景、隐私权益的保护标准不同的问题，这使得为保护信息主体的隐私权益，个人信息法律保护的边界处于动态变化当中。场景风险规则与大数据时代技术快速进步带来的个人信息保护动态性和场景性的特征相契合。针对大数据时代信息主体的弱势地位，为保护信息主体的人格尊严和自由，坚持信息主体的"信息自决"尤为必要。在制度设计上，不能仅拘泥于"信息自决"的各项具体要求，可以在充分考虑相关各方利益平衡的前提下，让信息主体尽量实现对个人信息的自主决定。但这并不意味着"信息自决"是唯一目的，这是为了增强信息主体对其个人信息的控制权，最终实现维护信息主体合法权益的目的。另外，我国除了在立法上加强对个人信息进行保护外，还可以借鉴美国的行业自律经验，通过立法与行业自律相结合的方式对信息主体的个人信息进行较为全面的保护。

在完善大数据时代个人信息法律保护的制度基础方面，确立个人信息权。大数据时代个人信息法律保护的核心问题在于如何改变信息主体与信息处理者间力量的悬殊，从而使得信息主体对个人信息失去控制权，同时又缺少恰当的法律制度扭转信息主体的弱势地位。科技的进步促使社会的信息化程度加深，个人信息作为一种资源被信息处理者广泛地收集、处理、利用，个人信息上承载的人格利益被侵害的风险加大。然而，在该时代背景下，信息主体却无法参与信息流转的过程，故而需要将信息主体的个人信息权益上升到权利层面进行保护。在权利性质方面，个人信息权本质上是一种私权。信息技术的进步会引起个人信息范围的扩张，与之相关的个人信息权的内容也将发生改变。基于此，本书认为可以将个人信息权界定为一种框架性权利，这样不仅可以实现个人信息保护与个人信息利用间的平衡，还可以满足大数据时代个人信息法律保护的新需求。在权利内容方面，可以从积极和消极两个方面阐释个人信息权的内容。积极权能包括知情同意权、查阅权、可携带权。消极权能包括更正权、限制处理权以及删除权（被遗忘权）。通过对个人信息权的内涵予以明确，从而有限度地赋予信息主体以相关信息权利，避免信息权利的泛化与极端化。

在坚持知情同意原则有存在必要的前提下，本书认为能够应对大数据技术挑战的知情同意原则在设计上应以分层同意和动态同意为中心。具体而言：首先，根据信息的敏感程度，将个人信息分为敏感个人信息与一般个人信息，并根据不同种类的个人信息设计分层同意的标准；其次，将风险评估理论引入对个人信息的保护当中，对不同场景的个人信息处理进行风险评估。由于场景的动态性，随之而来的风险也处于不断变化当中，所以基于场景的风险评估也应当是动态的。值得注意的是，本书认为知情同意不能被风险评估的结果所取代，信息主体可以风险评估的结果作为参考，重新评判是否再次作出同意的决定。最后，鉴于信息主体的个体差异导致个体对需要告知同意的行为类型有所不同，信息主体的特别需求也可以被纳入同意的分层设计。除此之外，在同意分层基础之上还可以设置宽泛同意。在整个信息处理的活动过程中，信息处理者应当对其信息处理行为进行持续性的披露，从而保障信息主体的知情权。此时，信息主体就可基于其知悉的信息处理情况，结合最新的风险评估结果，综合判断并及时对之前作出的同意决定作出调整。

在重构个人信息侵权救济性规则方面，将过错推定责任作为个人信息侵权的归责原则。在此基础之上，将自身可诉性损害作为判定个人信息侵权的损害事实判定标准。大数据时代，个人信息侵权主要发生在个人信息处理的过程中。如果将自身可诉性损害应用到个人信息侵权的损害事实判定中，则信息主体只需证明信息处理者实施了个人信息侵权行为即可，而无需证明该信息公布行为给信息主体造成的实际损害结果。信息技术飞速发展带来的个人信息侵权行为多样化、侵权行为举证困难、损害结果较难认定等特征，使得单独的损害责任赔偿无法实现对信息主体受侵害利益的救济。故而，将惩罚性赔偿引入个人信息的侵权责任承担，可以弥补侵权责任法上单一的损害赔偿责任对信息主体救济的不足。

# 参考文献

## 一、中文参考文献

### (一) 著作类

1. 梁慧星:《民商法论丛》(第 23 卷),金桥文化出版公司 2001 年版。

2. 谭启平主编:《中国民法学》(第 2 版),法律出版社 2018 年版。

3. 齐爱民:《大数据时代个人信息保护法国际比较研究》,法律出版社 2015 年版。

4. 京东法律研究院:《欧盟数据宪章〈一般数据保护条例〉GDPR 评述及实务指引》,法律出版社 2018 年版。

5. 胡元义主编:《数据结构教程》,西安电子科技大学出版社 2012 年版。

6. 郭明龙:《个人信息权利的侵权法保护》,中国法制出版社 2012 年版。

7. 徐丽枝:《政府信息公开中的个人隐私保护问题研究》,法律出版社 2019 年版。

8. 齐爱民:《捍卫信息社会中的财产》,北京大学出版社 2009 年版。

9. 杨芳:《隐私权保护与个人信息保护法——对个人信息保护立法潮流的反思》,法律出版社 2016 年版。

10. 胡凌:《网络法的政治经济起源》,上海财经大学出版社 2016 年版。

11. 郭瑜:《个人数据保护法研究》,北京大学出版社 2012 年版。

12. 高富平:《个人数据保护和利用国际规则:源流与趋势》,法律出版社 2016 年版。

13. 陆小华:《信息财产权——民法视角中的新财富保护模式》,法律出版社 2009 年版。

14. 鲁礼新:《人口与环境简论》,黄河水利出版社 2010 年版。

15. 涂子沛:《大数据》,广西师范大学出版社 2013 年版。

16. 京东法律研究院:《欧盟数据保护法规汇编》,中国法制出版社 2019 年版。

17. 王利明:《人格权法研究》,中国人民大学出版社 2005 年版。

18. 杨立新:《侵权责任法》,法律出版社 2012 年版。

19. 张新宝:《隐私权的法律保护》,群众出版社 1997 年版。

20. 谢远扬:《个人信息的私法保护》,中国法制出版社 2016 年版。

21. 〔英〕洛克:《政府论》(下篇),叶启芳等译,商务印书馆 1996 年版。

22. 齐延平：《人权与法治》，山东人民出版社 2003 年版。

23. 王泽鉴：《人格权法：法释义学、比较法、案例研究》，北京大学出版社 2013 年版。

24. 马俊驹：《人格和人格权理论讲稿》，法律出版社 2009 年版。

25. 周汉华：《中华人民共和国个人信息保护法（专家建议稿）及立法研究报告》，法律出版社 2006 年版。

26. 洪海林：《个人信息的民法保护研究》，法律出版社 2010 年版。

27. 李宇：《民法总则要义：规范释论与判解集注》，法律出版社 2017 年版

28. 王秀秀：《大数据背景下个人数据保护立法理论》，浙江大学出版社 2018 年版。

29. 李晓辉：《信息权利研究》，知识产权出版社 2006 年版。

30. 马特、袁雪石：《人格权法教程》，中国人民大学出版社 2007 年版。

31. 齐爱民：《个人资料保护法原理及其跨国流通法律问题研究》，武汉大学出版社 2004 年版。

32. 杨立新：《人格权法》，法律出版社 2011 年版。

33. 许文义：《个人资料保护法论》，三民书局 2001 年版。

34. 王泽鉴：《民法总则》，中国政法大学出版社 2001 年版。

35. 刘雅琦：《基于敏感度分级的个人信息开发利用保障体系研究》，武汉大学出版社 2015 年版。

36. 刘德良：《论个人信息的财产权保护》，武汉大学出版社 2008 年版。

37. 孔令杰：《个人资料隐私的法律保护》，武汉大学出版社 2009 年版。

38. 蒋坡主编：《国际信息政策法律比较》，法律出版社 2001 年版。

39. 齐爱民：《拯救信息社会中的人格——个人信息保护法总论》，北京大学出版社 2009 年版。

40. 杨立新主编：《中华人民共和国民法总则要义与案例解读：总体说明·逐条释义·案例解读》，中国法制出版社 2017 年版。

41. 陈甦主编：《民法总则评注》（下册），法律出版社 2017 年版。

42. 纪红任等编著：《物流经济学》，机械工业出版社 2007 年版。

43. 杜涛主编：《民法总则的诞生——民法总则重要草稿及立法过程背景介绍》，北京大学出版社，2017 年版。

44. 刘金瑞：《个人信息与权利配置——个人信息自决权的反思和出路》，法律出版社 2017 年版。

45. 黄茂荣：《法学方法与现代民法》，法律出版社 2007 年版。

46. 陈甦主编：《民法总则评注》（下册），法律出版社 2017 年版。

47. 王利明主编：《中华人民共和国民法总则详解》，中国法制出版社 2017 年版。

48. 李宇：《民法总则要义：规范释论与判解集注》，法律出版社 2017 年版。

49. 姚岳绒：《宪法视野中的个人信息保护》，法律出版社 2012 年版。

50. 王利明：《侵权责任法研究》（上卷），中国人民大学出版社 2010 年版。

51. 周汉华主编：《域外个人数据保护法汇编》，法律出版社 2006 年版。

52. 周汉华主编：《个人信息保护前沿问题研究》，法律出版社 2006 年版。

53. 王泽鉴：《侵权行为》，北京大学出版社 2009 年版。

54. 张新宝：《侵权责任构成要件研究》，法律出版社 2007 年版。

55. 王卫国：《过错责任原则：第三次勃兴》，中国法制出版社 2000 年版。

56. 谢永志：《个人数据保护法立法研究》，人民法院出版社 2013 年版。

57. 杨立新主编：《电子商务侵权法》，水利水电出版社 2005 年版。

58. 龙卫球、刘保玉：《中华人民共和国民法总则释义与适用指导》，中国法制出版社
    2017 年版。

59. ［美］阿尔文·托夫勒：《第三次浪潮》，黄明坚译，中信出版社 2006 年版。

60. ［美］马克·波斯特：《信息方式：后结构主义与社会语境》，范静晔译，商务印书
    馆 2014 年版。

61. ［美］埃里克·托普：《未来医疗——智能时代的个体医疗革命》，郑杰译，浙江人
    民出版社 2016 年版。

62. ［美］迈克尔·费蒂克、戴维·C.汤普森：《信誉经济：大数据时代的个人信息价
    值与商业变革》，王臻译，中信出版社 2016 年版。

63. ［美］阿丽塔·L.艾伦、理查德·C.托克音顿：《美国隐私法：学说 判例与立法》，
    冯建妹等编译，中国民主法制出版社 2019 年版。

64. ［美］丹尼尔·沙勒夫：《隐私不保的年代：如何在网络的流言蜚语、人肉搜索和私
    密窥探中生存？》，林铮颢译，江苏人民出版社 2011 年版。

65. ［美］凯斯·R.桑斯坦：《信息乌托邦：众人如何生产知识》，毕竞悦译，法律出版
    社 2008 年版。

66. ［美］凯西·奥尼尔：《算法霸权——数学杀伤性武器的威胁》，马青玲译，中信出
    版社 2018 年版。

67. ［美］朱迪·弗里曼：《合作治理与新行政法》，毕洪海、陈标冲译，商务印书馆
    2010 年版。

68. ［英］维克托·迈尔–舍恩伯格：《删除：大数据取舍之道》，袁杰译，浙江人民出版
    社 2013 年版。

69. ［英］维克托·迈尔–舍恩伯格、肯尼思·库克耶：《大数据时代：生活、工作与思
    维的大变革》，盛杨燕、周涛译，浙江人民出版社 2013 年版。

70. ［英］约翰·帕克：《全民监控——大数据时代的安全与隐私困境》，关立深译，金城出版社 2015 年版。

71. ［英］斯各特·拉什：《信息批判》，杨德睿译，北京大学出版社 2009 年版。

72. ［德］罗纳德·巴赫曼、吉多·肯珀、托马斯·格尔策：《大数据时代下半场——数据治理、驱动与变现》，刘志则、刘源译，北京联合出版公司 2017 年版。

73. ［日］五十岚清：《人格权法》，［日］铃木贤、葛敏译，北京大学出版社 2009 年版。

74. ［以色列］尤瓦尔·赫拉利：《未来简史》，林俊宏译，中信出版社 2017 年版。

（二）论文类

75. 张玉洁、胡振吉：《我国大数据法律定位的学说论争、司法立场与立法规范》，载《政治与法律》2018 年第 10 期。

76. 王成：《个人信息民法保护的模式选择》，载《中国社会科学》2019 年第 6 期。

77. 黄铠：《生成式 AI 对个人信息保护的挑战与风险规制》，载《现代法学》2024 年第 4 期。

78. 武腾：《人工智能时代个人数据保护的困境与出路》，载《现代法学》2024 年第 4 期。

79. 魏汉涛：《公民个人信息刑法八号的偏差与匡正》，载《法学评论》2024 年第 4 期。

80. 刘权：《论个人信息保护负责人——以〈个人信息保护法〉第 52 条为中心》，载《行政法学研究》2024 年第 5 期。

81. 邓泽球、张桂群：《论网络虚拟人格》，载《常德师范学院学报（社会科学版）》2002 年第 2 期。

82. 范姜真嬩：《政府信息公开与个人隐私之保护》，载《法令月刊》2001 年第 5 期。

83. 梅夏英：《数据的法律属性及其民法定位》，载《中国社会科学》2016 年第 9 期。

84. 纪海龙：《数据的私法定位与保护》，载《法学研究》2018 年第 6 期。

85. 齐延平、田奥妮：《司法数字公开中个人信息隐私保护的“整体–责任”模式》，载《中国法律评论》2024 年第 4 期。

86. 吕炳斌：《个人信息权作为民事权利之证成：以知识产权为参照》，载《中国法学》2019 年第 4 期。

87. 王利明：《数据共享与个人信息保护》，载《现代法学》2019 年第 1 期。

88. 李贺：《论侵害企业数据权益的损害赔偿责任——以企业数据与个人信息保护的协调为视角》，载《郑州大学学报（哲学社会科学版）》2024 年第 4 期。

89. 吕炳斌：《论网络用户对“数据”的权利——兼论网络法中的产业政策和利益衡量》，载《法律科学（西北政法大学学报）》2018 年第 6 期。

90. 华梓善、张安毅：《个人信息保护公益诉讼的制度检讨与规范续造——以〈个人信息保护法〉第七十条为中心》，载《河南财经政法大学学报》2024 年第 4 期。

91. 魏汉涛：《私密信息刑法保护之反思与重构》，载《政法论坛》2024 年第 4 期。

92. 冯源：《〈民法总则〉中新兴权利客体"个人信息"与"数据"的区分》，载《华中科技大学学报》2018 年第 3 期。

93. 王秀哲：《信息社会个人咨询隐私权的法律保护》，载《徐州示范大学学报》2005 年第 1 期。

94. 刘德良：《个人信息的财产权保护》，载《法学研究》2007 年第 3 期。

95. 姚佳：《个人信息保护检察民事公益诉讼的理论基础与实施进路》，载《政法论坛》2024 年第 4 期。

96. 薛悟娟：《大数据时代个人信息的运作模式、理论困境及保护路径》，载《中国海商法研究》2024 年第 2 期。

97. 洪丹娜：《个人信息权利在我国宪法权利体系中的定位》，载《法学杂志》2024 年第 3 期。

98. 高秦伟：《个人信息保护视域下的数据经纪人及其规制》，载《政治与法律》2024 年第 6 期。

99. 齐爱民：《论个人信息的法律保护》，载《苏州大学学报》2007 年第 2 期。

100. 许娟：《地方数据立法中的个人信息产权保护——基于 23 个省（区、市）现行地方性数据条例的考察》，载《求索》2024 年第 3 期。

101. 张素华：《个人信息商业运用的法律保护》，载《苏州大学学报》2005 年第 2 期。

102. 万方：《人形机器人数据处理目的原则的再审视》，载《东方法学》2024 年第 3 期。

103. 汤喆峰、刘琦：《公共安全治理转型下的个人信息法律保护困境与出路》，载《科技与法律（中英文）》2024 年第 3 期。

104. 沃耘、乔鹏飞：《〈民法典〉背景下个人信息保护的司法考察与制度完善》，载《征信》2024 年第 5 期。

105. 朱沛智、贾振宇：《征信体系建设下个人信息保护的进路研究》，载《征信》2024 年第 5 期。

106. 王康：《个人信息保护民事公益诉讼损害赔偿规则适用研究》，载《河北法学》2024 年第 7 期。

107. 张德淼、李慧君：《个人信息保护影响评估制度的优化路径——基于元治理理论视域》，载《中南民族大学学报（人文社会科学版）》2024 年第 5 期。

108. 郭兵：《个人信息保护公益诉讼的启动要件》，载《甘肃社会科学》2024 年第 2 期。

109. 王业亮：《论〈个人信息保护法〉的合作治理定位——基于倾斜保护型法的视角》，载《河北学刊》2024 年第 3 期。

110. 杨显滨:《我国私密信息保护模式的再造》,载《中外法学》2024 年第 2 期。

111. 赵精武:《个人信息匿名化的理论基础与制度建构》,载《中外法学》2024 年第 2 期。

112. 曹冰婵,刘亚云:《数字化治理视角下我国体育明星个人信息保护研究》,载《沈阳体育学院学报》2024 年第 2 期。

113. 丁晓东:《公开个人信息法律保护的中国方案》,载《法学》2024 年第 3 期。

114. 李姝卉:《数字时代隐私权保护的立法因应》,载《法学》2024 年第 3 期。

115. 陈禹衡:《生成式人工智能中个人信息保护的全流程合规体系构建》,载《华东政法大学学报》2024 年第 2 期。

116. 石佳友、徐婧仪:《医疗人工智能应用的法律挑战及其治理》,载《西北大学学报(哲学社会科学版)》2024 年第 2 期。

117. 黄恒林:《预防性个人信息保护民事公益诉讼的证立及其制度展开》,载《法制与社会发展》2024 年第 2 期。

118. 郑文阳:《论个人生物识别信息保护中个体权利与公共利益的平衡》,载《法律科学(西北政法大学学报)》2024 年第 2 期。

119. 张陈果:《个人信息保护:行政与民事公益诉讼相结合的恢复性践行》,载《上海交通大学学报(哲学社会科学版)》2024 年第 1 期。

120. 马更新:《数据交易中个人信息保护制度之完善——以"知情-同意"规则为中心》,载《河北学刊》2024 年第 2 期。

121. 陈希:《我国敏感个人信息保护规则进路探析——以〈个人信息保护法〉第 28－30 条为基准》,载《湖南社会科学》2023 年第 6 期。

122. 周烁、赵旭东:《个人信用信息权益的法治化保护》,载《理论探索》2024 年第 1 期。

123. 吕炳斌:《数据流通利用语境下个人信息财产权益的实现路径》,载《比较法研究》2023 年第 6 期。

124. 张建文:《个人信息中的私密信息之私密性界定:规范意图与司法实践》,载《贵州社会科学》2023 年第 11 期。

125. 叶雄彪:《个人信息侵权的理论反思与规范构建》,载《齐鲁学刊》2023 年第 6 期。

126. 丁晓东:《隐私权保护与个人信息保护关系的法理——兼论〈民法典〉与〈个人信息保护法〉的适用》,载《法商研究》2023 年第 6 期。

127. 张丽英、段佳葆:《自动化决策下的个人信息保护——以〈个人信息保护法〉第 24 条为中心》,载《东岳论丛》2023 年第 10 期。

128. 马康凤:《基本权利社会平衡功能之实现——以个人信息权为例》,载《人权》2023

年第 6 期。

129. 李雷：《论数字时代个人信息保护与利用平衡的展开路径》，载《行政法研究》2024 年第 1 期。

130. 陈锦波：《从私法到公法：数字时代隐私权保护的模式延展，载《政治与法律》2023 年第 11 期。

131. 张涛：《风险预防原则再个人信息保护中的适用与展开》，载《现代法学》2023 年第 5 期。

132. 倪朝：《论个人信息保护机构的组织优化——结合〈个人信息保护法〉相关规则的解释》，载《河北法学》2023 年第 10 期。

133. 斜晓东：《风险与控制：论生成式人工智能应用的个人信息保护》，载《政法论丛》2023 年第 4 期。

134. 高志宏：《大数据时代个人信息保护的理论反思与规则优化》，载《学术界》2023 年第 7 期。

135. 彭诚信：《论个人信息权与传统人格权的实质性区分》，载《法学家》2023 年第 4 期。

136. 叶岚：《从控制到合作：个人信息保护策略优化》，载《中共天津市委党校学报》2023 年第 4 期。

137. 赵鹏：《"基于风险"的个人信息保护?》，载《法学评论》2023 年第 4 期。

138. 高富平、李群涛：《"个人信息权益"的民法新定位》，载《东岳论丛》2023 年第 6 期。

139. 王鹏：《数据平台个人信息保护的合规义务与路径实施》，载《江苏社会科学》2023 年第 3 期。

140. 张宇轩：《人机对话中个人信息的'设计保护'——以 Chatgpt 模型为切入点》，载《图书馆论坛》2023 年第 8 期。

141. 徐晓日、刘丹琳：《个人信息保护中的政府监管：制度安排、执行困境与整体优化》，载《长白学刊》2023 年第 4 期。

142. 褚婧一：《"用户-平台"关系中告知同意规则修正的路径选择》，载《苏州大学学报（法学版）》2023 年第 2 期。

143. 韩思阳：《公法介入私域：平台中的个人信息保护》，载《学术月刊》2023 年第 5 期。

144. 林海伟：《平台控制下个人信息数据的权利配置：对第三方原则的双重反思》，载《治理研究》2023 年第 3 期。

145. 刘权：《个人信息保护的权利化分歧及其化解》，载《中国法律评论》2022 年第

6 期。

146. 姚佳：《个人信息主体权利的实现困境及其保护救济》，载《中国法律评论》2022 年第 6 期。

147. 苗泽一：《数据交易市场构建背景下的个人信息保护研究》，载《政法论坛》2022 年第 6 期。

148. 丁晓东：《从个体救济到公共治理：论侵害个人信息的私法应对》，载《国家检察官学院学报》2022 年第 5 期。

149. 刘权：《论个人信息保护影响评估——以〈个人信息保护法〉第 55、56 条为中心》，载《上海交通大学学报（哲学社会科学版）》2022 年第 5 期。

150. 林洹民：《个人数据交易的双重法律构造》，载《法学研究》2022 年第 5 期。

151. 秦倩：《个人信息保护权利基础的体系性理路——以"个人信息权"概念表达的统一为视角》，载《宁夏社会科学》2022 年第 5 期。

152. 吴高臣：《个人信用信息权益的法律构造》，载《云南大学学报（社会科学版）》2022 年第 5 期。

153. 吴伟光：《平台组织内网络企业对个人信息保护的信义义务》，载《中国法学》2021 年第 6 期。

154. 朱芸阳：《个人金融信息保护的逻辑与规则展开》，载《环球法律评论》2021 年第 6 期。

155. 王锡锌：《国家保护视野中的个人信息权利束》，载《中国社会科学》2021 年第 11 期。

156. 凌霞：《安全价值优先：大数据时代个人信息保护的法律路径》，载《湖南社会科学》2021 年第 6 期。

157. 武腾：《最小必要原则再平台处理个人信息实践中的适用》，载《法学研究》2021 年第 6 期。

158. 王利明、丁晓东：《论〈个人信息保护法〉的亮点、特色与适用》，载《法学家》2021 年第 6 期。

159. 劳东燕：《个人信息法律保护体系的基本目标与归责机制》，载《政法论坛》2021 年第 6 期。

160. 李芊：《论隐私权与个人信息权益的关系与保护模式——〈民法典〉第四编第六章的法理解释》，载《西南交通大学学报（社会科学版）》2021 年第 6 期。

161. 龙卫球：《〈个人信息保护法〉的基本法定位与保护功能——基于心法体系形成及其展开的分析》，载《现代法学》2021 年第 5 期。

162. 吕炳斌：《论〈民法典〉个人信息保护规则蕴含的权利——以分析法学的权利理论

为视角》，载《比较法研究》2021 年第 3 期。

163. 申卫星：《大数据时代个人信息保护的中国路径》，载《探索与争鸣》2020 年第 11 期。

164. 郑维炜：《个人信息权的权利属性、法理基础与保护路径》，载《法制与社会发展》2020 年第 6 期。

165. 王怀勇、常宇豪：《个人信息保护的理念嬗变与制度变革》，载《法制与社会发展》2020 年第 6 期。

166. 程啸：《论我国民法典中个人信息权益的性质》，载《政治与法律》2020 年第 8 期。

167. 袁泉，王思庆：《个人信息分类八号制度及其体系研究》，载《江西社会科学》2020 年第 7 期。

168. 邓矜婷：《论大数据产业中个人信息自决权的有效性限制》，载《江苏行政学院学报》2020 年第 4 期。

169. 刁胜先：《论个人信息权的权利结构》，载《北京理工大学学报》（社会科学版）2011 年第 3 期。

170. 李永军：《论〈民法总则〉中个人隐私与信息的"二元制"保护及请求权基础》，载《浙江工商大学学报》2017 年第 3 期。

171. 项定宜、申建平：《个人信息商业利用同意要件研究——以个人信息类型化为视角》，载《北方法学》2017 年第 5 期。

172. 齐爱民：《论大数据时代数据安全法律综合保护的完善——以〈网络安全法〉为视角》，载《东北师大学报（哲学社会科学版）》2017 年第 4 期。

173. 张晓阳：《基于 cookie 的精准广告投放技术及其法律边界刍议——以朱烨诉百度公司隐私权纠纷为视角》，载《电子知识产权》2015 年第 9 期。

174. 胡忠望、刘卫东：《Cookie 应用与个人信息安全研究》，载《计算机应用与软件》2007 年第 3 期。

175. 黄凯奇等：《智能视频监控技术综述》，载《计算机学报》2015 年第 6 期。

176. 张恩典：《大数据时代的被遗忘之争》，载《学习与探索》2016 年第 4 期。

177. 胡凌：《超越代码：从赛博空间到物理世界的控制/生产机制》，载《华东政法大学学报》2018 年第 1 期。

178. 宋庆宇、张樹沁：《身体的数据化：可穿戴设备与身体管理》，载《中国青年研究》2019 年第 12 期。

179. 陈瑞华、郑洁萍：《在利益与人格之间：社交网站个人信息保护研究——基于 10 家社交网站的分析》，载《传媒与社会》2018 年第 5 期。

180. 程明、赵静宜：《论大数据时代的定向广告与个人信息保护—兼论美国、欧盟、日本的国家广告监管模式》，载《浙江传媒学院学报》2017 年第 4 期。

181. 于志刚：《关于"身份盗窃"行为的入罪化思考》，载《北京联合大学学报（人文社会科学版）》2011 年第 1 期。

182. 吴旭莉：《大数据时代的个人信用信息保护——以个人征信制度的完善为契机》，载《厦门大学学报（哲学社会科学版）》2019 年第 1 期。

183. 袁梦倩：《"被遗忘权"之争：大数据时代的数字化记忆与隐私边界》，载《学海》2015 年第 4 期。

184. 邵国松：《"被遗忘的权利"：个人信息保护的新问题及对策》，载《南京社会科学》2013 年第 2 期。

185. 王秀哲：《大数据时代个人信息法律保护制度之重构》，载《法学论坛》2018 年第 6 期。

186. 周文扬、张天荣：《生成、影响与反思：聚合类新闻客户端的信息茧房效应研究——以"今日头条"为例》，载《传媒》2018 年第 20 期。

187. 孙建丽：《算法自动化决策风险的法律规制研究》，载《法治研究》2019 年第 4 期。

188. 许竹：《微博的'信息茧房'效应及其思考》，载《新闻爱好者》2018 年第 2 期。

189. 谢琳：《大数据时代个人信息边界的界定》，载《学术研究》2019 年第 3 期。

190. 王利明：《论个人信息权在人格权法中的地位》，载《苏州大学学报（哲学社会科学版）》2012 年第 6 期。

191. 谢远扬：《信息论视角下个人信息的价值——兼对隐私权保护模式的检讨》，载《清华法学》2015 年第 3 期。

192. 王利明：《论个人信息权在人格权法中的地位》，载《苏州大学学报》2012 年第 6 期。

193. 孙平：《系统构筑个人信息保护立法的基本权利模式》，载《法学》2016 年第 4 期。

194. 张新宝：《从隐私到个人信息：利益再衡量的理论与制度安排》，载《中国法学》2015 年第 3 期。

195. 丁晓东：《个人信息私法保护的困境与出路》，载《法学研究》2018 年第 6 期。

196. 袁泉：《个人信息分类保护制度的理论基础》，载《上海政法学院学报（法治论丛）》，2018 年第 3 期。

197. 梁上上：《公共利益与利益衡量》，载《政法论坛》2016 年第 6 期。

198. 梅夏英、刘明：《大数据时代下的个人信息范围界定》，载《社会治理法治前沿年刊》2013 年。

199. 任龙龙：《论同意不是个人信息处理的正当性基础》，载《政治与法律》2016 年第 1 期。

200. 范为：《大数据时代个人信息保护的路径重构》，载《环球法律评论》2016 年第 5 期。

201. 高富平：《个人信息保护：从个人控制到社会控制》，载《法学研究》2018 年第 3 期。

202. 杨惟钦：《价值维度中的个人信息权属模式考察——以利益属性分析切入》，载《法学评论》2016 年第 4 期。

203. 吉根林、赵斌：《面向大数据的时空数据挖掘综述》，载《南京师大学报（自然科学版）》2014 年第 1 期。

204. 张建文、高悦：《我国个人信息匿名化的法律标准与规则重塑》，载《河北法学》2020 年第 1 期。

205. 范为：《大数据时代个人信息定义的再审视》，载《信息安全与通信秘密》2016 年第 10 期。

206. 郑戈：《在鼓励创新与保护人权之间——法律如何回应大数据技术革新的挑战》，载《探索与争鸣》2016 年第 7 期。

207. 龙卫球：《数据新型财产权构建及其体系研究》，载《政法论坛》2017 年第 4 期。

208. 梁慧星、廖新仲：《隐私的本质与隐私权的概念》，载《人民司法》2003 年第 4 期。

209. 王泽鉴：《人格权的具体化及其保护范围·隐私权篇（上）》，载《比较法研究》2008 年第 6 期。

210. 胡文涛：《我国个人敏感信息界定之构想》，载《中国法学》2018 年第 5 期。

211. 葛丽，马绍峰：《个人电子信息安全的法律保护问题》，载《河北学刊》2014 年第 1 期。

212. 张平：《大数据时代个人信息保护的立法选择》，载《北京大学学报（哲学社会科学版）》2017 年第 3 期。

213. 程啸：《论大数据时代的个人数据权利》，载《中国社会科学》2018 年第 3 期。

214. 李怡：《个人一般信息侵权裁判规则研究——基于 68 个案例样本的类型化分析》，载《政治与法律》2019 年第 6 期。

215. 冀洋：《法益自决权与侵犯公民个人信息罪的司法边界》，载《中国法学》2019 年第 4 期。

216. 王成：《侵权之"权"的认定与民事主体利益的规范途径——兼论〈侵权责任法〉的一般条款》，载《清华法学》2011 年第 2 期。

217. 房绍坤、曹相见：《论个人信息人格利益的隐私本质》，载《法制与社会发展》2019 年第 4 期。

218. 王利明：《关于制定民法总则的几点思考》，载《法学家》2016 年第 5 期。

219. 刘召成：《论具体人格权的生成》，载《法学》2016 年第 3 期。

220. 叶金强：《〈民法总则〉"民事权利章"的得与失》，载《中外法学》2017 年第 3 期。

221. 杨立新：《〈侵权责任法草案〉应当重点研究的 20 个问题》，载《河北法学》2009 年第 2 期。

222. 于飞：《侵权法中权利与利益的区分方法》，载《法学研究》2011 年第 4 期。

223. 赵宏：《从信息公开到信息保护：公法上信息权保护研究的风向流转与核心问题》，载《比较法研究》2017 年第 2 期。

224. 朱虎：《侵权法中的法益区分保护：思想与技术》，载《比较法研究》2015 年第 5 期。

225. 张新宝：《〈民法总则〉个人信息保护条文研究》，载《中外法学》2019 年第 1 期。

226. 刘文杰：《网络服务提供者的安全保障义务》，载《中外法学》2012 年第 2 期。

227. 谢远扬："《〈民法典人格权编（草案）〉中"个人信息自决"的规范建构及其反思"，载《现代法学》2019 年第 6 期。

228. 李岩：《一般人格权的类型化分析》，载《法学》2014 年第 4 期。

229. 陈振明：《评西方的"新公共管理"范式》，载《中国社会科学》2000 年第 6 期。

230. 张康之：《论主体多元化条件下的社会治理》，载《中国人民大学学报》，2014 年第 2 期。

231. 张守文：《政府与市场关系的法律调整》，载《中国法学》2014 年第 5 期。

232. 周汉华：《探索激励相容的个人数据治理之道——中国个人信息保护法的立法方向》，载《法学研究》2018 年第 2 期。

233. 孙平：《政府巨型数据库时代的公民隐私权保护》，载《法学》2007 年第 7 期。

234. 姚岳绒：《关于中国宪法渊源的再认识》，载《法学》2010 年第 9 期。

235. 徐丽枝：《个人信息处理中同意原则适用的困境与破解思路》，载《图书情报知识》2017 年第 1 期。

236. 张平：《大数据时代个人信息保护的立法选择》，载《北京大学学报（哲学社会科学版）》2017 年第 3 期。

237. 田野：《大数据时代知情同意原则的困境与出路——以生物资料库的个人信息保护为例》，载《法制与社会发展》2018 年第 6 期。

238. 于飞：《论德国侵权法中的"框架权"》，载《比较法研究》2012 年第 2 期。

239. 陈奇伟、刘倩阳：《大数据时代的个人信息权及其法律保护》，载《江西社会科学》2017 年第 9 期。

240. 朱芸阳：《定向广告中个人信息的法律保护研究——兼评"Cookie 隐私第一案"两审判决》，载《社会科学》2016 年第 1 期。

241. 李谦：《人格、隐私与数据：商业实践及其限度——兼评中国 Cookie 隐私权纠纷第一案》，载《中国法律评论》2017 年第 2 期。

242. 王利明：《论个人信息权的法律保护——以个人信息权与隐私权的界分为中心》，载《现代法学》2013 年第 4 期。

243. 蒋怡：《论个人信息权在民法中确立的必要性》，载《昆明大学学报》2008 年第 3 期。

244. 常健：《论人格权法（编）中的个人信息权的制度完善——评〈中华人民共和国民法人格权编（草案）·民法室室内稿〉相关规定》，载《四川大学学报（哲学社会科学版）》2018 年第 3 期。

245. 张里安、韩旭至：《大数据时代下个人信息权的私法属性》，载《法学论坛》2016 年第 3 期。

246. 程啸：《民法典编纂视野下的个人信息保护》，载《中国法学》2019 年第 4 期。

247. 吴伟光：《大数据技术下个人数据信息私权保护论批判》，载《政治与法律》2016 年第 7 期。

248. 丁晓东：《论个人信息法律保护的思想渊源与基本原理——基于"公平信息实践"的分析》，载《现代法学》2019 年第 3 期。

249. 谢琳、李旭婷：《个人信息财产权之证成》，载《电子知识产权》2018 年第 6 期。

250. 龙卫球：《再论企业数据保护的财产权化路径》，载《东方法学》2018 年第 3 期。

251. 金耀：《消费者个人信息保护规则之检讨与重塑——以隐私控制理论为基础》，载《浙江社会科学》2017 年第 11 期。

252. 李素华：《大数据时代的公民数据信息安全规制问题研究》，载《法治研究》2018 年第 6 期。

253. 程啸：《论侵害个人信息的民事责任》，载《暨南学报（哲学社会科学版）》2020 年第 2 期。

254. 孙南翔：《论作为消费者的数据主体及其数据保护机制》，载《政治与法律》2018 年第 7 期。

255. 徐美：《再谈个人信息保护路径——以〈民法总则〉第 111 条为出发》，载《中国政法大学学报》2018 年第 5 期。

256. 任龙龙：《个人信息民法保护的理论基础》，载《河北法学》2017 年第 4 期。

257. 丁国民、连浩琼：《我国在个人信息保护模式上的价值选择》，载《北京邮电大学学报（社会科学版）》2019 年 3 期。

258. 马长山：《智能互联网时代的法律变革》，载《法学研究》2018 年第 4 期。

259. 叶敏：《个人信息商业利用的正当性与民法规则构想》，载《中国高校社会科学》

2018 年第 4 期。

260. 谢琳：《大数据时代个人信息使用的合法利益豁免》，载《政法论坛》2019 年第 1 期。

261. 王叶刚：《个人信息收集、利用行为合法性的判断——以〈民法总则〉第 111 条为中心》，载《甘肃社会科学》2018 年第 1 期。

262. 袁泉：《电子商务法视野下的个人信息保护》，载《人民司法》2019 年第 1 期。

263. 陈梦寻：《"公民个人信息"判断的合理性标准建构——基于流动的公民个人信息边界》，载《北京邮电大学学报（社会科学版）》2019 年第 1 期。

264. 丁晓东：《被遗忘权的基本原理与场景化界定》，载《清华法学》2018 年第 6 期。

265. 吴伟光：《从隐私利益的产生和本质来理解中国隐私权制度的特殊性》，载《当代法学》2017 年第 4 期。

266. 郑观：《个人信息对价化及其基本制度构建》，载《中外法学》2019 年第 2 期。

267. 徐明：《大数据时代的隐私危机及其侵权法保护》，载《中国法学》2017 年第 1 期。

268. 姜盼盼：《大数据时代个人信息保护的理论困境与保护路径研究》，载《现代情报》2019 年第 6 期。

269. 鞠晔、凌学东：《大数据背景下网络消费者个人信息侵权问题及法律救济》，载《河北法学》2016 年第 11 期。

270. 付新华：《我国个人信息法律保护的应然路径》，载《学术前沿》2019 年第 10 期。

271. 王雪乔：《论欧盟 GDPR 中个人数据保护与"同意"细分》，载《政法论丛》2019 年第 4 期。

272. 郑智航、徐昭曦：《大数据时代算法歧视的法律规制与司法审查——以美国法律实践为例》，载《比较法研究》2019 年第 4 期。

273. 卜素：《人工智能中的'算法歧视'问题及其审查标准》，载《山西大学学报（哲学社会科学版）》2019 年第 4 期。

274. 闫海、韩旭：《互联网定向广告中个人信息安全风险及其法律防范》，载《科技与法律》2019 年第 1 期。

275. 蔡培如：《被遗忘权制度的反思与再建构》，载《清华法学》2019 年第 5 期。

276. 刘学涛：《个人数据保护的法治难题与治理路径探析》，载《科技与法律》2019 年第 2 期。

277. 刁胜先、何琪：《论我国个人信息泄露的法律对策——兼与 GDPR 的比较分析》，载《科技与法律》2019 年第 3 期。

278. 胡凌：《数字社会权力的来源：评分、算法与规范的再生产》，载《交大法学》2019 年第 1 期。

279. 戴昕：《数据隐私问题的维度扩展与议题转换：法律经济学视角》，载《交大法学》2019 年第 1 期。

280. 陈吉栋：《个人信息的侵权救济》，载《交大法学》2019 年第 4 期。

281. 刘泽刚：《大数据隐私的身份悖谬及其法律对策》，载《浙江社会科学》2019 年第 12 期。

282. 苏今：《〈民法总则〉中个人信息的"可识别性"特征及其规范路径》，载《大连理工大学学报（社会科学版）》2020 年第 1 期。

283. 温昱：《个人数据权利体系论纲——兼论〈芝麻服务协议〉的权利空白》，载《甘肃政法学院学报》2019 年第 2 期。

284. 刘艳红：《民法编纂背景下侵犯公民个人信息罪的保护法益：信息自决权——以刑民一体化及〈民法总则〉第 111 条为视角》，载《浙江工商大学学报》2019 年第 6 期。

285. 王泽鉴：《人格权的具体化及其保护范围·隐私权篇（上）》，载《比较法研究》2008 年第 6 期。

286. 蔡星月：《数据主体的"弱同意"及其规范结构》，载《比较法研究》2019 年第 4 期。

287. 张新宝：《个人信息收集：告知同意原则适用的限制》，载《比较法研究》2019 年第 6 期。

288. 李晓宇：《权利与利益区分视点下数据权益的类型化保护》，载《知识产权》2019 年第 3 期。

289. 张建文：《新兴权利保护的基本权利路径》，载《河北法学》2019 年第 2 期。

290. 张建文、高悦：《从隐私权的立法与司法实践看新兴权利保护的综合方式》，载《求是学刊》2019 年第 6 期。

291. 廖磊：《被遗忘权视角下搜索引擎服务商的个人信息保护义务研究》，载《网络信息法学研究》2017 年第 1 期。

292. 方新军：《一项权利如何成为可能？——以隐私权的演进为中心》，载《法学评论》2017 年第 6 期。

293. 丁晓东：《用户画像、个性化推荐与个人信息保护》，载《环球法律评论》2019 年第 5 期。

294. 叶名怡：《论个人信息权的基本范畴》，载《清华法学》2018 年第 5 期。

295. 刘云：《欧洲个人信息保护法的发展历程及其改革创新》，载《暨南学报（哲学社会科学版）》2017 年第 2 期。

296. 杨立新：《个人信息：法益抑或民事权利——对〈民法总则〉第 111 条规定的"个

人信息"之解读》，载《法学论坛》2018 年第 1 期。

297. 吴飞、傅正科：《大数据与"被遗忘权"》，载《浙江大学学报（人文社会科学版）》2015 年第 2 期。

298. 伍艳：《论网络信息时代的"被遗忘权"——以欧盟个人数据保护改革为视角》，载《图书馆理论与实践》2013 年第 11 期。

299. 满洪杰：《被遗忘权的解析与构建：作为网络时代信息价值纠偏机制的研究》，载《法制与社会发展》2018 年第 2 期。

300. 胡雪梅：《英美侵权法行为"自身可诉"侵权制度及其合理借鉴——以我国〈侵权责任法〉的完善为中心》，载《现代法学》2011 年第 1 期。

301. 黄忠：《赔礼道歉的法律化：何以可能及如何实施》，载《法制与社会发展》2009 年第 2 期

302. 程啸、王丹：《损害赔偿的方法》，载《法学研究》2013 年第 3 期。

303. 舒媛：《知识产权惩罚性损害赔偿制度研究》，载《武汉大学学报（哲学社会科学版）》2014 年第 3 期。

304. 赵新潮：《个体权益·公共利益·国家安全：企业数据权利限制的三重考量》，载《湖北大学学报（哲学社会科学版）》2024 年第 4 期。

305. 张春良、毛杰：《数据治理视域下我国个人信息保护的反思及重构》，载《江汉论坛》2024 年第 7 期。

（三）学位论文类

306. 任龙龙：《大数据时代的个人信息民法保护》，对外经济贸易大学 2017 年博士学位论文。

307. 李媛：《大数据时代个人信息保护研究》，西南政法大学 2016 年博士学位论文。

308. 张涛：《个人信息权的界定及其民法保护——基于利益均衡之展开》，吉林大学 2012 年博士学位论文。

309. 张莉：《论隐私权的法律保护》，中国政法大学 2006 年博士学位论文。

（四）其他类

310. 陈小斌：《厦门警方抓获 6 名嫌疑人 缴获近百万条个人信息》，载《海西晨报》2016 年 6 月 6 日。

311. 龚政、郭宝贤：《关于 Facebook 用户信息"泄漏"事件的思考》，载《国家电网报》，2018 年 4 月 10 日。

312. 吴迪：《让冒用个人身份信息牟利者无处遁形》，载《工人日报》2018 年 5 月 23 日。

313. 张璁：《大数据如何助力社会治理》，载《人民日报》2018 年 5 月 23 日。

314. 中国消费者协会：《100 款 App 个人信息收集与隐私政策测评报告》，载 http://www. sohu. com/a/278492840_ 100150040，最后访问时间：2019 年 6 月 2 日。

315. 《Cookie 简介》，载 https://blog. csdn. net/ZZY1078489276/article/details/79201768，最后访问时间：2024 年 5 月 6 日。

316. 《Ever Cookie 原理及使用方法示例》，载 https://blog. csdn. net/zhanglihua1195520094/article/details/89298605，最后访问时间：2024 年 5 月 6 日。

317. 《Cookie 僵尸——Ever Cookie 分析（一）》，载 https://www. cnblogs. com/hunter007/articles/2252992. html，最后访问时间：2024 年 5 月 6 日。

318. 《WWDC 中提到的浏览器 Fingerprinting 有多可怕？》，载 https://blog. csdn. net/weixin_34419321/article/details/87978991，最后访问时间：2024 年 5 月 6 日。

319. 《隐私之争：关于 Do Not Track 你所应该知道的》，载 http://www. guokr. com/article/396923/？ page=1，最后访问时间：2024 年 5 月 6 日。

320. 《是妥协吗？ 微软宣布新版操作系统和浏览器均默认关闭“DNT 请勿追踪”》，载 http://www. landiannews. com/archives/16065. html，最后访问时间：2024 年 5 月 6 日。

321. 《“禁止追踪”是悬在广告主和用户头上的双刃剑》，载 http://www. newseasilk. cn/xinwendongtai/4268. html，最后访问时间：2024 年 5 月 6 日。

322. 《E10 “禁止追踪”独木难支，需网站和 Web 配合》，载 http://www. fanpusoft. com/chongqing/wzjs/43561. html，最后访问时间：2024 年 5 月 6 日。

323. 《泄露新冠病毒患者及家属个人隐私，湖南一卫生局副局长被查》，载 https://mp. weixin. qq. com/s/uJkqWlLaE4u7z0tZsh6Eow，最后访问时间：2024 年 5 月 7 日。

324. 《超 7000 武汉公民信息泄露，知情权和隐私权应如何平衡？》，载 https://mp. weixin. qq. com/s/R-vcNjwFuznAhF4MXvhGtw，最后访问时间：2024 年 5 月 7 日。

325. 《全国上亿中小学的信息都在他们手上》，载 http://blog. sina. com. cn/s/blog_b51dbf 950102w27o. html，最后访问时间：2024 年 5 月 7 日。

326. 《2016 年十大数据泄露事件：社交网络成泄露重灾区》，载 http://www. raincent. com/content-10-8087-2. html，最后访问时间：2024 年 5 月 7 日

327. 《雅诗兰黛泄露 4.4 亿用户敏感信息，包括邮件地址和网络数据》，载 https://mp. weixin. qq. com/s/1EIgeoAh7SZu2LTqA4iDfw，最后访问时间：2024 年 5 月 7 日。

328. 中国互联网协会：《中国网民权益保护调查报告（2019）》，载 https://max. book118. com/html/2019/0630/8135132117002032. shtm. 最后访问时间：2024 年 5 月 7 日。

329. 360 互联网安全中心：《2012 年度中国垃圾短信、骚扰电话治理报告》，载 https://bbs. 360. cn/forum. php？ mod=viewthread&tid=543423&archive_ src=bbs_ safe，最后访问时间：2024 年 5 月 7 日。

330. 尤一炜：《哈市一未戴口罩男子恐吓社工被人肉》，载 https://mp. weixin. qq. com/s/ S3-LHnmdMizfOmSpsICA2Q，最后访问时间：2024 年 5 月 7 日。

331. 《2019 年央行征信系统收录 10. 2 亿自然人，互联网征信系统开始蓬勃发展》，载 https://www. huaon. com/story/508520，最后访问时间：2024 年 5 月 7 日。

332. 中共中央办公厅、国务院办公厅：《国家信息化领导小组关于电子政务的指导意见》，载 http:／／www. e-gov. org. cn／ziliaoku／news004／201305／140983. Html，最后访问时间：2019 年 6 月 20 日。

333. 中国消费者协会：《App 个人信息泄露情况调查报告》，载 http://www. cca. org. cn/ jmxf/detail/28180. html，最后访问时间：2024 年 6 月 13 日。

334. 中国互联网协会：《中国网民权益保护调查报告（2019）》，载 https://max. book118. com/html/2019/0630/8135132117002032. shtm. 最后访问时间：2024 年 6 月 16 日。

335. 《谷歌因违反西班牙个人数据保护法被罚 90 万欧元》，载 https://tech. huanqiu. com/article/9CaKrnJDGl4，最后访问时间：2024 年 6 月 12 日。

336. 《媒体三问如家等开房记录泄露：我在住店谁在偷看》，载 https://finance. qq. com/ a/20131013/000339. htm，最后访问时间：2024 年 6 月 12 日。

337. 龙卫球、林洹民：《我国个人信息保护制度的新发展与若干缺憾——〈信息安全技术：个人信息安全规范〉评述》，载 http://longwe qiu. fyfz. cn/b/939686，最后访问日期：2024 年 6 月 13 日。

338. 崔丽莎，《GDPR 与〈2018 加州消费者隐私法案〉对比及对我国个人信息保护立法的启迪》，载 http://www. jinciwei. cn/d269561. html，最后访问日期：2024 年 6 月 25 日。

339. 数据法盟：《印度〈2019 个人数据保护法〉全文中译本》，载 http://mp. weixin. qq. com/s/0yB7r_ foSFErpdidS-jh_ A，最后访问时间：2024 年 5 月 16 日。

340. 国家统计局网站，载 http://data. stats. gov. cn/easyquery. htm？cn＝C01&zb＝A0301& sj＝2018，最后访问时间：2024 年 7 月 14 日。

## 二、外文类参考文献

### （一）著作类

341. Alessandro Acquisti, *Digital Privacy: Theory, Technologies, and Practices*, Auerbach Publications, 2007.

342. Jane K. Winn, *Consumer Protection in the Age of the "Information Economy"*, Routledge, 2016.

343. Ferdinand D. Schoeman, *Philosophical Dimensions of Privacy: An Anthology*, Cambridge

University Press, 1984.

（二）论文类

344. Frederik Zuiderveen Borgesius, "The Breyer Case of the Court of Justice of the European U-nion: IP Addresses and the Personal Data Definition", Eur. Data Prot. L. Rev, Vol. 3, (2017).

345. Sophie Stalla-Bourdillon and Alison Knight, "Anonymous Data: Personal Data-False Debate: An EU Perspective on Anonymization, Pseudonymization and Personal Data", Wis. Int'l L. J, Vol. 34, (2016).

346. Solon Barocas and Helen Nissenbaum, "Big Data's End Run Around Procedural Privacy Protections", *Communications of the ACM*, Vol. 57, (2014).

347. Kenneth C. Laudon, "Market and Privacy", *Communications of the ACM*, Vol. 39, (1996).

348. Susan Landau, "Control Use of Data to Protect Privacy", *Science*, Vol. 347, (2015).

349. Alessandro Acquisti et al., "Privacy and Human Behavior in the Age of Information", *Science*, Vol. 347, (2015).

350. S. Warren and L. Brandeis, "The Right to Privacy", Harv. L. Rev., Vol. 4, (1890).

351. Delia Mocanu et al., "Collective Attention in the Age of (Mis) information", *Computers in Human Behavior*, Vol. 51, (2015).

352. Susan Landau, "Control Use of Data to Protect Privacy", *Science*, Vol. 347, (2015).

353. Sebastian Klein, "First Annual Review of the EU-US Privacy Shield", Eur. Data Prot. L. Rev., Vol. 3, (2017).

354. Daniel L. Rubinfeld and Michal S. Gal, "Access Barriers to Big Data", Ariz. L. Rev., Vol. 59, (2017).

355. Allan G. King and Marko J. Mrkonich, "Big Data and the Risk of Employment Discrimination", Okla. L. Rev., Vol. 68, (2016).

356. J. Litman, "Information Privacy/Information Property", *Stanford Law Review*, Vol. 52, (2000).

357. Matthew Adam Bruckner, "The Promise and Perils of Algorithmic Lenders´ Use of Big Data", Chi. -Kent. L. Rev. 3, Vol. 93, (2018).

358. Katherine Drabiak, "Caveat Emptor: How the Intersection of Big Data and Consumer Genomics Exponentially Increases Informational Privacy Risks", *Health Matrix*, Vol. 27, (2017).

359. Mark Mac Carthy, "Standards of Fairness for Disparate Impact Assessment of Big Data Algorithms", Cumb. L. Rev, Vol. 48, (2017).

360. Richard S. Murphy, "Property Rights in Personal Information: An Economic Defense of Privacy", Geo. L. J., Vol. 84, (1995).

361. Joel R. Reidenberg, "Resolving Conflicting International Data Privacy Rules in Cyberspace", Stan. L., Rev, Vol. 52, (2000).

362. Zeynep Tufekci, "Algorithmic Harms beyond Facebook and Google: Emergent Challenges of Computational Agency", 13J. Colo Tech. L. J., Vol. 13, (2015).

363. Devries, "Protecting Privacy in the Digital Age", Berkerley Tech L. J., Vol. 18, (2003).

364. Francis Aldhouse, "Data Protection in Europe—Some Thoughts on Reading the Academic Manifest", *Computer Law & Security Review*, Vol. 29, (2013).

365. A. Michael Froomkin, "The Death of Privacy", Stan. L. Rev., Vol. 52, (2000).

366. Jerry Kang, "Information Privacy in Cyberspace Transaction", Stan. L. Rev., Vol. 50, (1998).

367. Peter Swire and Yianni Lagos, "Why the Right to Data Portability Likely Reduces Consumer Welfare: Antitrust and Privacy Critique", Md. L. Rev., Vol. 72, (2013).

368. James Q. Whitman, "The Two Western Cultures of Privacy: Difnity Versus Liberty", Yale L. J., Vol. 4, (2004).

369. Alessandro Mantelero, "Regulating Big Data. The Guidelines of the Council of Europe in the Context of the Europe- an Data Protection Framework", *Computer Law & Security Review*, Vol. 33, (2017).

370. Zubin Master et al., "Bio Banks, Consent and Claims of Consensus", *Nature Methods*, Vol. 9, (2012).

371. James Q. Whitman, "The Two Western Cultures of Privacy: Dignity Versus Liberty", Yale L. J., Vol. 113, (2004).

372. Ruth Gavison, "Privacy and the Limits of Law", Yale L. J., Vol. 89, (1980).

373. Allyson W. Haynes, "Online Privacy Policies: Contracting A way Control over Personal Information?", Penn St. L. Rev. Vol. 111, (2007).

374. Michael D. Scott, "The FTC, the Unfairness Doctrine, and Data Security Breach Litigation: Has the Commission Gone Too Far?", Admin. L. Rev., Vol. 60, (2008).

375. Jerry Kang, "Information Privacy in Cyberspace Transactions", Stan. L. Rev., Vol. 50, (1998).

376. Paul Ohm, "Sensitive Information", S. Cal. L. Rev, . Vol. 88, (2015).

377. P Samela Samuelson, "Privacy as Intellectual Property?", Stan. L. Rev., Vol. 52,

(2000).

378. Julie E. Cohen, "Examined Lives: Informational Privacy and the Subject as Object", Stan. L. Rev., Vol. 52, (1999).

379. Martin Hilbert, "Big Data for Development: A Review of Promises and Challenges", Dev. Policy Rev., Vol. 34, (2016).

380. Corien Prins, "Property and Privacy: European Perspectives and the Commodification of Our Identity", *Information Law Series*, Vol. 16, (2006).

381. David E. Pozen, "Privacy – Privacy Tradeoffs", The University of Chicago, L. Rev., Vol. 83, (2016).

382. Helen Nissenbaum, "Privacy as Contextual Integrity", Wash. L. Rev., Vol. 79, (2004).

(三) 其他

383. Big Data: "The Next Frontier for Innovation, Competition, and Productivity", available at http://www. mckinsey. com/insights/business_ technology/big_ data_ the_ next_ frontier_ for_ innovation.

384. M. Ayenson et al., "Flash Cookies and Privacy Ⅱ: Now with HTML5 and ETag Respawning", available at SSRN: https://ssrn. com/abstract = 1898390.

385. Charles Duhig, "How Companies Learn Your Secrets", NEW YORK TIMES, Feb. 16, 2012.

386. C. Kenneth, "FTC Mulls Browser – Based Block for Online Ads", available at http:// www. internet news. com/ecnews/article. php/3895496/FTC + Mulls + BrowserBased + Block + for+Online+Ads. htm.

387. Recommendation of the Council concerning Guidelines Governing the Protection of Privacy and Transborder Flows of Personal Data, 2013, available at http://sec-law. co. il/images/ 2013-oecd-privacy-guidelines. pdf.

388. Article 29 Data Protection Working Party, Opinion1/2008 on Data Protection Issues Related to search engines, WP148.

389. Working Documentation a Common Interpretation of Article 26 (1) of Directive 95/46/EC of 24 October 1995, WP114.

390. Asia-Pacific Economic Cooperation, APEC Privacy Framework.

391. Organisation for Economic Cooperation and Development, Guidelines governing the Protection of Privacy and Transborder Flows of Personal Data, 2013.

392. "IE9 and Privacy: Introducing Tracking Protection", available at https://blogs. msdn. microsoft. com/ie/2010/12/07/ie9-and-privacy-introducing-tracking-protection.

393. Harvard University Data Privacy Lab., http://dataprivacylab. org/projects/pgp/1021-1. pdf.